实践应用型学前



# 幼儿园游戏指导

主　编　姚素慧

中国人民大学出版社
·北京·

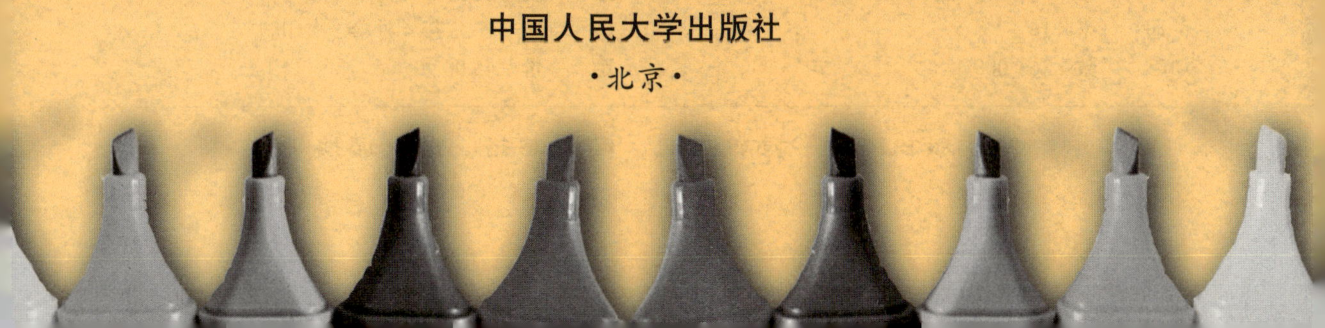

图书在版编目（CIP）数据

幼儿园游戏指导 / 姚素慧主编. -- 北京：中国人民大学出版社，2023.4
实践应用型学前教育专业精品教材
ISBN 978-7-300-31576-8

Ⅰ. ①幼… Ⅱ. ①姚… Ⅲ. ①学前教育–游戏课–幼儿师范学校–教材 Ⅳ. ①G613.7

中国国家版本馆CIP数据核字（2023）第056535号

实践应用型学前教育专业精品教材
**幼儿园游戏指导**
主　编　姚素慧
Youeryuan Youxi Zhidao

---

| | | | |
|---|---|---|---|
| **出版发行** | 中国人民大学出版社 | | |
| **社　　址** | 北京中关村大街31号 | **邮政编码** | 100080 |
| **电　　话** | 010–62511242（总编室） | | 010–62511770（质管部） |
| | 010–82501766（邮购部） | | 010–62514148（门市部） |
| | 010–62515195（发行公司） | | 010–62515275（盗版举报） |
| **网　　址** | http://www.crup.com.cn | | |
| **经　　销** | 新华书店 | | |
| **印　　刷** | 北京七色印务有限公司 | | |
| **开　　本** | 787 mm × 1092 mm　1/16 | **版　　次** | 2023年4月第1版 |
| **印　　张** | 16 | **印　　次** | 2023年4月第1次印刷 |
| **字　　数** | 363 000 | **定　　价** | 45.00元 |

---

# 前言

党的二十大报告指出："办好人民满意的教育。""全面贯彻党的教育方针，落实立德树人根本任务，培养德智体美劳全面发展的社会主义建设者和接班人。""加快建设高质量教育体系，发展素质教育，促进教育公平。"学前教育是个体发展过程中的奠基工程，是我国教育体系中的重要组成部分，更要注重高质量发展。幼儿园教育以游戏为基本活动，这是目前广大幼教工作者的共识。因此，我们希望未来的和在职的幼教工作者能从幼儿的身心发展规律和需要出发，给予游戏应有的地位，保证幼儿游戏的质量，为高质量教育体系的建设添砖加瓦。

《幼儿园游戏指导》是根据《幼儿园教师专业标准（试行）》和《教师教育课程标准（试行）》的教育理念和精神编写的，并将《中小学教师资格考试暂行办法》的专业指向渗透在全书中。本书主要面向高校学前教育专业学生，也可作为幼儿教师的继续教育教材和在职教师的参考资料。

在编写过程中，编者参阅和借鉴了学前教育领域的前辈和同行们的研究成果，并结合当前高校课程思政建设的大背景，注重将新的研究成果融入教材，希望能引领学生走在本学科发展的前沿。与此同时，编者力图从教育心理的规律和学习者的特点出发，将理论与实践相结合，书中案例基本上都来自幼儿园教育和幼儿的真实生活，借以帮助学习者更好地理解书中的教育理论，便于他们将所学知识迁移到现实生活中。

本书由十章内容构成。第一章到第四章包括幼儿游戏概述，游戏理论流派，游戏与幼儿发展，幼儿园游戏环境与材料；第五章到第九章是本书的核心内容，具体论述了幼儿园游戏的指导策略，幼儿园角色游戏、结构游戏、表演游戏和规则游戏及其组织与指导；第十章介绍了幼儿游戏观察与评价。

在编写过程中，本书编者重点参考了刘焱的《儿童游戏通论》、华爱华的《幼儿游戏理论》、邱学青的《学前儿童游戏》、丁海东的《幼儿园游戏组织与指导》等著作，他们关于幼儿园游戏的理念和研究给本书的编写提供了极大的启发。

由于编者受到自身学识和能力的限制，本书难免存在很多问题和疏漏，恳请广大读者批评指正。

编者

2023年1月

# 目 录

# 第一章　幼儿游戏概述

【学习目标】

√ 理解游戏的含义和影响因素

√ 掌握游戏的本质和特征

√ 熟悉不同分类标准下幼儿游戏的分类

【素质目标】

√ 初步树立正确的、符合我国国情的幼儿游戏观

## 案例导入

角色游戏区开设了“小医院”，孩子们的兴趣都很高，但是大部分孩子只是在摆弄针筒、药瓶、听诊器等一些玩具，所以很多教师经常会认真地指导幼儿：“你是医生，该给他听一听肚子里面有什么问题吗？”“他生病了，就要给他打针、吃药，不行的话就要挂盐水了。”久而久之，孩子们总喜欢跟在教师身后问：“老师，针打好了，下面我要做什么？”“老师，他的病我看好了，现在我要干什么？”

**分析：**上述案例生动展现了游戏中在教师具体安排下的幼儿的行为，幼儿在游戏中的角色是执行者。在游戏中幼儿的自主性没有得到充分体现，这会导致游戏对于幼儿发展的价值大打折扣。

# 第一节　幼儿游戏的含义和特征

## 一、游戏的含义及本质

### （一）游戏的含义

游戏是一种广泛存在的社会生活现象，自从有了人类就有了游戏。游戏随着人类社会的产生而产生，并随着人类社会的持续进步而不断发展。但是关于游戏的含义，不同的人从不同的视角出发，形成了对游戏的不同认识。

从词源上来看，在我国，“游戏”一词与“嬉戏”“玩耍”极为相似，最早出现在战国时期的历史文献中。英语中与游戏相关的单词有“game”和“play”，其中“play”有“玩”和“玩耍”的含义，与现代汉语中的“游戏”一词意义相近。

德国教育家弗里德里希·福禄贝尔是教育史上第一个系统研究游戏并尝试创建游戏实践体系的教育家。他认为，游戏是儿童内部存在的自我活动的表现，是一种本能活动。他将游戏的本质归结为生物性。

苏联心理学家艾里康宁认为，游戏是在真实条件之外，借助想象，利用象征性的材料，再现人与人的关系。

苏联教育家乌申斯基指出，游戏就是活动，这种活动的性质是自觉的、有意识的、有目的的。

我国学者黄人颂认为，游戏是幼儿喜爱的、主动的活动，是幼儿反映现实生活的活动。

在《教育大辞典》中，游戏的定义是：游戏是幼儿的基本活动，是适合幼儿年龄特点的一种有目的、有意识的通过模仿和想象，反映周围现实生活的一种独特的社会性活动。

从上面的列举中可以看出，对于“游戏”的定义，至今学者们难以形成统一的认识，但是人们都承认，游戏是幼儿与生俱来的天性，幼儿偏爱游戏，游戏伴随娱乐。幼儿能从游戏中获得愉快的体验，并促进身体发育、心理发展。我国 2001 年施行的《幼儿园教育指导纲要（试行）》（以后简称《纲要》）中也明确指出，以游戏为基本活动，保教并重，关注个别差异，促进每个幼儿富有个性地发展，寓教育于游戏之中。

虽然不同的人对游戏的界定是不同的，但将众人对游戏的说法整理一下，不难发现，虽然表述不同，但是几乎所有人所理解的游戏内容，即游戏的本质都是一样的。

## （二）游戏的本质

### 1. 游戏是幼儿喜爱的活动，是幼儿生活的主要内容之一

游戏是幼儿生活中最令他们愉悦的内容之一。在幼儿的一日生活中，我们可以看到，除了基本的生活需要，如吃、睡等日常活动外，只要没有特别限制、幼儿身体健康，他们基本上都是在游戏。无论幼儿在家中还是在幼儿园里，游戏都是他们最喜欢的活动。游戏是幼儿的天性。何为天性？天性就是人先天具有的品质或性情，往往是人们最喜欢的，且在日常生活中最重要的。无论是在比重还是在时间分配上，游戏都是正好符合幼儿天性的需求。

### 2. 游戏符合幼儿身心发展的需要

幼儿喜欢游戏是由于游戏符合幼儿的身心发展特点和需要。在幼儿的生理发育中，兴奋是强于抑制的。由于幼儿的神经系统发育不完善，肌肉容易产生疲劳，这导致幼儿不能长时间地保持一个姿势或做一个动作，这会让他们感到疲劳和厌倦，这也是幼儿的年龄特点之一——好动。而幼儿的思维特点是具体形象的，且无意识成分大于有意识成分。幼儿的这些特点决定了幼儿需要具体的、形象的、丰富多变的活动。游戏恰恰具有这样的特点。在游戏中，不仅有动作、玩具和游戏材料，而且游戏的内容和形式也是丰富多彩、灵活多变的，且幼儿在其中是自由自在的，这些都符合幼儿身心发展的特点，可以满足幼儿身心发展的需要。

此外，幼儿好模仿、精力旺盛，渴望参与成人的社会实践活动。但是，由于知识经验贫乏且能力有限，幼儿渴望独立参与成人世界的需要与他们独立活动的经验和能力不足之间产生了矛盾，而游戏正好可以解决这一矛盾。通过游戏活动，幼儿可以在假想情境中，扮演各种角色，模仿成人在生活中的各种实践活动，从而获得心理上的满足，也推动他们的成长。

### 3. 游戏是幼儿特有的一种学习方式

对于幼儿而言，游戏不仅是玩耍，也是一种主要的学习方式。幼儿的游戏过程就是学习的过程。在游戏中，幼儿通过与玩具、材料、环境和同伴的互动，学习如何进行人际交往，认识周围环境，理解和掌握社会行为规范等。幼儿在游戏中的学习是一种自觉学习，不同于其他学习活动。

首先，学习的动力来自幼儿自身。幼儿做游戏主要是为了满足好奇心、好玩、与人交往等方面的需要，所以游戏中的学习完全是由幼儿的兴趣爱好和探究欲望激发的。

其次，学习没有外在的目的。幼儿在游戏中并非为学习而游戏，而是为“游戏”而游戏。幼儿在游戏中是无目的的，而恰恰是这种无目的，却极大地促进了幼儿的发展。在教师提供的游戏环境中，教师将教育目标隐含其中，幼儿积极、主动地参与游戏，就能自然实现某些方面的发展目标；经常进行各类不同的游戏，相应地就能促进幼儿健康、和谐发展。

最后，学习是潜移默化的。例如，幼儿通过摆弄积木，搭出各种造型，幼儿在摆弄积木的过程中认识了许多几何形体；与同伴共同、协作游戏，幼儿养成了分享、合作和谦让等亲社会行为。在游戏中，幼儿无意识

微课：游戏是幼儿的工作

地学到了许多东西。游戏为幼儿提供了一个轻松、愉快，且材料丰富、充满刺激的环境，这样的环境能鼓励幼儿自主学习，主动发展。而这种学习是悄然无声间发生的，甚至幼儿也没有意识到，因此是潜移默化的。

综上所述，游戏是一个有着悠久历史的社会文化现象，它在长期的历史发展中积淀了丰富的文化内涵，具有复杂而矛盾的多面性，因此很难形成共识。所以，我们要把握游戏的基本特征，从而更加深入地理解游戏的本质。

## 二、游戏的特征

我国学者认为游戏应该是幼儿现实生活中的活动，它是幼儿喜欢的、主动的、自愿参与的活动。所以，游戏主要具有以下几个特征：

### （一）愉悦性

游戏的愉悦性是指游戏能给幼儿带来愉悦体验。这一点似乎没有人否认过，甚至有人认为这是游戏最本质的特征，是游戏的原始品质，这也是游戏吸引幼儿进而使其沉溺的主要原因。皮亚杰曾说过："游戏就是一种娱乐。"幼儿在游戏中能自主地决定游戏方式、游戏者、游戏中的玩具和材料的操作等，幼儿在游戏中充分发挥自己的能力，满足自己的愿望，体验成功和创造的快乐。在游戏中，幼儿没有任何心理负担，身心得到最大限度的放松，他们不担心游戏以外的任何奖励和惩罚，他们把内在的需要和快乐的情绪结合起来，全身心地投入，使身心都处于最佳、最自然、最放松的状态。所以，整个游戏过程对幼儿来讲是愉悦的。

### （二）自主性

幼儿在游戏中的愉悦性来源于幼儿在游戏中的自主、自发、自愿。游戏的发生、发展和结束，都是由幼儿自己决定的。而幼儿参加游戏的动机源自内部动机的诱发，而不是外部动机的强制决定，也不是为了顺从社会和其他外部条件的要求。只要幼儿有兴趣，不用成人的指导和帮助，幼儿就会自发地进行游戏。例如，幼儿看见一根棍子，就会拿起来作为游戏的道具。幼儿参与游戏是受兴趣的内在吸引，这决定了游戏是幼儿自我控制、自由主动的活动。幼儿的游戏是"我要玩"，而不是"要我玩"。在游戏中，幼儿依据自己的兴趣和能力水平选择游戏同伴、游戏情境、游戏内容和游戏材料，它不服从来自外部的压力和要求。在游戏中，幼儿实现着在现实生活中难以达成的愿望，在假想的世界里主宰着一切。这种自主、自由和自愿与游戏的愉悦性紧密相连。如果游戏变成外界强加给幼儿的活动，那就不好玩了，就成为别人的游戏，而不是幼儿自己的游戏了。正如埃里克森所说："自由在何处止步或被限定，游戏便在何处终结。"

### （三）虚构性

游戏是以幼儿为了满足自己的愿望而模仿现实生活的一部分为基础，并且加入自己想象的活动。游戏中的幼儿都知道，他们正在进行的活动是假的，不是真实的，只是玩玩。游戏是对现实生活的反映，但绝不会受限于生活，所以在游戏中没有来自真实生活的压力。因此，游戏是幼儿假想虚构出来的一个情境，幼儿沉溺在虚构情境中，形成一个想象中的自我形象。甚至有人认为，游戏是现实的暂时中断，是真实自我的消失。这样一个虚构的情境，给幼儿提供了充分发挥想象力和创造力的空间，幼儿在其中利用想象、模仿创造性地整合和表现现实生活，例如，他们把棍子当马骑，把椅子当汽车、火车开。在游戏中，幼儿根据需要，随意改变物品的外形和用途，不受现实生活的约束，用假想、虚构表达着自己对现实生活的热爱和改造，体验着幻想中的快乐，平衡自己内心对现实、对成人世界、对自由的渴望和需求。

### （四）非功利性

从幼儿游戏的目的来分析，幼儿看重的是游戏的过程，而非结果。在游戏过程中，幼儿思考的都是玩什么游戏和怎么玩游戏，游戏是否“好玩”是幼儿关注的重中之重。所以，游戏没有社会实用价值，没有强制的社会义务，是非功利性的。游戏的目的就是游戏本身。这在现实的幼儿游戏中，随处可以看到。例如，幼儿可以一遍一遍地用一块块积木往上垒，倒了重新垒；一个故事，幼儿听了一遍又一遍，一点也不厌烦。所以，对游戏者来说，游戏是无目的，或者说游戏的目的就是游戏本身，任何游戏之外的目的都是成人强加的，不是幼儿自己的。幼儿就是为了好玩、为了开心，为了满足活动的愿望而游戏。在游戏中，幼儿创造各种不同的变化，使用多种不同的手段，可以随时增加新的游戏情节和角色。例如，幼儿虽然一直在搭积木，但是这次搭的物体和下次搭的物体可能就是不一样的，利用积木创造出来的情境也有可能随时发生变化。

### （五）规则性

游戏是幼儿自主的、非功利的活动，但是游戏是一种不受任何约束、随心所欲的活动吗？显然不是。自由是游戏的基本特征，但是自由的游戏也是需要规则的。尽管有的游戏显得有点“乱七八糟”，但是只要认真观察就会发现，在游戏中幼儿并非毫无约束和限制，每个游戏中都隐含秩序。游戏中的幼儿会用自己独特的方式，在与环境、材料和同伴的互动中，形成显性或隐性的规则，使游戏的自由性在规则的约束下仍然有趣、好玩。例如，在玩“娃娃家”的游戏时，爸爸妈妈的职责就是照顾娃娃，如果爸爸或妈妈在游戏中无所事事，拎着娃娃到处乱转，就会受到其他爸爸妈妈的指责或者排斥；再如，飞行棋中就有明确的规则。因此，在游戏中，幼儿会学习把自己的愿望、游戏的角色、角色的规则，与游戏的材料及材料的特点联系起来。而且幼儿对游戏规则的遵守，是建立在幼儿理解游戏的基础上，自愿接受、自觉遵守的。

以上游戏的5个特征说明了游戏与其他活动的不同。游戏的特征决定了游戏是幼儿在假想的情境中，自主、自愿遵守游戏规则，并能获得愉悦体验的活动，是幼儿自己的活动，而非外界强加给幼儿的活动。

拓展阅读：
中国古代
儿童游戏的
特点

# 第二节 幼儿游戏的影响因素

游戏作为一种社会文化现象，是在一定的社会影响下产生和发展起来的。幼儿游戏是幼儿与环境相互作用的产物，必定受到诸多因素的影响。归纳起来主要包括物理环境、社会环境因素和幼儿自身的个体因素这 3 个方面，其中前两个影响因素属于客观因素，幼儿自身的个体因素属于主观因素。

## 一、物理环境的影响

游戏的物理环境包括游戏场地、游戏时间、游戏材料和游戏机会。

### （一）游戏场地

游戏场地是幼儿游戏必备的空间条件。空间密度、空间结构、游戏地点以及户外游戏场地的类型都会对幼儿产生一定的影响。

#### 1. 空间密度

空间密度是指幼儿在游戏环境中所占人均空间大小，是活动室内拥挤程度的指标，数值越低表示越拥挤。足够的空间是开展游戏的必要物质基础。空间密度的计算公式为：

空间密度 =（房间面积 − 不可用面积）÷ 幼儿人数

公式中，不可用面积是指活动室内家具、家具之间的狭窄区域、教师所占的区域面积等。曾有学者将空间、幼儿人数、环境设备都当作变量，在系统的控制下，将空间密度分别定为平均每个幼儿 1.40 平方米、2.32 平方米、4.64 平方米、7.00 平方米来检验。结果显示：将每个幼儿的空间密度从 7.00 平方米降至 2.32 平方米时会使幼儿的大动作游戏，如追赶、混战等活动的频率降低；再将空间密度从 2.32 平方米降至 1.40 平方米，则会使幼儿的攻击性行为增加、团体游戏减少；空间密度为 2.32 平方米是有效的可用空间。

由上述的实验结果可以看出，人均 2.32 ～ 7.00 平方米是比较适合幼儿游戏的空间密度。较大的空间可能会增加运动性游戏和打闹嬉戏性活动的发生频率，适当的空间则能产生较多安静的社会性游戏和结构游戏。因此，教师要根据幼儿的游戏情况，适当调整空间密度，即根据本班幼儿的游戏品质，估算出对幼儿行为产生正面影响的有效空间，并适当调整空间密度。当幼儿出现过多的奔跑、追逐等大动作游戏，较少进行人际合作的活动时，意味着空间太大，可用家具增加隔断，增加不可用面积，降低空间密度；当幼儿之间有较多的身体接触甚至冲突，干扰同伴，缺少大动作游戏时，意味着空间过于拥挤，需要适当调整设备、家具的摆放以增大空间密度。这样，根据幼儿的游戏情况、教师的教育目的，随时在有效空间内调整空间密度，以便诱发幼儿的各种游戏，并利于各种游戏功能的充分开发。

### 2. 空间结构

空间结构主要指室内空间的开放、区隔及区隔的方式。游戏活动空间的安排方式通常分为中心式和区隔式。这两种空间安排方式对幼儿的游戏类型、品质都会产生影响。中心式便于幼儿开展集体性的有规则游戏、平行游戏和大动作游戏，但游戏层次较低，因为幼儿在开放的空间里容易兴奋，同伴间相互影响；区隔式，即通过开展多种幼儿合作游戏，以及探索性游戏，提升幼儿游戏品质，增加幼儿的合作、互动行为。

在区隔式空间结构中，区隔空间的大小也会影响幼儿的游戏行为。例如，在一个容纳5～9名幼儿的大区域，幼儿会出现较多的大肌肉活动，并产生噪声和吵嚷行为；如果一个区域只能容纳2～3名幼儿，则利于学习和交往活动的进行。这表明在较小的区域分割中，高层次的社会性及认知性游戏容易发生；而在较大的区域分割中，游戏层次较低。活动区的不同区隔安排，对游戏也会产生不同的影响。例如，分隔物过高会阻挡孩子的视线，影响幼儿对材料物品的选择；区域之间的过道要宽敞清晰，以便幼儿能辨清各个活动区域；互补区域之间的邻近和开放，能充分发挥幼儿的想象力，提高游戏的品质；干扰区的远离和封闭，会增加幼儿注意力集中的时间，增强游戏持久性。

游戏活动区域的性质会影响幼儿在游戏中的社会性水平。例如，益智区多为独自游戏，美工区和图书区多为平行游戏，角色游戏区和大型建构区多为合作游戏。此外，在区域中幼儿语言的使用和发挥也不同，角色游戏区使用的语言比其他区，如建构区、美工区和益智区，在词句表达上更清楚，更有连贯性，想象力也更丰富。

所以，科学、合理地安排游戏的空间结构，将有利于幼儿开展各种不同的游戏，并提高游戏的质量。

### 3. 游戏地点

游戏地点在室外或者室内，对幼儿的游戏是有一定的影响的。研究表明，年长幼儿更喜欢在室外进行游戏，他们在室外游戏的时间多于年幼幼儿；男孩比女孩更喜欢室外游戏，他们在室外游戏的时间要多于女孩；幼儿在室外更多地开展一些锻炼大肌肉动作、平衡能力的体育类游戏，而在室内，由于空间限制，主要进行一些锻炼小肌肉动作的游戏，出现较多幼儿同伴之间的社会性交往行为。

### 4. 户外游戏场地的类型

户外游戏场地多引发运动、想象性游戏。户外游戏场地可以分为传统游戏场地、创造性游戏场地和冒险性游戏场地。

（1）传统游戏场地。传统游戏场地在我国幼儿园中较为常见。一般而言一些固定的、常见的设施或者器械会单个地、零星地散布在开阔的草坪或水泥地上，如秋千、滑梯、跷跷板。每种设施只有一种功能，各设施之间互不相干，缺少有机联系。传统的游戏场地多引发幼儿的运动机能性游戏，有利于幼儿的动作和大肌肉运动能力的发展。但是这些设施多在固定的位置安放，彼此之间没有联系，玩法固定，因此不利于幼儿想象力的发展。据调查，在传统游戏场地上，77%的游戏是大肌肉运动，而装扮游戏的频率低于5%，社会性水平低，多为独自或平行游戏。而且设施的游戏玩法有限，幼儿容易感到枯燥乏味。经过初期的兴致勃勃，后期，该设施对幼儿的吸引力会大大降低。

（2）创造性游戏场地。创造性游戏场地是能提供多样的设施，以引发幼儿多样化的游戏活动的场地（见图 1-1）。创造性游戏场地是针对传统游戏场地的缺陷改良而来的，其与传统游戏场地的区别在于：第一，创造了多功能组合性的运动设施，即把各种单一功能的运动器械组合成一个整体，使之产生有机联系。第二，金属器械改为木质、塑料质材料，既降低了危险性，又激发了幼儿的想象力。第三，场地上安放了可移动的设施和器械，形式多样，每种设施都有多种用途，具有相当的开放性，如三轮车、小推车、可移动的平衡木、沙箱、可滚动的轮胎、大纸板箱，幼儿可根据自己的想象，发挥创造性来开发这些设施和器械的使用方法，因此能引发想象性游戏。第四，开辟了自然区域，例如，池塘里的鱼和蝌蚪、百草园里生长的杂草野花、种植角和动物角展示一些自然生物。幼儿在创造性游戏场地上活动，不仅增加了想象性、合作性、装扮性游戏发生的频率，提高了游戏品质，拓展了游戏层次，还能培养幼儿热爱自然等社会性品质。

图1-1　创造性游戏场地

（3）冒险性游戏场地。冒险性游戏场地是指利用自然环境及各种废弃物规划的游戏场地（见图 1-2）。除了储物架和储藏室外，各种设施都是临时的，幼儿利用木材、绳索、缆绳轴、轮胎、板条、树棍、砖块等材料建造并开展各种创造性活动，他们可以不断地拆掉重建，如可以在土坡上挖洞种植、生火做饭。通过建造游戏场地，培养了幼儿的责任心、自信心，有助于他们掌握各种技巧。这种游戏场地起源于丹麦，第二次世界大战后广受英国人欢迎，在美国也普遍使用起来。当然，各方对于探险性游戏场地的危险性也是有所争议的。

图1-2　冒险性游戏场地

由上面的描述可知，3 种户外游戏场地各有特点，对幼儿的发展起着不同的作用，幼儿在其中游戏所产生的游戏经验也是不同的。但无论是哪种游戏场地，都必须符合幼儿的年龄特点，有利于幼儿游戏活动的开展。

### （二）游戏时间

游戏时间是开展游戏活动的重要保证。幼儿需要充足的时间来保障游戏的进行，游戏时间的长短直接影响游戏的数量和质量。游戏时间充足，幼儿就能从容地选择游戏伙伴、游戏材料，讨论游戏规则，也能获得更多、更深刻的积极游戏体验。如果游戏时间仓促，幼儿尚未熟悉玩具材料的特性，还没有充分开展游戏就结束了，会影响幼儿在游戏中的体验，并有可能阻碍幼儿愿望的实现。研究表明，由于幼儿游戏时间的长短不同，开展游戏的类型也会有差异。我国研究者比较了 4 ～ 5 周岁幼儿在相同情境下长时间游戏（30 分钟）和短时间游戏（15 分钟）中的表现，发现在长时间游戏中的幼儿才会逐渐发展社会和认知层次较高的游戏形式，其中包括完整的游戏活动、团体游戏、建构游戏、团体戏剧游戏；而在较短的游戏时间段中的幼儿没有足够的时间结伴游戏，不能相互协商、讨论或者进一步探索和建构材料，往往进行一些社会和认知层次较低的游戏，包括平行游戏、旁观、无所事事、转换行为、过渡性行为及一些事物游戏和模仿游戏。可见，时间充分会促使幼儿进行较高社会性水平和认识水平的游戏。所以，教育者一定要保证幼儿每天有足够的游戏时间，唯有如此，才能使游戏充分发挥对幼儿发展的作用。

### （三）游戏材料

游戏材料是幼儿游戏所用玩具和物品的总称。材料是游戏的物质支柱，是幼儿游戏的工具，它可以激发幼儿的游戏动机、游戏构思，推动幼儿想象和游戏行动的发展。游戏材料的以下几方面均会影响幼儿的游戏行为。

#### 1. 材料的种类

就游戏与玩具材料的关系而言，不是因为有了玩具材料才能游戏，而是因为游戏，玩具材料才能充分发挥其存在的价值。但是玩具材料的种类确实会对幼儿游戏的具体选择有着某种暗示的指向功能。有的材料更多地引发低社会性游戏，如橡皮泥、颜料等多引发独自游戏和平行游戏；有的材料多引发结构性游戏，如积木和插塑；球类玩具、跳绳、沙包等体育类玩具可以引发体育游戏；有些模拟实物材料更多地引发想象游戏，如娃娃、厨具。因此，游戏材料的提供，从某种意义上来讲是对幼儿游戏起着暗示指向作用。

#### 2. 材料的数量及搭配关系

从数量上看，同一种游戏材料数量较少时，年幼幼儿容易因为争抢玩具产生纠纷；年长幼儿则可以用少量的材料开展社会性装扮游戏，因为他们的协作意识、能力水平足以支持他们通过协商达成共同协议。由此可知，游戏材料和幼儿年龄之间存在交叉关系，相同种类游戏材料增加时，年幼幼儿之间的平行游戏会增加，社会交往水平下降，攻击性行为也减少。因此，年幼幼儿在游戏时需要多一些同类的游戏材料，年长幼儿在游戏时需要多一些不同种类的游戏材料。

游戏材料的搭配关系也会影响幼儿的游戏行为。例如，一套无结构的插塑材料会引发更多的结构游戏，但是如果增加了小人或者小动物，幼儿游戏时就会发挥想象，变为装扮游戏。这是因为可以对不同种类的游戏材料进行搭配后，幼儿思考时就有了更多的支撑元素，想象的发散性就会有新的方向。因此，教师要根据幼儿年龄、兴趣的不同，提供不同数量的游戏材料，还要对材料进行不同的组合，让幼儿获得更多的游戏体验。

#### 3. 游戏材料的特征

游戏材料的特征也会影响幼儿游戏行为。游戏材料具有象征性，可替代生活中的人与事物。材料特征的不同（模拟物和多功能物）将引发不同水平的游戏体验。研究证明，操作方法限制越少的材料，越有助于幼儿想象力的发展。根据幼儿对材料操作方法的不同，可以将材料分为辐合型和发散型两种，也有人称高结构材料和低结构材料。前者活动方法多有限制，往往只有一种玩法，产生一种结果（如拼图、镶嵌以及形象模拟玩具）；后者可有不同操作方法，并产生不同结果（如积木、插塑以及非形象玩具）。曾有学者做过这样一个实验，将一套镶嵌材料分别给两组幼儿：一组给镶嵌材料时配有镶嵌形式板，这组幼儿玩的是建构游戏；另一组只给镶嵌材料，不给镶嵌形式板，这组幼儿玩的游戏既有建构性的，也有象征性的。可见，模拟物有特定的形象特征，这一形象特征所指示的功能、用法是明确的，由于它用法单一、功能固定，因此限制了孩子在游戏情境中的操作。非形象材料没有固定的形象特征，因而幼儿可根据自己对物体的感知分析，对它的多方面特征加以取舍，以符合自己的游戏意愿。这两种材料不仅对游戏本身有不同的影响，对幼儿的智力发展也起到一定作用，后者在与幼儿的互动中能促进其发散性思维的发展。

#### 4. 幼儿对材料的熟悉程度

当游戏材料对幼儿来说是完全陌生或者比较复杂时，可引发幼儿的探究性行为；当游戏材料对幼儿来说是中等熟悉和中等复杂程度时，可引发幼儿的象征性游戏和练习性游戏。

#### 5. 游戏材料的摆放位置及可见性

游戏材料的摆放位置及材料对幼儿的可见程度会影响材料的使用频率，进而影响幼儿的游戏行为。例如，摆放在中间位置的游戏材料使用率较高，进而容易引发幼儿进行相应的游戏。游戏材料的可见性也会对幼儿使用游戏材料产生影响。如果幼儿视线被柜子或其他物品遮挡，看不到游戏材料，这部分游戏材料对幼儿而言，大多时候相当于不存在，因为幼儿根本不知道有这些材料。幼儿越能直接看到游戏材料，就会越多地使用游戏材料。

### （四）游戏机会

幼儿所享有的游戏机会会影响幼儿的游戏行为，进而影响幼儿的发展。以色列研究者萨拉·斯米兰斯基等人的研究发现，在学前期缺乏游戏活动机会的儿童会体验到学习各门学科的困难。特别是没有参加过社会角色游戏的儿童，这种困难更为显著。有的幼儿对游戏不感兴趣，也许并非是幼儿自身的原因，而是因为教师未能提供多元化的活动，使他们无法选择适合自己能力和兴趣的游戏。有的幼儿对某种游戏感兴趣，也面临相应的游戏机会，但是由于游戏机会较少、其能力稍弱或者易被教师、同伴忽略而没有选择到与其能力、兴趣相符合的游戏，游戏机会就已经没有了。所以，教师要为幼儿提供均等的游戏机会，即为幼儿提供平等的、适宜的参加游戏的时机。但是这不是说教师要安排好、计划好、协调好每一个游戏、每一名幼儿在游戏中所遇到的情况，而是要引导幼儿主动适应环境，凭借自己的能力和智慧去争取游戏机会，这个过程也是促进幼儿发展的过程。

## 二、社会环境的影响

社会环境是指人以及人际关系对游戏的影响，包括家庭、同伴和大众传媒等。如果说环境因素对游戏的影响是“物”的影响，“人”及“人际关系”发挥间接作用，那么在社会环境中就是“人”及“人际关系”对游戏的直接影响。

### （一）家庭

#### 1. 亲子关系

早期的亲子关系影响幼儿参与游戏的心理背景。最早的亲子关系是幼儿与母亲的依恋关系。研究表明，建立了良好母子关系的幼儿，有强烈的好奇心、求知欲，有积极的探索热情，喜欢并善于社会交往，因而游戏的积极性高。实际上，良好的依恋关系能让幼儿对外界环境产生信任感，即安全感。具有安全感的幼儿更大胆和自信，当他们来到一个新的环境时，会因为对周围事物产生好奇心，而去积极探索，因此能更快地熟悉、适应环境，进而参与游戏。而缺乏安全感的幼儿在新的环境中，表现出胆小、畏惧、退缩的特性，而不利于对新环境的探索，对新环境不熟悉，就不愿意参加游戏。

父亲在幼儿游戏中的影响也是显著的，但不同于母亲。母亲与幼儿相处，更侧重于教和养，而父亲更倾向于和幼儿游戏，并且喜欢与幼儿玩运动性、力量性的游戏（如举高、旋转、踢球）。在这样的共同游戏中，容易带给幼儿乐观、勇敢、欢快愉悦的情绪体验，激发幼儿的游戏欲望，进而有助于幼儿自主、独立和自信品质的培养，这对幼儿的运动能力、动手操作能力的发展都有积极的促进作用。

#### 2. 育儿态度

育儿态度影响幼儿游戏的品质。育儿态度主要指根据父母的行为特点和个性品质所形成的养育子女的观念和态度。不同的家庭，父母的行为特点、个性品质不同，对子女的教养态度也不同，这些不同的育儿方式往往对幼儿游戏的影响也是举足轻重的。一般认为，以下 4 种类型的育儿方式会对孩子的游戏品质产生影响：

（1）过度保护敏感型：孩子无独立性。这类父母对孩子的一举一动极其敏感，对于孩子的事情都要过度干涉，时间久了，会养成孩子神经质的性格，这样的孩子总是忧心忡忡，依赖性极大，缺乏自信，情感幼稚，不能独自游戏，与别人一起游戏时往往听从别人的安排，缺乏主见，好模仿，也容易旁观别人游戏。

（2）发号施令专制型：孩子无独立性。这些父母能力很强，能干而自信，对孩子的要求往往较高，容易苛求指责，使孩子越发自卑和不合群。这类孩子不善于交往，自尊心强，对人冷淡，往往暗中好斗，喜欢独自游戏，或在游戏中自我欣赏。

（3）放任自流冷漠型：孩子较有独立性。这类父母与以上两类恰恰相反，对孩子的一举一动和愿望要求反应迟钝，不能理解孩子，对孩子既不关心，也无要求。他们的孩子往往自主性、独立性强，但缺乏必要的交往技能，缺乏自知之明，在游戏中有自主意识，但不能很好地理解别人，游戏合作常常失败。

（4）民主和谐温和型：孩子有独立性。这类父母对孩子既有要求，也有顺从，比较喜欢倾听孩子的意愿，征求孩子的意见，常和孩子商量一些事情。在民主和谐的气氛中，孩子的心智比较成熟，善于交往，待人热情友好，在同伴中有一定威信，游戏时往往成为主角，游戏能力较强，爱玩社会性装扮游戏。

#### 3. 家庭结构和氛围

完整的家庭结构和家庭成员的和谐关系所形成的良好家庭氛围是幼儿健康成长的保证，也是幼儿游戏发展的根本。家庭结构完整与否主要是指核心家庭结构完整的家庭和由于婚姻破裂而导致的不完整家庭。研究表明，完整家庭的幼儿比单亲家庭幼儿开展想象性游戏的能力更强，游戏的内容更丰富。但是，即使父母双全的家庭，如果家庭气氛不和谐，家庭成员的关系不和睦，也会导致幼儿缺乏安全感和对外的信任感，进而影响幼儿的游戏水平。而在家庭氛围民主、和谐，家庭成员相互关心的环境中成长的幼儿，更倾向于积极探索外界环境，会以积极主动的心态参与游戏。

### （二）同伴

幼儿之间的同伴关系构成了幼儿世界的人际关系，是影响幼儿心理发展的一个重要的社会性因素。幼儿在游戏中有无同伴、与同伴的熟悉程度、同伴的年龄、同伴的性别等因素，都会对游戏产生影响。

#### 1. 有无同伴

一个人玩游戏和与同伴一起玩游戏，其游戏的内容、形式和复杂程度是不一样的，幼儿在游戏中获得的游戏体验和乐趣也是不同的。幼儿在有同伴的情况下，游戏思维更加活跃、想象力更丰富，更多地运用想象和装扮来操作物体。因为与同伴组成了一个相互模仿和学习的环境，加上共同游戏的愉悦体验，有助于强化他们过去已经掌握的各项技能，以便发展到更为复杂化、综合化、精细化的行为水平。皮亚杰认为，认知发展的进步随着幼儿直接与同伴接触的多少而变化。而且，幼儿在与同伴的共同游戏中，不可避免地实践、习得许多社会行为的基本规则，从而增加了游戏的社会性和合作性。幼儿在一定程度上是通过同伴交往认识到自己拥有什么，学习和同伴分享，知道如何请求别人允许，以及轮换、等待等游戏规则的。通过社会性游戏，幼儿认识到有时需要让步，并学会保护自己，在此过程中初步体验社会规则。

#### 2. 与同伴的熟悉程度

幼儿对游戏同伴的熟悉程度也将对游戏的发生、类型和品质产生一定的影响。研究表明，社会性同伴游戏较多地发生在熟悉的同伴之间，而且熟悉的同伴间的游戏水平更高，更复杂；不熟悉的同伴之间更多开展平行的机能性游戏。这是由于熟悉的同伴之间对游戏情境有着更为相近的理解和体验，相互之间比较了解，更容易理解对方和达成一致的协议，这样促成合作的可能性更大。

#### 3. 同伴的年龄

不同年龄的幼儿在一起游戏，可以促进幼儿分享、合作、谦让、互助等良好品质的形成与发展。一般而言，幼儿喜欢和自己同龄、熟悉的或比自己年长的同伴玩，而不愿意与比自己年幼、不熟悉的幼儿一起玩。原因是幼儿与同伴一起游戏时，因为年龄相仿，其知识经验水平大致相仿，游戏经验和游戏技能相当（主要指运动技能、操作技能和交往技能），身心发展等各方面的发展水平接近，这使得沟通和交流更加顺畅，容易通过协商达成一致，形同共同的游戏倾向，从而使得游戏能够顺利展开。不同年龄的幼儿一起游戏时，年长的幼儿可以凭借自己更为丰富的游戏经验和高水平的技能，带领年幼幼儿一起构思游戏的主题和情节（主要是年长幼儿来构思），这样有利于培养年长幼儿的组织能力、提高社交技能，促使形成责任感，并学会关心他人，并获得一种自我的满足。年幼幼儿在与年长幼儿的合作游戏中，在年长幼儿的带动下，丰富和提升自己的游戏经验，学习与人相处、交流的技能，而这些又能促进其社会技能和水平的发展，并习得一定的社会规则和经验。所以，幼儿个体的完善发展离不开与相同和不同年龄的同伴的交往，其各自在游戏中的获益也是不同的。因此，幼儿游戏应提供幼儿与不同年龄同伴共同游戏的机会。

#### 4. 同伴的性别

同性同伴和异性同伴对游戏产生的影响是不同的。观察发现，同性同伴一起游戏时，较多地玩和自己性别相符的玩具和游戏，游戏时间相对长一些。异性同伴一起游戏时，选择的游戏玩具大多为中性，较多地出现与自己性别不符的游戏，因此更多地探索新异材料。当同性多于异性时，倾向于与同性游戏。可见，与不同性别的同伴在一起游戏有助于幼儿性别角色互补，促进幼儿性别角色社会化的发展。

### （三）大众传媒

当今社会是一个信息化的社会，印刷品、广播、电视等多媒体对幼儿生活的影响越来越显著，影响范围也越来越广泛。幼儿通过连环画、故事书、绘本等印刷品，获得直接的娱乐体验，并在其中获取各种前人积累下来的知识信息。广播通过听觉给幼儿传递了大量的信息，这对不认字的幼儿来讲，是非常合适的娱乐、学习途径，也在一定程度上减轻了家长给孩子阅读的压力。但是无论是印刷品，还是广播，都是让幼儿独处，这减少了许多幼儿在真实世界与人直接沟通的机会。

随着电视在家庭中的普及，它越来越多地受到幼儿的青睐，甚至已经成为现代社会幼儿生活的一个重要内容，更成为幼儿的重要信息来源，同时电视中许多内容也不可避免地成为幼儿游戏内容的来源之一。例如，当《熊出没》的动画片盛行时，无论男孩还是女孩都手持一把玩具枪，边跑边叫嚣：“臭狗熊、臭狗熊。”电视对幼儿游戏的影响，取决于两个方面：一是节目内容是否健康，是否符合幼儿的心理水平和发展水平；二是幼儿每天看电视的时间长短是否适宜。长时间看电视会让幼儿的身体和大脑神经都感到疲倦，这不仅会影响幼儿的身体健康，也会降低幼儿参与活动的积极性、主动性，甚至会妨碍或干扰幼儿运用表象进行思维的活动能力。“电视综合征”的出现已经证实了这一点。法国青少年心理咨询大师马塞尔·鲁福在对数百名 6 ～ 11 周岁儿童进行的一次关于儿童与电视的调查后认为：儿童每天看电视的时间不宜超过 30 分钟，否则将导致记忆力减退、注意力分散。学龄前儿童看电视的时间应该少于 30 分钟，这样才有利于身心正常发展。

以电脑、手机为媒介的游戏娱乐方式相较于电视，对幼儿的吸引力更强了，且幼儿参与的主动性也增加了。适度使用电脑，不仅能够帮助幼儿获得广泛信息，而且能够促进其注意力的集中和智力的发展。但是幼儿如果长时间地沉溺在这样一个被游戏设计者创设的虚拟世界里，就大大减少了其在真实世界里的人际交往和体验，这会造成幼儿在真实世界中无所适从。

大众传媒的发展对幼儿教育甚至整个大教育都具有很大的影响力，它在教育过程中扮演着越来越重要的角色。它使幼儿在生动、有趣的娱乐体验中获得了各方面的发展，但是也不可避免地带来了负面影响，如何利用大众传媒并让其发挥最佳效果，一直是幼教工作者思考并进行探索的课题。

## 三、个体因素的影响

在一定程度上，幼儿的游戏水平取决于幼儿自身的条件。每个幼儿的年龄、性别、个性、健康和情绪状态等都会对其游戏行为产生一定的影响。

### （一）年龄

幼儿的年龄在一定程度上决定了幼儿的身心发展水平，从而影响幼儿的游戏水平。幼儿的体能、认知、语言、社会性等身心发展水平随着年龄变化而具有一定的阶段性表现。幼儿游戏的内容和方式，也随着幼儿年龄的增长、各方面发展水平的提高，而有所变化。从感觉运动游戏、象征游戏到规则游戏，从单独游戏、平行游戏到合作性游戏，从单一的游戏内容到丰富的主题内容，从成人制定游戏规则到幼儿自己通过协商改变、增加游戏规则，无不体现着幼儿年龄增长对幼儿游戏水平、内容和质量的影响。

### （二）性别

幼儿游戏存在性别差异，这是一个普遍存在的跨文化的、受到广泛认同的观点，在亚洲、欧洲与美洲幼儿身上都发现了这种游戏性别偏向。究其原因，我们认为社会角色期待是其主要的影响因素，同时也受到生物学和社会角色的模仿等因素影响。

幼儿因性别不同而表现出不同的特点和倾向性。在游戏上的性别差异在幼儿出生后第二年就已显露，并随着年龄的增长日趋明显。性别差异对幼儿游戏的影响主要表现在对游戏同伴、玩具和材料、游戏类型和游戏主题等方面的偏好上。

一项关于性别与社会性行为的研究表明，学前阶段，幼儿倾向于选择同性同伴，在游戏中幼儿与同性同伴产生的社会性行为也显著多于异性同伴，而且年龄越大，这种差异越明显。

一般而言，由于男孩在精力旺盛度和体力方面要高于女孩，因此男孩喜欢户外跑、跳等运动量大、具有竞争性的冒险性游戏，常扮演士兵、警察和动画片里的英雄人物。女孩更多倾向于安静的、运动量和竞争性较小的游戏，如桌面上的手部操作游戏。在装扮游戏中，男孩更倾向于玩关于“战争”的游戏，女孩更倾向于玩关于“家庭”“医院”的游戏。在游戏中，女孩较同龄男孩具有更多的耐心，角色协作意识也更强。从玩具选择上来看，男孩更喜欢各种枪、炮等兵器和车、飞机等交通工具类的玩具，而女孩对娃娃这样的玩具爱不释手。

### （三）个性

由于个性的不同，幼儿在游戏兴趣和游戏风格上也表现出了个体差异。

首先是幼儿游戏兴趣的差异，即对游戏的喜好程度有所不同。有的幼儿爱玩，有的幼儿不爱玩。爱玩的幼儿主要表现在有强烈的游戏兴趣，且兴趣广泛，他们喜欢参与运动类游戏、想象性游戏、装扮游戏，在游戏中发散思维，与同伴积极交往、互动，且言语活动也较多。不太爱玩的幼儿一般比较文静，言语活动不多，游戏中更喜欢操作材料，与同伴的互动较少，思维发散性不够。研究发现，爱玩的孩子到了成年期，精力充沛、善于交际而好客、机智幽默。所以，鼓励幼儿的游戏兴趣，有利于幼儿的长远发展。

其次，幼儿的游戏风格，即游戏中有爱想象的幼儿和不爱想象的幼儿。爱想象的幼儿对周围人与人的关系和人的活动更感兴趣、更敏感，他们的游戏反映人们的日常生活，具有情境性，游戏中有较多的角色扮演和想象活动；而不爱想象的幼儿对周围世界的“物”

表现出浓厚的兴趣，他们喜欢探究游戏材料的性质、特征和玩法等，在游戏中往往独自摆弄各种游戏材料。

### （四）健康和情绪状态

幼儿自身的健康状况会对游戏行为产生影响。如患有心脏病或哮喘的幼儿，就不适宜运动量大的体育游戏；生病期间的幼儿，会在短时间内对游戏失去兴趣，或只参与活动量较小的游戏活动；由于睡眠、饮食不好等原因造成的身体疲劳状态也会降低幼儿对游戏的积极性。幼儿的情绪状态也会影响幼儿的游戏行为。例如，幼儿在愉悦、兴奋等积极情绪状态下和伤心、沮丧、难过等消极情绪状态下会影响其对游戏种类的选择和对游戏的积极性。可以说，幼儿在游戏中的表现，很可能就是他们当天、当时的身体健康状况和情绪的反映。

**拓展阅读：**
什么是安吉游戏？

**课证融通**

**简答：**影响学前儿童游戏的个体因素主要有哪些？（2013 年下半年真题）

## 第三节　幼儿游戏的分类

幼儿游戏的内容是丰富多样、千变万化的，依据不同的参照标准，站在不同的角度，会有不同的游戏分类。游戏随着社会的发展而产生、变化，伴随着幼儿的成长而丰富、发展，游戏种类的多样化本身就是游戏发展的表现和结果。同时，游戏的多样化又最终反映幼儿身心发展的需要和规律。

### 一、从幼儿认知发展角度分类

认知学派从幼儿认知发展的角度出发，对幼儿的游戏进行分类，瑞士心理学家让·皮亚杰是首创者。皮亚杰认为，认知的发展是幼儿发展的重要方面，游戏随着幼儿认知发展而变化。他根据儿童认知发展的阶段，把儿童游戏分为练习性游戏、象征性游戏和规则游戏 3 类。

皮亚杰认为结构游戏不是一种独立的、可明确划分发展阶段的游戏类型。但是也有研究者提出不同的看法。例如，以色列心理学家萨拉·斯米兰斯基认为结构游戏是幼儿游戏的一种，属于认知游戏。

### （一）练习性游戏

练习性游戏又称感觉运动游戏、机能性游戏或实践性游戏等，这类游戏主要发生在感觉运动阶段，主要由简单的动作或运动组成，游戏的主要表现形式为徒手游戏或重复操作物体的游戏。

练习性游戏是婴幼儿游戏发展中最早出现的游戏形式，出现在 0 ～ 2 周岁的感觉运动阶段，以后随着其他游戏形式的出现，练习性游戏的比例逐步下降。从认知发展的角度来讲，2 周岁以内的幼儿，主要通过感觉和动作来认识周围世界，他们通过动作或运动获得技能性快感，即快乐。这种快乐刚开始是生理性的，后来慢慢变成心理性的。在这一时期，幼儿反复练习新的动作，不断尝试，从而获得智慧的发展。他们的游戏非常简单，主要是感觉性的，如听觉游戏、视觉游戏、触觉游戏。随着年龄的增长，幼儿发展了各种形式的运动性游戏，如上坡、下坡，重复开门、关门的动作。正是在反复的成功摆弄和练习中，幼儿获得愉快的体验，并反复练习新获得的运动技能。

这种游戏形式在整个幼儿期随时都能看到，只要有新的机能需要掌握，就会有这种练习，如奔跑、攀爬、滑滑梯、摇木马、敲打和摆弄物体。

**课证融通**

儿童最早玩的游戏类型是（　　）。（2015 年上半年真题）

A. 练习性游戏　　B. 规则游戏　　C. 象征性游戏　　D. 建构游戏

### （二）象征性游戏

象征性游戏是幼儿期典型的游戏形式，也是整个幼儿阶段常见的游戏形式，出现在幼儿认知发展的前运算阶段。象征性游戏大约在幼儿 2 周岁左右开始，直至入小学，高峰期在 3 ～ 5 周岁。

这类游戏最明显的特征就是幼儿在玩游戏的过程中出现了象征的活动形式，即用具体的事物表现某种特殊意义，游戏中出现了象征物或替代物。幼儿把一件物品当成另一件物品来使用，如将椅子当成马来骑，即“以物代物”；将自己假装成另一个人，如把自己当成妈妈，即“以人代人”。象征性游戏的主要特征就是模仿和想象，角色游戏是其主要的游戏形式。通过象征性游戏，幼儿可以脱离对事物的当前知觉，以物代物，并学会用语言进行表达，体现了儿童认知发展的阶段和水平。象征性游戏的出现标志着幼儿游戏进入一个新的发展阶段，游戏的发展实现了质的变化。象征性游戏使幼儿能够在虚拟的情境中满足自己在现实生活中不能实现的愿望。例如，在“娃娃家”里，自己当爸爸妈妈照顾娃娃，给娃娃做饭穿衣。

### （三）结构游戏

结构游戏，又称建构游戏，是幼儿利用积木、积塑、金属材料、沙土等结构材料进行建构，从而反映现实生活中物体或场景的活动。结构游戏一般在幼儿2岁左右出现，会随着幼儿年龄增长而增多；幼儿3～5岁时，结构游戏占全部游戏活动的40%；幼儿4～6岁时，结构游戏占全部游戏活动的51%。

结构游戏是游戏活动向非游戏活动的过渡形态，前期带有象征性，强调游戏过程中幼儿的体验，例如，幼儿用积塑拼插一个手枪，玩“打怪兽”的游戏；后期结构游戏逐渐成为智力活动的一种，此时幼儿不仅关注游戏过程，而且对结果也越来越关注，如七巧板游戏。

### （四）规则游戏

规则游戏的大量出现一般是在幼儿园的中大班时期，然后持续终身。随着幼儿认知能力的逐步发展以及幼儿社会化程度的提高，游戏中的角色不断增加，幼儿对角色的认知也逐步加深，规则逐渐出现，并越来越明确、具体。同时，幼儿抽象逻辑思维能力逐步萌芽，他们可以摆脱具体的情节束缚，向现实靠拢。

规则游戏中有不同复杂程度的规则，以适应不同年龄和发展水平的幼儿。例如，体育游戏“贴烧饼”的游戏规则太过复杂，适合大班的幼儿；而“捉迷藏”“老鹰捉小鸡”等游戏中的规则相对简单，中小班的幼儿就可以参与其中。

**课证融通**

幼儿反复敲打桌子，在房间里跑来跑去。在椅子上摇来摇去，这类游戏属于（　　）。

（2014年上半年真题）

A. 结构游戏　　B. 象征性游戏　　C. 规则游戏　　D. 机能性游戏

## 二、从幼儿社会性发展角度分类

以社会性发展水平为依据对幼儿游戏进行分类，最为人所知的是美国教育家帕顿的游戏分类理论。他通过观察托幼机构中幼儿的游戏，按照不同的社会参与水平把2～6周岁幼儿的游戏分为6种。

### （一）无所事事

无所事事主要是指幼儿在游戏中缺乏目标、东游西逛、行为无目的，偶然注意到碰巧引起其兴趣的事情或事物，无事时就摆弄自己的肢体，在椅子上爬来爬去，到处乱转，或者干脆东张西望的游戏状态。

### （二）旁观

旁观是指幼儿作为旁观者置身游戏之外，不参与游戏，大部分时间都是在一旁看同伴游戏，偶尔会与同伴交谈，有时会提出问题或建议，但是行为上不参与游戏，只是在旁边观察、注视某几个幼儿或群体的游戏，对所发生的一切心中有数。

### （三）单独游戏

单独游戏又称独自游戏，是指幼儿虽然与正在进行游戏的同伴在交谈距离之内，然而他们只专注于自己的游戏，不注意同伴做什么、玩什么，也没有接近同伴的尝试。单独游戏是真正的游戏，其社会性水平较无所事事和旁观都有所提高，但还是幼儿自己专心、独立地操作玩具或游戏材料。

### （四）平行游戏

平行游戏是指幼儿与同伴操作相同或相近的玩具或游戏材料，但是相互之间没有进行真正意义上的互动。平行游戏还是幼儿独自游戏，只是在同伴旁边玩，但不是一起玩。他们可能彼此相处和谐，甚至不时有少量语言交谈或相互模仿，但是没有协作活动。

### （五）联合游戏

联合游戏也称协作游戏，是幼儿 4 周岁以后游戏的主要形式，是一种没有组织的共同游戏，有多个幼儿共同参与到游戏中。联合游戏是幼儿在一起玩，他们也有“我们一起玩”的意识，但是没有明确的分工与合作，只是因为玩相似的游戏而简单地在一起玩，没有明确的、共同的游戏目标。幼儿都是做自己愿意做的事情，在游戏中虽然有明显的社会交往活动，如相互借玩具，短暂交谈，但是仍以自己的兴趣为主。联合游戏中，幼儿之间的互动和合作开始出现，并逐步增强，但是还不是真正意义上的合作。

### （六）合作游戏

5 周岁以后，幼儿的合作游戏越来越多。合作游戏是社会化程度最高的幼儿游戏，是指两个或多个幼儿在一起，围绕共同的游戏主题，在游戏中相互合作并努力达成目标。合作游戏的游戏主题具体、明确，幼儿之间有明确的分工，事先对于游戏材料的使用、游戏目标和游戏结果都有规划，所结成的同伴关系可以持续一段时间。通过合作游戏，幼儿的游戏经验越来越丰富，语言表达能力越来越强。合作游戏的游戏内容、种类日益复杂，幼儿的规则意识也比较明显，有一到两个游戏的领导者在游戏中起关键作用。

## 三、从幼儿的体验形式角度分类

美国心理学家夏洛特·比勒依据幼儿在不同类型的游戏中的体验形式，把游戏分成机能游戏、想象游戏、接受性游戏和创作游戏 4 种。

### （一）机能游戏

机能游戏是一种由身体运动本身产生快感的游戏，如蹦跳、伸舌头、上下楼梯、捉迷藏，刚会爬的婴儿不停地爬来爬去。机能游戏是 2 周岁前儿童的典型游戏，2 周岁后有减少的倾向。

### （二）想象游戏

想象游戏又称模仿游戏，一般从幼儿 2 周岁左右开始出现，随年龄的增大而逐渐增多。想象游戏是指幼儿根据自己的想象，模仿成人生活、劳动情境的游戏。刚开始幼儿是模仿成人的某些行为（如模仿医生打针），进而有意识地扮演成人的角色，之后能按照角色的设定行动。

### （三）接受性游戏

接受性游戏是指幼儿听故事、听音乐、看画册、看电视等以理解为主的游戏。在该类游戏中，幼儿处于被动地位，他们愉快地欣赏所见所闻。接受性游戏是相对被动的游戏，大约在幼儿 2 周岁出现，4 ～ 5 周岁时能更深地理解其所见所闻。

### （四）创作游戏

创作游戏是指幼儿用橡皮泥、积木和沙土等主动地创作作品，进行造型活动，并欣赏结果的游戏，如搭积木、折纸、绘画等。创作游戏从幼儿 2 周岁开始出现，4 ～ 6 周岁时最为频繁。

## 四、从游戏的教育作用角度分类

苏联的幼儿教育注重从教育作用角度研究游戏，根据游戏在实践中的教育作用进行分类，将游戏分成两大类：一类是创造性游戏，包括角色游戏、结构游戏和表演游戏，此类游戏是幼儿自由游戏；另一类是规则游戏，包括体育游戏、音乐游戏、语言游戏等，此类游戏由教师组织幼儿进行。我国借鉴苏联这一游戏分类方法，将幼儿园游戏分成两大类：创造性游戏和规则游戏。其中，创造性游戏包括角色游戏、结构游戏和表演游戏；规则游戏包括智力游戏、音乐游戏和体育游戏。这样的分类方法有利于幼儿园的教育教学管理和教师的具体操作指导，教师可以根据教育任务和需要灵活选用各种游戏。

### （一）创造性游戏

创造性游戏充分体现了幼儿参与游戏的自主性和主动性，是幼儿时期的典型游戏，也是幼儿非常喜欢的游戏类型。此类游戏是幼儿创造性地反映现实生活内容、模仿成人世界的游戏，是幼儿依据自己的兴趣爱好，在自己知识经验水平上，充分发挥想象和创造力而展开的游戏。这类游戏对培养幼儿的创造性有显著的教育作用。

#### 1. 角色游戏

这是幼儿通过角色扮演，运用想象，创造性地反映现实生活的一种游戏，如“医院”“超市”“娃娃家”。角色游戏是幼儿期最典型、最具特点的游戏之一，也是象征游戏中最具代表性的游戏。

#### 2. 结构游戏

这是一种幼儿利用各种结构材料，如积木、积塑、沙、土，发挥想象力，建构各种造型的游戏。

#### 3. 表演游戏

幼儿根据文学作品，如故事、童话等内容，通过肢体动作、表情、语言等形式，扮演各种角色，进行创造性表演的游戏。通常有幼儿故事表演、木偶表演、皮影表演、手偶表演、桌面表演等。

### （二）规则游戏

规则游戏一般是根据幼儿发展的需要而特意编制的游戏。这类游戏一般由游戏的目的、玩法、规则和结果 4 个部分组成，其中游戏的规则是其核心。由于规则游戏是教师有目的、有计划地为了促进幼儿某个方面的发展而编制的，因此又称为教学游戏。

#### 1. 智力游戏

智力游戏是根据一定的教育任务设计的，以生动有趣的游戏形式，增进幼儿知识，促进幼儿智力发展的一种有规则的游戏，如词语接龙、猜谜语、找不同。

#### 2. 音乐游戏

音乐游戏是指幼儿在音乐伴奏或歌曲伴唱下，按一定的规则和要求进行的各种游戏活动。其主要目的是培养幼儿音乐感受能力和音乐表现能力，如“许多小鱼游来了”“老猫睡觉醒不了”。

#### 3. 体育游戏

体育游戏是以各种基本动作为主要内容，以身体练习为基本手段，以增强体质、提高身体基本运动能力为目的的一种规则性游戏，如踢毽子、跳格子、跳皮筋。

拓展阅读：皮亚杰的认知发展阶段论

## 思考与练习

### 一、名词解释

1. 幼儿游戏
2. 练习性游戏
3. 象征性游戏

### 二、简答题

1. 简述游戏的本质。
2. 简述游戏的特征。
3. 简述幼儿游戏的影响因素。
4. 列举从幼儿认知发展角度划分的游戏类别。
5. 列举根据幼儿社会发展水平划分的游戏类别。

### 三、论述题

联系幼儿教育实践，论述幼儿游戏的特征。

# 第二章　游戏理论流派

【学习目标】

√　了解有代表性的游戏理论的主要观点及其优缺点，进一步理解游戏的本质

√　尝试联系实践中的幼儿园游戏活动，理解游戏理论的主要观点

√　尝试运用游戏理论解释幼儿发展中的问题，产生对游戏理论和实践的研究兴趣

【素质目标】

√　在理解有代表性游戏理论的基础上，树立尊重幼儿、尊重幼儿游戏的游戏观，坚定对幼儿教师的职业信念

## 案例导入

在某农村幼儿园，教师教幼儿玩“工厂”“看病”的游戏，结果发现，尽管教师提供了许多玩具和材料，并且耐心指导幼儿应该怎样说、怎样做，可是幼儿还是弄不清楚，不知所措，这是为什么？

**分析：**其实，出现这样的情况也是情理之中的事情，幼儿游戏是幼儿有目的、有意识地通过模仿和想象，反映了其周围的现实生活。案例中“工厂”“医院”对于当时当地的农村幼儿来说是陌生的，因此无法在游戏中再现。这充分体现了游戏的特征，也暗含了游戏的本质。无论是动物还是人类，都需要游戏，尤其是对于年幼的动物和未成年的幼儿来说，游戏更为重要。不同时期的人类，在不同的国家和地区，对于出身于不同家庭的幼儿，甚至处于不同发展阶段的幼儿，游戏的内容和方式都会有很多相同和相似之处，但是也会有很多不同之处。如何解释这些相同和差异？如何理解游戏？如何看待幼儿的游戏？

由于研究者的指导思想和方法论、视角及实验对象、心理学发展水平的不同，因此形成了不同的游戏理论流派。

# 第一节 经典游戏理论

从 19 世纪下半叶到 20 世纪 30 年代左右，是儿童游戏研究的初兴时期。很多思想家、社会学家、生物学家、心理学家从不同角度、不同侧面提出了各自的游戏观点。这也是最早的游戏理论，这些游戏理论被称为“经典游戏理论”。由于时代的制约和实证经验的缺乏，这一时期的理论带有浓厚的生物学色彩和主观思辨性。但是，这些理论从不同角度解释了游戏产生的原因，阐述了游戏的价值，对后人的研究产生了巨大的影响。

## 一、经典游戏理论概述

### （一）剩余精力说

剩余精力说，又称“精力过剩论”，是最早出现的游戏理论之一。这种游戏理论认为，游戏是在机体的基本生存需要（如吃、喝）满足之后，仍有富余的精力的产物。这一思想初见于 18 世纪德国诗人和哲学家弗里德里克 · 席勒的作品中，后由 19 世纪英国的哲学家和心理学家赫伯特 · 斯宾塞发展并形成学说。但是席勒和斯宾塞两人的观点不完全相同。

#### 1. 席勒关于游戏的看法

席勒的游戏思想主要体现在他的《美育书简》中，其游戏理论和他的美学理论、美育思想密不可分。

席勒认为，游戏与审美活动的性质相同，都是超越了功利活动范围的“自由活动”。他指出，游戏的本质是审美的自由活动，只有在游戏中人才会成为真正完整的“人”。席勒将愉悦看成游戏和审美的共同特征，而愉悦的产生正是源于过剩精力的消耗，而过剩精力的消耗又是人“自由意志”的体现，它的表现形式就是游戏。即在席勒看来，游戏是自然需要得到满足之后，有了剩余力量之后发生的，是力量的自由表现。席勒认为，当动物活动的驱动力来自物质需要的欠缺时，它是在工作；当驱动力来自充沛的剩余精力时，它是在游戏。由于小动物和人类的幼儿还没有承担自己生存的责任，因此，他们的全部精力都是剩余的，这种剩余精力通过游戏被消耗掉。

席勒将游戏分为两类：一类是由于体力方面的精力过剩而引起的游戏，如动物性的身体器官游戏；另一类是由于精神方面的精力过剩而引起的游戏，如人类特有的想象活动或审美活动。在这两类游戏活动中，首先出现的是动物性的身体器官游戏，在此基础上才逐渐上升到人所特有的想象的或审美的游戏。第二类游戏可以帮助人类改造或超越现实，并通过改造、超越使人们可以发掘自身的力量。

从人的发展、人的自由的哲学高度来看游戏的本质，将“游戏”理解为一种自由状态，是席勒关于游戏的基本观点，同时，他也看到人的物质生产活动与人摆脱了自然必然性的自由活动之间的相互依存性。

如果说席勒的游戏理论还停留在哲学思辨的范畴中，那么斯宾塞就把游戏推到生活进化的领域中了。

### 2. 斯宾塞关于游戏的看法

英国的斯宾塞主要以种系进化的观点对游戏进行解释。他认为，消耗剩余精力的游戏活动随着种系进化而变化，种系的进化程度提高，为满足原始生存需要所提供的时间和精力相对减少。因而，较高级的动物比起较低级的动物，更多地将精力消耗在非生存所需要的活动上。即对于低等动物而言，机体全部力量都消耗在维持生命所必需的活动上。但当动物发展到较高阶段时，就不再是全部力量都被功利活动所占据，此时一部分力量用于功利活动足以满足生存需要，机体中就集聚了另一部分要求另寻出路的剩余力量，于是便产生了游戏。当幼儿期的本能需求不再需要幼儿自己通过真实的活动来满足时，人类在幼年便创造出非真实的类似活动——幼儿游戏。

斯宾塞认为，游戏与审美活动的共同特征是：它们都是非功利性的活动，它们都不以直接的方式来推动生命的进程。而游戏与审美活动的区别在于，在游戏中表现出的较低级的能力，而在审美活动中表现出较高级的能力。

斯宾塞还试图说明游戏的神经生理机制。他推测，由于身体和心理的活动而使神经细胞受到损伤，这些受到损伤的细胞在静止期逐渐得到修复，从而为机体的再度活跃做好准备。这些重新活跃的细胞对于刺激是十分敏感的，其结果是产生了一种几乎无法控制的活动的欲望。所以，游戏就是由处于静止期的、得到修复的或重新活跃的神经细胞的“多余的”活动。

此外，斯宾塞最有意义的贡献是对游戏的几种形式做了质的区分，他将游戏分为以下4种：（1）感知运动器官的剩余精力活动；（2）艺术审美性的游戏；（3）具有较高协调能力的游戏；（4）模仿。

从以上席勒和斯宾塞对于游戏的论述中可以看到，剩余精力说的主要观点是：游戏是由于机体内剩余精力需要发泄而产生的。除了维持正常生活外，生物体的精力还有剩余。游戏就是剩余精力得以消耗的最好形式，剩余精力越多游戏就越多，所以游戏是幼儿和高等动物对剩余精力的一种无目的消耗。

### 3. 对剩余精力说的评价

剩余精力说说明了游戏的物质前提——只有当机体的基本生活需要被满足后，机体还有剩余精力，才有可能去游戏。这在游戏研究领域起到了“拓荒者”的作用。但是大多数当代的研究者指出，它仅仅得到了经验性的支持而缺乏实证性的支持。也有人指出，它虽然从进化论的角度提出了一些观点，但是这些观点似乎有与进化论相矛盾的地方。例如，该学说认为游戏是剩余精力的产物，并不是生存所必需的活动，但是它却一代代延续下来，而且越高级的动物对它越需要。而从进化论的角度来讲，只有那些对种系的发展有利的机体行为才能从一代传到下一代并加以进化。所以，从进化论的观点来看，这似乎存在一定的不合理性。

### （二）松弛消遣说（娱乐说）

松弛消遣说，又称“娱乐说”“松弛说”，其关于游戏的说法恰恰和精力过剩说相反。该学说的代表人物是德国哲学家莫里茨·拉扎勒斯和帕特里克。

其主要观点是：游戏不是发泄精力，而是消除疲劳、松弛身心、恢复精力的一种方式，即有机体在持续工作以后丧失了大量的精力，需要有一种能使有机体放松，并使失去的精力得以重新恢复的活动，这个活动就是游戏，因此，游戏的目的是恢复工作所消耗的能量。

拉扎勒斯指出，艰苦的劳动消耗人的精力和体力，这种疲劳要有一定数量的休息和睡眠才能恢复，然而要想得到完全的恢复，只有从事一种能使现实的工作紧张感得到释放的活动，游戏就是具有恢复体力的活动。根据这个观点，游戏是发生在精力亏空的情况下，而不是精力过剩的情况下。游戏与工作的不同就在于：工作是消耗精力的活动，而游戏是理想的储存精力的方式。因此，游戏和娱乐活动可使机体解除紧张状态，具有一种恢复精力、增进健康的机能，所以人需要游戏。

20 世纪初的哲学家帕特里克发展了他的思想。帕特里克认为，现代人游戏是因为现代人的工作性质衍生了“松弛”的需要。随着技术革命的发展，现代社会越来越倚重诸如心理活动的随意机能、注意力的坚持性、抽象的分析推理等心理能力。这就使得现代人的工作比单纯的体力劳动的负担和压力更大。所以，帕特里克认为，要解除精神紧张的工作所引起的疲劳，只有通过游戏来实现。

帕特里克认为，幼儿生来就是“游戏的动物”。游戏是童年期自发的、以本能为基础的活动。由于心理能力尚未得到很好的发展，因此幼儿不能工作，他们所能做的事情只是游戏。那种有压力的、需要自觉努力的、为生存而进行的工作是在进化过程中强加给成人的生活。游戏就是幼儿自然而积极的生活。

总体来说，松弛消遣说认为，游戏是人的本能需要，具有放松身心、恢复精力的功能。成人游戏更多的是为了消解工作压力，消除疲劳。幼儿游戏则更多的是出于游戏的天性，同时也是由幼儿心理发展水平和生活经验不足所决定的。

松弛消遣说的实际意义在于，休闲活动有助于人们长时间工作后的精力恢复。在幼儿教育中，这个理论可以使幼儿的生活处于一种动静交替、张弛有度的有序结构中。当然，作为一种早期的游戏理论，其局限性也是客观存在的，主要表现在：（1）松弛消遣说认为体力的艰苦劳动所产生的疲劳，少于脑力劳动所产生的疲劳，那么它就无法解释体力劳动后需要游戏的原因。（2）无法解释幼儿游戏。即松弛消遣说没有把幼儿的游戏和成人的游戏区分开来，因为对于幼儿来讲，不存在有目的的工作，对他们而言，游戏就是工作，工作就是游戏，根本不用放松和补充。（3）把游戏看成非脑力性的活动，这就排除了许多有智力参与的游戏活动。总体来说，这一理论更适合解释成人的工作与游戏，或“静态工作”和“动态活动”之间的关系，不适合解释幼儿的游戏。

### （三）预演说

预演说，又称“前练习说”“能力练习说”“生活预备说”。该学说的代表人物是德国生物学家和心理学家格罗斯，他是第一个在心理学中把游戏作为专门对象来研究的人，著有《动物的游戏》和《人类的游戏》，他的理论在20世纪初的学术界很有影响，成为西方游戏理论的中心理论。

英国动物行为学家珍妮·古道尔发现，幼小的黑猩猩常常玩这样的游戏：用手掌舀一点水，用牙齿嚼烂树叶来汲取手掌中的水。而成年黑猩猩在干旱的季节，就是用嚼烂的树叶汲取树叶中的水解渴的。根据这样的发现，一些科学家认为，游戏行为是未来生活的排演或演习，因此提出了“游戏是生活的演习”的观点。

格罗斯否认游戏仅仅是一种过剩精力的发泄，他以自然选择理论为基础，认为人和动物有一种与环境斗争的生存本能，新生儿或动物幼崽在遗传上承续了一些不够完善的本能，这些不完善的本能与生存有关，但最初不能帮他们适应复杂的、充满竞争的生活，而游戏则是对这种本能的无意识的训练和帮助，以便日后生活使用。这种游戏行为主要表现在高等动物的幼年期，例如，小猫戏球是捕鼠的练习；小狗嬉咬是为了将来自卫做练习；男孩玩打鱼的游戏是为将来养家谋生做准备；女孩玩娃娃是为将来养育子女做准备。可见，游戏先于劳动。格罗斯认为，幼儿不是因为年幼而要游戏，而是因为他要游戏才给他童年，有机体越复杂，童年期就越长。

格罗斯是第一个强调了游戏的实践意义的人，他强调了游戏中的模仿行为，强调了游戏的学习意义，并把游戏和幼儿的发展联系起来。

格罗斯游戏理论的主要缺陷在于过分依赖“本能”的概念，把“本能”作为发展的中心驱力，把动物的游戏与人类幼儿的游戏相提并论。而且，他颠倒了“游戏”和“劳动”的关系，颠倒了“游戏”和“童年”的关系。“游戏先于劳动”是把幼儿未来成人后所需要的技能，作为先见的知识归于幼儿游戏，是一种先验论的思想。

**课证融通**

认为“游戏是为未来生活做准备”的游戏理论是（　　）。（2012年下半年真题）

A. 预演说　　B. 剩余精力说　　C. 复演说　　D. 松弛消遣说

### （四）复演说

复演说，又称“种族复演说”。该学说的代表人物是美国心理学家斯坦利·霍尔。霍尔在1904年出版的《青年期》一书中，提出了以复演论来解释人类身心发展的过程和特点。他认为个体心理的发展反映着人类发展的历史，人类的受精卵在胚胎期像蝌蚪，象征人类最初在水中生存的时期；婴儿期的爬行象征人类进化的猿人时期；青年期情绪不稳定象征人类进化的混乱期；成年后身心成熟象征人类进化的文明期。

霍尔以复演论来解释游戏，他认为游戏是个体再现祖先的动作和活动，重演人类种族进化的过程，通过游戏的重演，使个体逐步摆脱原始的本能活动，为当代复杂的活动做准备。例如，孩子玩打猎游戏，就是重复原始人的生活；幼儿喜欢爬树，就是重复人猿的生活。

霍尔假定，人类的文化发展阶段与儿童游戏的发展阶段具有如下的对应关系：

（1）动物阶段，指猿人阶段。幼儿的表现是本能反应，如吸吮、哭泣、抓爬、站立。

（2）未开化阶段，指原始人靠猎取动物为生阶段。幼儿表现出玩追逐游戏、“丢手绢”游戏和“捉迷藏”游戏等。

（3）游牧阶段，人类靠游牧为生。幼儿表现出爱玩小猫、小狗、小鸡、小鸭的游戏，关爱小动物的游戏等。

（4）农业耕种阶段，人类靠耕种为生。幼儿表现出玩娃娃、玩具、挖地挖河等游戏。

（5）城市阶段，又称部落阶段，幼儿表现出可以进行小组游戏，由单个人玩发展成为一群人一起玩。

霍尔认为，幼儿的游戏就是我们祖先的“工作”，原始人的打猎、追逐等构成了现代幼儿游戏的基本结构和内容。霍尔还认为，游戏在幼儿的发展中起着“宣泄”的作用，幼儿按照原始本能在人类发展历史中出现的顺序逐渐摆脱这些原始本能，从野蛮走向文明。通过游戏，幼儿可以减弱由原始冲动所引起的本能行为的倾向，这为更高级、更复杂的人类文明行为方式的形成与发展提供了可能。

应当说，霍尔在某种程度上看到了幼儿游戏内容的社会历史性：社会环境不同，幼儿游戏的内容不同，但是他没有能够对这种现象做出正确的解释。霍尔给出的解释近乎是一种玄学，缺少证据支持，因此遭到了各种批评；而且，他在演化的问题上也没有限定范围，因此只能解释部分活动，而未能解释那些需要高度技术的活动如骑自行车、开火车之类的游戏活动。

## 二、经典游戏理论评析

经典游戏理论带有浓厚的生物学色彩，或多或少地解释了游戏的一些现象。虽然它们有许多缺点，但是仍旧对当今人们研究游戏理论具有重要意义：它们推动了幼儿游戏研究的进程。

### （一）早期经典游戏理论的贡献

由于经典游戏理论是人类历史上第一次对“游戏”做出的解释，因此至今许多观点还被人们所铭记。经典游戏理论奠定了现代游戏理论的基础。主要表现在：

第一，经典游戏理论为现代人们正确地理解幼儿游戏奠定了基础。例如，游戏使幼儿能够改造现实，从而建立关于现实的表象。席勒、斯宾塞、格罗斯等人的著作中就有这一思想的萌芽迹象，现代的皮亚杰、维果茨基等人在著作中进一步将这一萌芽扩展。

第二，经典游戏理论促进了现代游戏理论的发展。现代游戏理论认为，游戏的基本特征是“假装”或想象性和愉悦性，这些游戏的特性在早期的游戏理论家的思想中就已有论述。早期的游戏理论倡导游戏有助于美感和创造性的发展的观点，在现代游戏理论中得到了进一步的完善。霍尔的复演论促成了皮亚杰的研究，发展出了游戏的发展论。格罗斯的生活预备说帮助布鲁纳提出了有关游戏与发展的思想等。

### （二）早期经典游戏理论的局限性

当然，经典游戏理论也有其不足之处，主要表现在两个方面：

第一，经典游戏理论的研究范围狭小。这些理论研究不够全面，只能解释小部分游戏现象，不能解释幼儿游戏的全部行为。例如，“剩余精力说”未能解释幼儿即使玩得精疲力竭，也还要游戏的现象；按“松弛消遣说”的说法，成人工作得越多，越应该做更多的游戏，而事实并非如此；“复演说”并未解释幼儿为什么喜欢玩汽车等这些在当时没有出现的现代科技玩具，该理论不能按照当前社会规律预测将来社会的变化，具有时代的局限性。

第二，经典游戏理论是思辨的产物，缺乏实证依据。他们把幼儿游戏的需要与小动物的游戏需要等同起来，认为游戏是幼儿生物本能的表现，是幼儿内在的游戏需要，是幼儿基本生活欲望的表现；他们认为幼儿游戏是本能活动，否认并抹杀了幼儿的社会性。经典游戏理论多从先天的、本能的、生物学的理论角度去看待儿童的游戏，具有一定的思辨性，缺乏科学实证研究的基础，对于游戏中的愉悦、欢笑、专注和生机勃勃等现象，并未做出明确解释。因此，经典游戏理论对于究竟什么是游戏，以及游戏对游戏者意味着什么等问题未能彻底解决，没有真正揭示游戏的本质。

拓展阅读：
两种经典
游戏理论

## 第二节　精神分析学派的游戏理论

从20世纪40年代到60年代，儿童游戏研究进入相对缓慢的发展时期。在这一时期，精神分析学派代表人物——奥地利心理学家西格蒙德·弗洛伊德对游戏的研究成果，使游戏理论逐渐摆脱了美学的影响，幼儿游戏理论与研究进入一个新的发展阶段。

精神分析学派关于游戏的理论都源于他们的基本思想。他们认为，人和动物一样，都有与生俱来的原始冲动和本能欲望，这些原始冲动和本能欲望可以通过随意争抢等形式表现。而人和动物不同，由于社会道德规范的约束，人不允许这些原始冲动和本能欲望直接表现，如果这种压抑长期得不到释放，人就会出现心理疾病，因此，人必须将这些原始冲动和本能欲望发泄出来。他们认为，游戏就是人宣泄受压抑的原始冲动和本能欲望的最好途径。他们认为游戏远离现实社会，可供人们自由地支配。

### 一、弗洛伊德的人格构成论

弗洛伊德并未系统地论述幼儿的游戏，而只是在论述心理学的基本观点时，附带地涉及了游戏问题。但是他融合在其他心理问题讨论中的游戏观点，是精神分析学派游戏理论中的核心观点。

弗洛伊德对于儿童游戏的看法，是以他的人格构成理论为依据的。他认为人格是由3个部分即“本我（id）”“自我（ego）”和“超我（superego）”构成的。其中，“本我”是由一切与生俱来的原始本能冲动构成的，不讲究逻辑和道德，只服从“唯乐原则”，盲目地追求愿望的满足。“超我”代表着人的理性或“意识”，是社会规则的内化，与“本我”相对立，反映着幼儿所生活的那个社会的道德规范和行为准则，它使人与动物区别开来。而“自我”是处于“本我”和“超我”这两个相互对立的极端之间的一个平衡机制，它不受“唯乐原则”的支配去盲目地追求满足，而是在“现实原则”的指导下，试图既获得满足又避免痛苦。但是，“自我”是逐渐形成的，而并非一开始就出现在儿童的发展过程中。

弗洛伊德指出，婴儿是完全受“本我”所支配的，随着经验的不断积累，“自我”和“超我”才逐渐得到发展。个体人格发展的重要任务就是建立和形成“自我”。根据上述人格构成理论，弗洛伊德提出了他对幼儿游戏的看法。

### （一）游戏的动机是“唯乐原则”

弗洛伊德认为儿童游戏的目的是追求快乐，摆脱消极情绪，即儿童游戏受“唯乐原则”的支配。他认为“唯乐原则”就是儿童游戏的动机，即通过游戏而获得愉快的体验。在游戏中，儿童的愿望可以得到满足，儿童的痛苦也可以消失，这样他们就可以获得情感上的快乐。例如，现实生活中父母不让孩子吃过多的糖果，在游戏中他可以尽情地“吃糖果”，这样就满足了儿童想吃糖果的愿望。游戏给儿童提供的常常是一个可以发泄的、接纳冲动的“安全岛”。弗洛伊德认为，儿童在幼儿期占支配地位的愿望就是快快长成大人，做大人能做的事情。在现实生活中，儿童的这种愿望是不可能实现的，然而游戏却允许他们摆脱现实的束缚，为他们实现这一愿望创造机会。例如，小孩子玩骑马的游戏，是因为他曾经有过对成人骑马活动的观察，或听过有关骑马的故事。他玩这种游戏，正是出于他想像成人一样骑马，出于他对这种快乐的向往。游戏与其他心理活动一样，都受到“唯乐原则”的自动调节。

弗洛伊德认为，游戏的对立面不会是严肃的工作，而是现实生活。游戏为幼儿的紧张情绪提供了一个“安全岛”。因此，游戏并非总是和愉快的体验联系在一起，不愉快的体验也往往成为儿童游戏的主题。这是另一种“唯乐原则”的体现，游戏使儿童自己由现实被动的承受者转变为游戏中主动的执行者。例如，在幼儿园中，一名儿童由于不守纪律，或有影响他人的行为而受到老师的批评，老师的这些批评会给儿童带来不愉快的体验。幼儿就在游戏中出现批评别人的情节，把刚才老师批评他的话，转嫁到同伴或玩具身上。弗洛伊德认为，这是一种强迫重复的现象，即游戏的产生可能是由某种不愉快的体验引起的，但这种游戏的最终目的，就是要把自己不愉快的体验转嫁到别人（同伴或玩具）身上，使自己的不愉快体验得到发泄。弗洛伊德还进一步解释道：在儿童游戏中，之所以会出现这种强迫重复现象，是因为这是一种让个体应付伤害性事件的心理机制，个体通过对扰乱性事件的强制性重复来应对损伤性事件。在游戏中，儿童重复在现实生活中给他们巨大影响的每一件事，并且发现这些影响的力量使他们成为环境的主宰者。游戏使儿童成为环境的积极主宰者，而他们曾是被动的“受害者”。

### （二）游戏的“发泄”“补偿”说

在弗洛伊德看来，“自我”是调节和平衡“本我”与“超我”之间的矛盾和冲突的机制，这种机制某种程度上是在游戏中获得的。游戏的调节机制主要表现在两个方面：

一是游戏能使儿童的愿望得到实现，儿童在游戏中寻求在现实中不能实现的愿望的满足。在弗洛伊德看来，对儿童最有吸引力和他们最喜欢的活动是游戏。他认为，在个体发展过程中，“本我”和“超我”的对立冲突是逐步达到平衡的，年龄越小越不平衡。儿童的行为主要受“唯乐原则”驱使，但是成人总是用社会准则要求他，使儿童在现实中常常受到挫败。当儿童的需要和愿望得不到满足、表现和发泄，这会使他们内心产生压抑，导致儿童出现乱发脾气、爱捣乱等不良行为。游戏能使儿童从现实的紧张和约束中解脱出来，使儿童那些在现实生活中不被允许的冲动得到发泄。儿童的愿望就是快快长大，做大人所做的事，但是这在现实中是不可能实现的，所以他们只有在游戏中寻求愿望的满足。

二是游戏能使儿童消除不愉快的情绪体验。儿童在现实生活中常常会有不愉快的体验。例如，医生给儿童打针，按照“唯乐原则”，儿童的合理行为应该是驱苦趋乐，立即忘掉这种痛苦的经历，然而恰好相反，医生走开，儿童就会把这种痛苦的体验变成游戏。弗洛伊德认为，这是一种重复强迫的现象，即儿童需要强迫性重复体验，才能消除创伤性事件造成的不愉快体验。这种现象的出现，与儿童“自我”结构的不完善，心理的防御机能还不能有效地抵御外界伤害有关。医生给儿童打针，儿童会恐惧、紧张、愤怒，但现实生活中的儿童无法对医生发泄，于是便通过对游戏中的玩具或同伴的伤害，把这种不愉快的体验转嫁到了别人身上，使事件由最初的不愉快转向消除不愉快，同时，也实现了儿童想成为医生的愿望。

基于以上游戏的两个功能，弗洛伊德认为，游戏是敌意或报复性冲动的宣泄，儿童就是为了追求快乐、宣泄不满而游戏。游戏为儿童提供了一个安全的途径来发泄情感，发展自我力量，实现现实生活中不能满足的冲动和欲望，使儿童心理得到补偿。因此，弗洛伊德认为游戏的本质在于宣泄。

### （三）游戏的时间是短暂的

弗洛伊德认为，儿童通过游戏自由地表现的时间是短暂的。随着儿童逻辑思维的发展，日益增强的批判性思维能力或理性思考必然束缚游戏的发展。随着“自我”的发展，那种愉快的但又不能被接受的“本我”的愿望，其直接的象征表达方式——游戏就不允许出现了。这时“自我”就必须寻找能表现相同愿望的途径，如打趣、玩笑、幽默等表现形式，或者从事创造性的艺术活动，这种艺术活动是寻求实现与之前相同的愿望，并能得到原先在游戏中可以获得的快乐。“自我”在较为现实的和社会可接受的活动中获得发展，游戏逐渐被艺术活动替代了。游戏虽然结束了，但是游戏的原动力却继续存在于现实活动的动机中。

## 二、埃里克森的“掌握”游戏理论

美国心理学家埃里克·埃里克森从积极的角度发展了弗洛伊德的理论（见表 2-1）。他认为游戏是“自我”的一种机能，是身体发展与社会性发展相一致的活动过程，游戏可以降低焦虑，使愿望得到补偿性满足。他把游戏的这种作用与人格的发展联系起来，突出了游戏在自我发展中的作用。

表 2-1 弗洛伊德与埃里克森的人格发展阶段

| 年龄 | 弗洛伊德 | 埃里克森 |
| --- | --- | --- |
| 0 ～ 1.5 周岁 | 口唇期 | 信任—不信任 |
| 1.5 ～ 3 周岁 | 肛门期 | 自主性—羞怯疑虑 |
| 3 ～ 6 周岁 | 前生殖器期 | 主动性—内疚 |
| 6 ～ 11 周岁 | 潜伏期 | 勤奋—自卑 |
| 青春期 | 生殖器期 | 同一性—角色混乱 |
| 青年期 | | 亲密—孤独 |
| 成年期 | | 繁殖—停滞 |
| 老年期 | | 自我整合—失望 |

### （一）游戏是自我的一种积极主动的机能

弗洛伊德认为“自我”在个体发展中是消极的。埃里克森则把“自我”看成积极的因素，他认为人格的发展是生物因素和社会因素相互作用的结果。“自我”能积极地、主动地调节来自内部的生物因素和来自外部的社会要求，而游戏是帮助“自我”对生物因素和社会因素进行协调和整合。游戏创造了一种典型的情境，在游戏中“过去可复活，现在可表征和更新，未来可预期”。游戏的形式随年龄的增长和人格的发展而不同：使用玩具的游戏，是儿童游戏的形式；以艺术、科学和日常生活等为表现形式的“创造性想象”，则是成人的游戏形式。所以，游戏作为“自我”的一种积极主动的机能，是促进“自我”发展的重要途径。

### （二）游戏调节了发展阶段的冲突

游戏的这种调节机能，体现在埃里克森论述的人格发展八阶段理论上，每个阶段都有一对发展的主要矛盾（即“本我”和“超我”的冲突）。处于童年期的几个阶段，主要通过游戏来解决这些矛盾冲突，并控制矛盾所导致的伤害。埃里克森认为，每一个发展阶段都有其自身的发展任务，如果发展任务解决得好，就能形成理想的人格；解决得不好，则形成与理想人格相反的另一种人格。所以，游戏在童年期非常重要。

埃里克森认为，幼儿在不同的年龄阶段所面临的矛盾冲突不同，游戏形式也有所不同（见表 2-2）。

表 2-2 埃里克森人格发展阶段理论与幼儿游戏形式

| 年龄 | 人格发展阶段 | 游戏形式 |
| --- | --- | --- |
| 0 ～ 1.5 周岁 | 信任—不信任 | 亲子游戏 |
| 1.5 ～ 3 周岁 | 自主性—羞怯、疑虑 | 练习性游戏 |
| 3 ～ 6 周岁 | 主动性—内疚 | 角色扮演游戏 |

以下主要介绍前 3 个阶段：

#### 1. 阶段一：0～1.5周岁，主要矛盾是信任和不信任

该阶段相当于弗洛伊德论述的“口唇期”。埃里克森认为，这一阶段的婴儿开始探索周围世界是否可靠，如果婴儿在此阶段得到较好的抚养且从基本的生理需要的满足中感受到安全，便会对周围环境产生一种基本的信任感；反之，婴儿经常处于饥饿、寒冷、潮湿、被忽略等不愉快的感觉中，不信任感就会滋长产生，容易胆小惧怕。埃里克森强调了良好的亲子关系对儿童信任感培养的意义。他认为婴儿这一时期主要由母亲抚养，如果母亲照顾得好，婴儿建立了对母亲的信任，这份信任就成为他将来信任他人的原始基础。埃里克森认为游戏对建立良好的母子关系有重要意义，因此这一阶段母子之间的游戏极其重要。在游戏中婴儿会体验到母亲的爱意，感受到人生最初的社会性情感。这样的亲子游戏促进了母子间的良好关系和信任感的形成，从而成为促进“自我”发展的基本力量。

#### 2. 阶段二：1.5～3周岁，主要矛盾是自主性和羞怯、疑虑

该阶段相当于弗洛伊德阐述的“肛门期”。这一时期，儿童必须掌握对排泄器官的肌肉控制，并在信任感的基础上产生自信，认识到自己的意志，产生自主感。埃里克森认为，这一阶段的儿童渴望自主，希望能自我照料，对此，成人应给予更多的关怀和保护，以帮助儿童建立自信心，否则儿童会对自己的能力产生怀疑。游戏在这一阶段有重要意义，可以为儿童提供一个安全的环境，儿童通过在游戏中自己制定内心法则的活动范围发展自主性，克服羞怯和疑虑，并在这个过程中认识到自己的意志和力量，从而增强自信。

#### 3. 阶段三：3～6周岁，主要矛盾是主动性和内疚

该阶段相当于弗洛伊德界定的“性器期”。在这一时期儿童会面临“俄狄浦斯情结”的心理危机，即“恋父”“恋母”情结。他们能从言语和行为上探索周围的环境，对成年人角色（如爸爸、妈妈）的扮演有兴趣，同时社会也向他们提出了挑战。但由于能力的局限性，他们出于自我动机的活动常常被成人禁止和限制，使他们感到了想做和应该做之间的差距。对此，成人应帮助他们获得主动感，克服内疚感。游戏在这一阶段的发展中起着重要作用，所以这一阶段又称为游戏期，儿童通过游戏表现内心的冲突和焦虑，通过游戏的角色扮演，初步明确了想象和可能之间的界限，明确了文化环境中的允许和不允许。例如，在角色游戏中，男孩可以通过扮演爸爸、女孩可以通过扮演妈妈，逐步形成新的自我约束的形式，在人格上打上“男子汉”或“女孩子气”的烙印。

### （三）游戏中性别差异

经过严密、精确的统计研究，埃里克森发现，儿童在游戏中存在性别差异。在游戏材料的使用上，男孩喜欢用积木建构笔直向上的建筑物，如楼房、塔；女孩则往往不用或很少用积木，只是用家具等材料来布置室内情境。从游戏内容上来看，女孩的游戏内容反映的是家庭内部生活的情况，如做饭，带孩子；男孩的游戏则主要表现为户外活动、建造和旅行等内容。埃里克森认为，建构物的形态差异映照了人体生物因素的差异性，游戏内容上的差异则反映社会文化因素的影响（社会对不同性别儿童的不同要求和预期）。女孩游戏的内容表明她们已经注意到了将来的任务是照顾家庭，抚养孩子；而男孩知道自己在生活中的定位正好与女孩相反。这样两种差异反映了儿童的焦虑、愿望以及为解决同一性危

机做出的努力。

埃里克森发展了弗洛伊德的游戏思想，但他不再像弗洛伊德那样过于强调“本能论”和“泛性论”，而是强调文化和社会因素对人格的影响。他将游戏与人的终身发展相连接，强调了游戏对自我概念的形成、同一性的获得、阶段矛盾冲突等方面的作用。埃里克森的游戏思想具有重要意义。

## 三、布勒的角色扮演理论

幼儿在游戏中扮演的角色，一直是精神分析学派感兴趣的问题。传统心理学认为，幼儿扮演角色是由模仿的本能决定的。但是，弗洛伊德认为幼儿在游戏中的所作所为，例如，模仿谁、扮演什么角色，是有较强的选择性的，如果没有情感内驱力，就没有模仿。德国心理学家卡尔·布勒系统地分析了儿童在游戏中经常扮演的角色以及支配角色扮演的动机，发展了弗洛伊德的这一思想。

布勒认为，儿童的许多游戏背后都隐藏着深刻的情绪原因。儿童对于角色的选择，基于他对于某个角色的爱、尊敬或者嫉妒等感情，对角色的选择具有高度的倾向性。他通过观察发现，儿童扮演的角色一般分为以下三类：

第一类：源于儿童对一个特定人物的热爱、钦佩、敬重的感情。儿童喜欢模仿他们敬佩的人，尤其是成人，以使他们“快快长大成人”“像成人一样”的愿望得到满足。例如，儿童在游戏中常常扮演他们身边熟悉的人：父母、教师、汽车司机、交警、厨师。

第二类：源于儿童恐惧或愤怒的感情。儿童常扮演引起他们恐惧的那些人，试图感受与那些人有关的焦虑，以帮助儿童征服恐惧。例如，医生是令儿童感到恐惧的角色，但在游戏中儿童却十分愿意扮演“医生”，在重复性的动作中，使自己成为环境的主人。

第三类：儿童喜欢扮演那些“不合身份”“低于身份”的角色，这样可以让儿童在游戏的安全范围内回顾并且尽情享受那些对他们来说不可能再获得的“小儿时”的快乐，并且在游戏这个“安全岛”中做自己想做而现实生活又不允许做的事情。例如，他们常常扮演“婴儿”“动物”“小丑”等角色。角色扮演就好比戴上了一副面具，以掩饰自己的错误和过失。

布勒还从儿童与成人（主要是母亲）关系的发展角度论述了儿童游戏的结构变化。他发现，每一阶段心理性欲发展的矛盾冲突不同，游戏内容也不同。

第一阶段，孩子的焦虑主要集中在与机体有关的方面，这种焦虑反映在游戏中，表现在他们经常玩弄身体某部分，他们往往是独自游戏。

第二阶段（前恋母阶段），孩子的焦虑主要是失去母亲（食物的来源）的潜在焦虑。这一阶段，孩子开始与母亲游戏，孩子游戏的主题是“我能够做那些妈妈对我做的事情”。

第三阶段（恋母冲突阶段），孩子在游戏中扮演成人的角色，试图补偿他们无法与成人相匹敌的心理缺失，从而在游戏中占主导地位。

第四阶段（后恋母阶段），孩子通过与同伴共同参与规则游戏，从外部的“超我”形象中获得独立。这种游戏的作用在于创造一种自我控制的

微课：
游戏治疗理论

社会秩序，通过严格、认真地执行游戏的规则，可以从外部的“超我”形象中获得自由。

布勒关于角色游戏结构的说法极大地扩大和丰富了弗洛伊德的游戏思想。

## 四、对精神分析学派游戏理论的评价

### （一）精神分析学派游戏理论的贡献

#### 1. 精神分析学派研究了游戏的动机

精神分析学派的游戏理论把对游戏的研究与儿童心理发展理论密切联系起来，注意儿童心理发展的阶段性，深入研究儿童游戏的动机，虽然他们只解释了儿童对游戏的生物性动机，但是他们对儿童游戏动机的研究，促进了人们对儿童的模仿游戏、象征性游戏、角色扮演游戏的研究，对后世影响极大。

#### 2. 精神分析学派重视游戏的价值

精神分析学派强调早期经验对健康的成年生活的重要性，强调游戏对人格发展、心理健康的价值，对于人们重视儿童早期的发展与教育，重视游戏在儿童发展中的作用做出了重要贡献。

精神分析学派把游戏当作儿童宣泄消极情绪的重要途径，游戏的最终目的是使儿童保持快乐的情绪，游戏可以促进健康人格的形成等观点，突出了游戏对于人的情绪情感发展的重要价值，对后世影响很大。精神分析学派把游戏作为一种精神治疗的工具来使用，在当今仍具有现实的应用价值。目前，游戏已经成为医生对儿童情绪状况进行神经病理诊断的方法。另外，把游戏当作一种评价工具来使用，在研究游戏时引入统计方法，对游戏研究方法的科学性也起到了提升作用。

### （二）精神分析学派游戏理论的局限性

精神分析学派的一个显著特点是这个学派并非发端于心理学，而是发端于精神病学，因此这一学派关于游戏的理论带有明显的临床诊断色彩。他们更重视个别儿童阶段的游戏个案研究，这样使研究耗费了大量的时间和精力，使临床复杂化、理论复杂化，同时也使结论缺乏客观性和普遍性。该派理论的基本出发点是“泛性论”，强调性和本能冲动的作用到了超乎寻常的程度，因此只解释了儿童游戏的生物性动机，忽视了社会性动机，具有一定的局限性。

# 第三节 认知发展学派的游戏理论

认知发展学派的代表人物是瑞士心理学家让·皮亚杰。皮亚杰融合了生物学、心理学和逻辑学等方面的知识，提出了“发生认识论”，该理论自 20 世纪 60 年代以来产生了广泛的影响。

皮亚杰的游戏理论与其认知发展理论有着密切的关系，是他认知发展阶段理论的组成部分。他认为很多游戏理论都不能正确地解释“游戏”这种儿童期所特有的现象，主要原因是这些游戏理论都把游戏看作一种孤立的机能或活动。他把游戏放在儿童智力发展的总背景中考察，曾试图通过研究儿童的游戏和模仿来寻找感知运动与运算思维活动之间的纽带。他认为游戏是思维活动的一种表现形式，是对原有知识技能的练习和巩固。儿童游戏的动机基础在于智慧的发展形式。儿童的认知发展阶段决定了他们不同的游戏方式，并提出练习性游戏、象征性游戏和规则游戏，分别与认知发展的感知运动阶段、前运算阶段、具体运算阶段相对应。从皮亚杰开始，对于游戏研究的视角又扩大到了一个崭新的领域。

## 一、游戏的认知理论基础

皮亚杰指出，游戏是认知水平的表现形式，是认知活动的一个方面。皮亚杰借用生物学的“同化”和“顺应”两个概念，来解释有机体的生命活动及其行为。智慧是有机体适应环境的一种手段，这种适应是在同化和顺应的动态平衡过程中实现的。

什么叫同化？皮亚杰说：“同化就是把外界元素整合于一个正在形成或已经形成的结构内。”也就是说，当主体用自己的原有认知图式整合外部刺激，使这一外部刺激被同化为与原有图式相同的内容，以量的形式丰富了原有的图式。例如，孩子学会“抛球”动作后，就试着抛手中的任何东西，把抛其他东西的动作也纳入自己的抛物动作图式中。同化并不要求改变原有的图式结构，只是丰富原有的图式结构。

什么是顺应？皮亚杰说：“顺应就是同化性的格式或结构受到它所同化的元素的影响而发生的改变。”也就是说，认知结构受到它所同化的元素的影响而发生了变化，将原有的认知结构提升到一个新的水平。例如，孩子要想拿到一个玩具，必须先移开一个障碍物，这就要求孩子在做抓握玩具动作以前先要改变自己原有的动作（抓握）图式，改做移动动作，否则就拿不到积木。

适应就是同化和顺应的平衡。皮亚杰的结论是，任何认知活动都离不开认知结构的同化、顺应，认知的发展就是认知结构不断地顺应于外物，外物又不断地同化于认知结构的对立统一的结果。

皮亚杰认为，由于儿童早期的认知能力发展有限，这种同化、顺应过程并非始终是协调和平衡的。它表现为：要么是顺应大于同化，要么是同化大于顺应。它们各自在儿童活动中占的比例决定了儿童活动的不同形式。

当同化过程大于顺应过程时，所产生的活动就是游戏，即游戏的本质就是同化超过了顺应。儿童在游戏中总是用已有的经验同化现实，将现实改造成为适合他们认知水平的自己的世界。例如，孩子们只是根据自己的意愿与理解扮演司机，将椅背当方向盘，玩“开汽车”游戏，这时，教室变成了马路，小椅子变成了汽车。当顺应过程大于同化过程时，所产生的活动具有模仿活动的特征。可见，在皮亚杰那里，游戏只是一种在已有经验范围里的活动，它的价值不是促进认知水平的提高，而是对原有知识技能的练习和巩固。

## 二、游戏的功能

皮亚杰认为游戏的功能主要表现两个方面：一是对新的刚刚出现的、不完善的心理机能进行练习、巩固，使它得到丰富和发展；二是帮助儿童解决情感冲突，实现在现实生活中不能实现的愿望。

儿童为什么要游戏？皮亚杰指出，儿童不得不经常使自己适应于一个不断地从外部影响他的、由年长者的兴趣和习惯组成的社会世界，同时又不得不经常使自己适应于一个对他来说理解得很肤浅的物质世界。但是通过这些适应，儿童不能像成年人那样有效地满足他个人情感上的，甚至智慧上的需要。因此，儿童既要适应外部世界又要满足自己的内心需要，以达到智慧和情感上的平衡。但是，儿童的认知发展不足以使他应付充满成人规则的社会环境和充满无数疑问的自然环境，他的内在需要和外部要求之间、他的认识和情感之间产生了极大的不平衡。皮亚杰认为，为了“满足他自己的需要”，儿童会玩游戏。在游戏中既没有强制也没有处分，幼儿实现了生活中不能被满足的愿望。因此，“游戏是认识的兴趣和情感的兴趣之间的一个缓冲地带”，是解决儿童情感冲突的一种手段。皮亚杰认为游戏的主要功能就是通过同化作用来改变现实，以满足儿童达到情感和智慧上的平衡。

皮亚杰认为，社会适应的主要工具是语言，但幼儿的语言水平还无法担负起这种功能。为了表达的需要，儿童就自己创造了一种属于他个人的符号系统，即象征性游戏。这种象征性语言能够按照个体的需要加以改变，也能够唤起儿童过去的经验而使幼儿自身得到满足。例如，在现实中一个孩子被一条大狗吓坏了，而游戏中的狗却变得温顺了。可见，游戏是儿童的自我表达，是用他自己创造的符号系统同化现实的。所以，象征性游戏的功能就是把真实的东西转化为他自己想要的东西，从而使他得到自我满足。例如，玩洋娃娃的儿童是按照他所喜欢的那个样子来重演他自己的生活。

皮亚杰非常重视游戏的情感发展价值，却没有充分地认识到游戏的智力发展价值。他认为当认知活动发展到一个新的水平时，最初它的机能是不成熟的，通过游戏或练习可以使它成熟起来。例如，在表征活动的初期，幼儿的表征机能尚不成熟，因此需要通过表征游戏加以“练习”。游戏对于认知的发展，主要起到“机能练习”的作用，即巩固、成熟的作用，不起积极建构的作用。

## 三、儿童游戏的类型与发生发展

皮亚杰认为儿童游戏的发展以动作能力和心理发展的一定水平为前提，反映儿童认知发展水平的变化。分别与认知发展的感知运动阶段、前运算阶段和具体运算阶段相对应，游戏的发展也分为 3 种类型：练习性游戏、象征性游戏和规则游戏（见表 2-3）。

**表 2-3　皮亚杰游戏阶段论**

| 年龄 | 认知阶段 | 游戏形式 |
|---|---|---|
| 0 ～ 2 周岁 | 感知运动阶段 | 练习性游戏 |
| 2 ～ 7 周岁 | 前运算阶段 | 象征性游戏 |
| 7 ～ 12 周岁 | 具体运算阶段 | 规则游戏 |

## （一）练习性游戏（0～2周岁）

这是发生于认知发展的感知运动时期的游戏形式（又称“探索性游戏”或“机能性游戏”）。这一阶段的婴幼儿是通过感觉器官和运动器官来认识世界、与世界相互作用的。这时的游戏目的，是要获得一种机能性的快乐，满足生理上的需求，游戏动作本身就是动力因素，“动”即快乐。例如，儿童在洗澡时拍水，在户外玩滑梯（见图 2-1、图 2-2）。

图2-1 拍水

图2-2 玩滑梯

皮亚杰将这一时期儿童的认知发展分为 6 个阶段，并认为游戏是随着幼儿的认知逐渐发生发展起来的（见表 2-4）。

**表 2-4 游戏在感知运动阶段的发展**

| 阶段 | 年龄 | 表现 | 游戏 | 示例 |
|---|---|---|---|---|
| 第一阶段 | 0～1 个月 | 反射练习期 | 无游戏 | |
| 第二阶段 | 2～4、5 个月 | 初级循环反应 | 游戏的发生 | 头往后仰，从新的位置看熟悉的东西。两天后重复这种动作，但增加了愉快的表情 |
| 第三阶段 | 4、5～9 个月 | 二级循环反应：“有目的动作形成期” | 保持“有趣的情境” | 反复碰玩具，让它发出声响 |
| 第四阶段 | 9、10～11、12 个月 | 二级图式的协调：“把已有的图式运用到新的情境中” | “仪式化现象” | 握着枕头一角，吮花边。侧着身体躺下，闭上眼睛吸吮手指 |
| 第五阶段 | 1～1.5 周岁 | 三级循环反应：“为了看到结果而行动” | “嬉戏性行为的偶然结合” | 洗澡，手从头发上滑落下来，击到水面上，马上重复这个动作，并变化位置与高度 |
| 第六阶段 | 1.5～2 周岁 | 思维的发生 | 象征性游戏 | 抓住大衣领子侧着身体躺下，闭眼，吮手指 |

第一阶段，只有与生存等基本需要相联系的遗传性图式。同化与顺应混合在一起，二者没有区别。这时期的儿童既没有游戏，也没有模仿。

第二阶段，游戏发生。重复导致的“循环反应”：是原先的动作再发生一次，它的发生标志着心理活动的发生。“循环反应”的延续则使游戏得以产生。判断探究与游戏的方法则在于幼儿的表情。严肃的表情是探究，而快乐的表情就是游戏。

第三阶段，有目的动作的形成期。儿童能知觉到自己的动作与客体之间的关系，手段和目的开始发生初步的分化，开始认识到由一个动作可以导致一个结果。儿童为了好玩，会使这种“有趣的情境”保持下去。例如，小女孩把玩具扔在地上，奶奶帮她捡起来，她会再扔，希望奶奶再捡……

第四阶段：手段与目的的分化和协调期。动作更加灵活和协调，为儿童把一系列动作联合起来进行游戏创造了条件。例如，幼儿拿起梳子，碰一下自己的头发，放在一边。这种游戏是过去经历过的动作图式在刺激作用下连续、简单地再现或重复的活动。

第五阶段：为了看到结果而行动期。游戏开始有所变化，儿童不再满足于重复或再现过去所做得成功的事情，而是在重复中做出一些改变，通过尝试错误，把一些原有的、互不相关的动作图式构成新的图式组合进行游戏。例如，儿童学会了“蹲”“半蹲”的动作后，每次都要先蹲，再半蹲，然后半蹲着走路。儿童没有其他目的，只是为了好玩。

第六阶段：象征游戏形成期。游戏开始发生质变，儿童开始意识到“假装”的成分，游戏中出现了象征物或替代物，这些已不是原来动作图式中所拥有的，而只是作为一种信号。例如，用“手电筒”代替“话筒”来唱歌，这标志着儿童象征性游戏的产生。象征性游戏的出现，标志着练习性游戏在感知运动阶段的发展结束了。

### （二）象征性游戏（2～7周岁）

前运算阶段（2～7周岁）的游戏是象征性游戏。象征性游戏是幼儿借助替代物（自己的动作、语言、身体或其他物品）再现不在眼前的事物或情境的活动。象征性游戏在整个学前期占的时间最长，高峰期在3～5周岁。在游戏中，儿童把一种东西当成另一种东西来使用，即“以物代物”，例如，用铅笔当打针的注射器，用石子当糖果；把自己假装成另一个人，即“以人代人”，扮演小司机或者医生、病人（见图2-3、图2-4）。

图2-3 扮演小司机

图2-4 “小医院”游戏

象征性游戏阶段可以分为两个阶段，即象征性游戏的高峰期（2～4周岁）和象征性游戏的下降期（4～7周岁）（见表2-5）。

表 2-5 象征性游戏的发展阶段

| 发展阶段 | 类型 | 性质 | 示例 |
| --- | --- | --- | --- |
| 高峰期<br>2～4周岁 | 象征性的投射 | ① 把象征性图式扩展到新的对象上<br>② 把模仿性图式扩展到新的对象上，假装模仿其他人或物的活动 | ① 对他的小狗说“哭、哭”，发出哭的声音。接下来的几天里，让他的小熊、鸭子、帽子哭<br>② 假装打电话，然后让她的娃娃打电话；用各种东西来打电话。例如，用一片树叶代替电话听筒；拿着报纸，嘴里念念有词 |
| | 象征性的认同 | ① 以一物代替另一物<br>② 假装自己是其他人或物 | ① 捡起玩具起子，说“牙刷”并做出刷牙的动作<br>② 趴在地上，慢慢地爬进房间，嘴里发出“喵喵”的叫声 |
| | 象征性的联合 | ① 简单的联合<br>② 补偿性的联合<br>③ 清算性的联合<br>④ 预期性的象征性联合 | ① 把枕头叫作“阿里”。阿里是丈夫，正在照看幼儿<br>② 大人禁止玩水。她走到水池边假装舀水，说“我舀了一杯水”<br>③ 大人哄他吃药，不肯吃。过后，让玩具动物吃药<br>④ 以娃娃会晒黑为由拒绝父亲散步的提议 |
| 下降期<br>4～7周岁 | 集体的象征 | ① 象征的联合变得连贯而有秩序<br>② 逼真、准确地模仿现实<br>③ 角色之间的合作与协调 | ① 一个人扮演多个角色<br>② 社会性主题角色游戏 |
| 转变期<br>7～12周岁 | 规则游戏 | | |

高峰期的象征性游戏可分为3类，代表3种水平：自我模仿和模仿他人；以物代物、以人代人；象征性的组合。下降期的象征性游戏有3个特点：游戏的秩序性、连贯性增强；不断提高对准确性、逼真性的要求；出现了集体的象征活动。在这两个阶段中，儿童的表现有着明显的区别，后一阶段儿童的游戏动作、情境、语言的关系更具有逻辑性，即象征的意义与现实更为接近，对现实的模仿更为逼真和准确，且出现了集体象征（以规则来协调关系，达到角色的配合）。所以前一阶段的象征性游戏达到高峰，后一阶段开始呈下降趋势，逐步出现规则游戏。

### （三）规则游戏（7～12周岁）

7周岁以后，儿童的思维发展趋于现实，能够逼真地再现周围人与人之间的关系和活动，由此，儿童开始更为复杂的规则游戏。这是发生于具体运算阶段以后的游戏形式，这时象征性游戏结束，规则游戏开始出现，持续到成年。规则游戏是一种在相互交往中以规则为目标的社会性游戏。通常由两个或者两个以上的孩子一起，按照一定的规则进行，具有竞赛性质。如下棋、“营救小鸟”（见图2-5、图2-6）。

规则游戏的发展标志着游戏逐渐失去具体的象征性内容，而进一步抽象化。儿童的智力水平越高，游戏规则的复杂性越高。如果儿童的智力达不到一定的水平，他们就无法理解并遵守游戏规则，更谈不上制定游戏规则。因此，规则游戏是儿童认知水平发展到一定程度的产物。

图2-5 下棋

图2-6 营救小鸟

## 四、对认知发展学派游戏理论的评价

皮亚杰作为认知发展学派游戏理论突出的代表人物，以独特的研究方式打开了从认知发展角度研究儿童游戏的新局面，将游戏与儿童的经验、儿童的认知发展紧密结合，具有重要的价值。尤其是他对以往的游戏本能论提出了挑战，大胆提出了游戏发展的阶段论，这无疑对研究儿童游戏具有巨大的意义。

### （一）皮亚杰游戏理论的主要贡献

皮亚杰的游戏理论无论从内容到方法都体现了认知发展心理学的思想精华，对研究儿童游戏具有重要的启示作用。

#### 1. 皮亚杰提出了游戏发展阶段理论

皮亚杰反对将游戏看作一种本能活动，在长期观察和研究的基础上提出了游戏发展阶段理论，这是他的游戏理论中非常闪光、非常有价值的部分。他强调儿童游戏是一种积极的、主动的结构，并随着儿童心理的发展不断完善，逐渐合理化。受皮亚杰游戏理论影响，学前教育领域开始关注游戏对儿童智力发展的影响，融游戏与智力发展为一体，注意促进儿童在智力、情感、社会性、身体等方面的全面发展。

#### 2. 皮亚杰强调活动的重要性

皮亚杰认为活动是联络主客体的桥梁和中介，只有当儿童自发地参与各种活动，才能够获得真实的知识，形成自己的假设并给予肯定或否定，这是很有见地的。游戏作为同化超过顺应的活动，是幼儿主动夯实自己的认识结构的过程。

#### 3. 皮亚杰重视象征性游戏在儿童发展中的作用，强调游戏对于儿童的情感发展价值

皮亚杰强调在认知发展不平衡或不成熟的阶段中，情感对儿童发展的重要性。游戏为儿童表现情感和发展情感提供了各种机会。皮亚杰认为，游戏是认识兴趣和情感兴趣之间的一个缓冲地区。儿童在象征性游戏中，把真实的东西转变为他自己想要的东西，使自我得到满足，并产生和表达了情感。

### （二）皮亚杰游戏理论的局限性

由于种种历史和社会的原因，皮亚杰的儿童游戏理论也存在一定的局限性。

（1）皮亚杰的游戏理论忽略了社会生活，特别是文化、教育在儿童认知发展中的作用，他只强调智力对儿童游戏发展的单向影响，没有看到游戏对于智力发展的积极促进作用。游戏与儿童智力发展的关系应该是双向的，是相互作用的。儿童智力的发展只是影响游戏发展的一个因素，儿童游戏受到许多因素的影响。

（2）皮亚杰分析游戏仅仅是想把游戏作为例证之一，以此来说明儿童认知发展的特征，这就使皮亚杰更多地看到认知发展对儿童游戏的制约，而没有看到游戏对儿童认知发展的积极促进作用，这不仅否认了游戏是一种独立的活动形式，使游戏变成了认知活动的派生物，也低估了游戏的认知发展价值。在皮亚杰看来，游戏只是对不完善的心理机能进行的练习和巩固。事实上，儿童在游戏中不仅使情感得到了发展，认知也得到了发展，游戏中儿童的观察、注意、记忆和思维能力都极为活跃，游戏对儿童心理活动的主动性和创造性发展都有重要意义。

（3）皮亚杰把个体作为活动的主体，强调儿童与环境的交互影响，而忽略了人的作用和影响；他注重让儿童在原有结构的活动中掌握材料的物理性质以及物与物的关系。其实，即便是在感知运动领域中发生的较低级的原始性游戏，也不是单纯的人与物发生关系，它仍然有成人与婴儿的协同活动，体现着人与人的关系。

皮亚杰的游戏理论促进了对游戏形成的研究，尤其是象征性游戏发展过程中的研究。有人根据皮亚杰的研究，对儿童游戏进行大量的观察研究，验证和补充了皮亚杰所提出的游戏发展阶段理论，促进了对儿童游戏的深入研究。

# 第四节　社会文化历史学派的游戏理论

社会文化历史学派又称维列鲁学派，是苏联最大的一个心理学流派，主要的代表人物有心理学家维果茨基、列昂节夫、艾里康宁。该学派从社会文化历史发展的角度探讨了儿童的游戏，强调儿童游戏不是自然发生的，而是具有社会文化历史起源的。该学派以马克思辩证唯物主义和历史唯物主义为依据，创造了从根本上区别于西方心理学的游戏理论，奠定了苏联现代游戏理论的基础。

## 一、社会文化历史学派游戏理论的主要观点

关于儿童的游戏，社会文化历史学派有这样几个基本观点：

### （一）强调游戏的社会性本质，反对本能论

社会文化历史学派反对当时在西方盛行的游戏本能论，强调游戏的社会性本质。他们认为，游戏的社会起源或个体发生，都是由社会存在决定的，儿童的任何游戏内容都与所

处的社会时代有关，游戏具有社会历史的起源，而不是生物学起源。儿童的游戏，无论就其内容或结构来说，都根本不同于幼小动物的游戏，它具有社会历史的起源，而不是生物学的起源。社会形成和推行游戏的目的是教育和培养儿童参加未来的劳动活动。所以，只有当幼儿的智力、体力等都达到了一定的水平，并且在社会生活中积累了一定的社会经验以后，幼儿才会有游戏。

### （二）游戏是学前儿童的主导活动

主导活动是指最适合儿童身心发展，制约本阶段儿童心理发展最主要变化的活动。社会文化历史学派非常重视活动在人发展中的意义，他们认为人的高级机能正是在与社会的交互作用中发展起来的。他们认为，幼儿在不同的年龄阶段中，主导活动的类型不同。在学前期，游戏，尤其是主题角色游戏，是学前儿童的主导活动。他们认为，这种活动的发展与儿童心理发生最重要的变化有关系，而且那些帮助儿童过渡到新的、更高的发展阶段的心理过程是在这种活动里得到发展的。他们认为，儿童的内在需要和外部要求之间的矛盾是在游戏活动中得到表现和解决的，就是这种心理矛盾构成了儿童心理发展的动力，从而推动儿童心理的发展。

### （三）强调成人的教育影响

社会文化历史学派认为，儿童游戏是在与成人的交往中发生和发展的，他们强调儿童与成人的交往在游戏的发生、发展过程中具有决定性作用。一方面，随着儿童独立性的增强，他们希望参与成人的活动；另一方面，由于身心发展水平的限制，儿童又不能胜任成人的工作。这种矛盾的冲突就激发出了游戏，游戏就是解决冲突的重要手段。但是儿童不是生来就会游戏，没有教育的推动，游戏就不会产生，或者会停滞不前，为了使儿童掌握游戏的方法，成人需要干预和指导，需要将游戏作为教育和教学的手段。他们认为，游戏的教育价值和游戏本身的发展情况取决于成人对游戏的指导。基于这一认识，他们确立了幼儿园游戏的指导原则：教师对儿童游戏的指导应当是有目的的、自觉的；这种指导应当服务于教育目的，指引游戏的方向；指导应根据儿童的年龄按步骤教会儿童游戏；指导先于游戏等。

### （四）游戏是一种有目的、有计划的活动

社会文化历史派认为，游戏是一种有目的、有计划的社会实践活动。实际上，幼儿在游戏活动中抱有一定目的。为此，幼儿要自己拟订游戏计划，选择实现目的的方法和手段，并操作各种材料、玩具以履行计划。关于游戏的目的性和计划，他们是用巴甫洛夫的两个信号系统加以解释的。实践证明，儿童确定游戏目的、构思游戏情节、制定游戏计划，是通过语言进行的。儿童实际上是依靠与物质世界的直接接触而获得具体感觉、印象、知觉和表象，当他在游戏中通过角色反映它们的时候，他就借助语言成为它们的主人。因为学前儿童的创造性角色游戏的突出特点，就是用谈话和行动的方式实现预定的游戏目的。该学派认为儿童游戏是有目的的社会活动，所以他们将游戏目的和教育目的结合起来，赋予幼儿游戏以社会目的性。

## 二、维果茨基的游戏理论

维果茨基是社会文化历史学派的创始人和主要代表，他的游戏理论集中地反映了社会文化历史学派的游戏思想。

维果茨基通过大量的研究证实，人的高级心理机能的发展是受社会文化历史所制约的，活动在人的高级心理机能的产生与发展中有着巨大的价值。他把这一观点用于研究儿童的游戏，并形成以下几个基本观点：

### （一）游戏的发生

维果茨基认为，对儿童游戏进行分析和考察应当从考察游戏活动的诱因与动机开始。儿童游戏发生在什么情况下？维果茨基认为，当儿童在发展过程中出现了大量的、超出儿童实际能力的、不能立即实现的愿望时，游戏就发生了。3 周岁前儿童的典型行为方式是想要一件东西时就必须立即得到它，延迟满足对于他来说是一件困难的事情。3 周岁以后的儿童产生了不能被立即满足的需要与愿望。例如，某个幼儿想同一个驾驶员一样驾驶汽车，这个愿望在该幼儿心中持续的时间很长，不是一个突如其来、稍纵即逝的念头，渴望立即被满足的愿望变成一种情感诱因，使不能得到满足的愿望以一种想象的、虚幻的方式实现，即把一个东西迁移到另一个东西上，以一种简缩的方式再现真实的生活情境，于是游戏就发生了。因此，游戏的实质就是愿望的满足。维果茨基认为，游戏应该是儿童凭借语言，以角色为中介，学习和掌握人与人之间的社会关系的一种社会实践活动。儿童看到了周围成人的活动，就把它通过模仿迁移到游戏中。该理论强调游戏的社会性情感诱因，认为游戏是一种愿望的满足，这种愿望带有概括性的情感倾向，它源于儿童对成人生活的模仿，源于幼儿和成人之间的关系。因此，维果茨基认为，游戏具有社会性的本质。如果要认识游戏的本质属性，需要将儿童游戏放在一定社会历史条件下进行分析。

### （二）游戏活动的特点

维果茨基认为，“想象性情境”和“规则”可以是任何一种类型的游戏活动的特点。

儿童在游戏中创造了一种“想象性情境”，表现在儿童把一个东西来代替另一个东西，以一种简缩的方式再现真实的生活情境。他认为，“想象性情境”使游戏活动和其他活动区分开来。儿童在现实中不能被立即满足的愿望通过一种想象、许愿的方式得以实现。想象的情境可以是任何一种形式的游戏活动的属性，而不是某种特定的游戏活动的特征。

儿童在游戏中创造了想象情境的同时也创造了规则。如果没有规则和儿童对规则的特殊态度就没有游戏。例如，当孩子们把自己想象成警察，就得服从“警察”这一人物的行为规则。在游戏过程中，规则来自“想象的情境”，只有符合实际生活规则的行为才能被接受。游戏中的规则不同于实际生活中由成人强加给他的规则，它是由孩子自己制定的，并且乐于执行的一种内部的自我限制。

游戏发展的规律表现为由“明显的想象情境”和“隐蔽的规则”所构成的游戏，发展到有“隐蔽的想象情境”和“明显的规则”所构成的游戏。前者是角色游戏的特征，后者是规则游戏的特征。

### （三）游戏的发展价值

维果茨基认为游戏中的儿童似乎有超越其现有的行为水平的倾向，因此，他高度评价了游戏在儿童发展中的作用，不仅肯定了游戏对儿童认知发展的重要作用，也强调了游戏对儿童社会性和情绪发展的重要作用。

#### 1. 游戏创造了儿童的最近发展区

维果茨基提出了“最近发展区”理论，他认为游戏在儿童发展中起着巨大的作用，游戏创造了儿童的最近发展区。在游戏中，儿童表现出超过实际年龄、高于日常的行为表现，是他力所能及的最高水平，这种水平能达到教师在教学情境下为儿童设计的最近发展区水平。在游戏中，儿童心甘情愿地遵守社会规则，使当下的欲望屈服于假装剧情中的角色规则。在游戏中，儿童也可以创造他们自己的支架，在自我控制、语言使用、记忆和与他人的合作中延展自己的能力。例如，一个非常想吃糖果的孩子，可以在游戏情境中克制自己吃糖的欲望。在游戏中，由于儿童控制了想象情境，他就可以控制自己的行为，游戏是儿童在其最近发展区里的活动。

#### 2. 游戏促成符号的间接作用，促进儿童思维的发展

维果茨基认为，人和动作的最大区别在于人的高级心理机能，即心理活动的随意性和概括性。他用游戏解释了个人与环境的关系是如何从直接变为间接的。儿童在游戏中的以物代物，正是将抽象意义同直接经验分离。因此，游戏能使儿童的思维摆脱具体事物的束缚。例如，儿童把棍子当马骑，他们明明知道是根棍子，但却把它想象成“马”，这说明儿童的骑马动作来自观念而不是来自当前所看到的棍子，他把棍子当成了马的符号。游戏帮助儿童把语词当作一个符号，而不是一个具体事物来掌握。游戏还帮助儿童学会以物代物，即用一种东西代替另一种不在眼前的物体，并且能用替代物的名称命名当前的物体。正是游戏帮助儿童的思维逐步摆脱具体事物的束缚，心理机能就是这样从低级向高级发展的。

#### 3. 游戏促进意志行动的发展

维果茨基认为，游戏可以促进儿童意志行为的随意机能的发展。因为角色游戏要求儿童学会把“真实的自我”和“虚构的自我”——即儿童扮演的角色和该角色的现实行为规则联系起来，并心甘情愿地服从而放弃实际生活中不能控制的“直接冲动”。因此，这种角色扮演活动有助于儿童意志行动的发展。在实际生活中，儿童仍然不能控制自己的“直接冲动”，但是，角色游戏却使儿童成功地实现了对“直接冲动”的控制。因此，儿童最大的自制力产生于游戏，同时游戏对于儿童道德的发展也可以产生积极的影响。

## 三、列昂节夫的游戏理论

列昂节夫从心理学的角度论述了儿童游戏的原因和游戏作为儿童主导活动的理由，从而揭示了游戏的特点和游戏发展的规律。

### （一）游戏是儿童的主导活动

列昂节夫从活动的角度研究了游戏及其心理学基础。他认为儿童游戏的发生是基于儿童心理发展所表现出的特殊矛盾。随着年龄的增长，儿童面临的周围世界越来越广阔，而他的心理发展就表现为对这个广阔的物质世界的认识和掌握。儿童的认识首先是以行动的方式显示出来，通过用手操作物体表现出来，列昂节夫称之为“及物行动”。若行为的动机不在于结果，而只在于行为过程的“及物行动”，那么这种行为就是游戏。只有在游戏里，才可以用其他操作代替真实活动所要求的操作，用其他实物条件代替真实的实物条件，而且行为的内容保持不变。这时，游戏在学前期成了儿童活动的主导形式。列昂节夫所谓的“主导活动”，不是这种活动在儿童生活中所占时间的多少，而是这种活动的发展关系到儿童心理发生最重要的变化，儿童过渡到更高的心理发展阶段正是在这样的活动中实现的。

### （二）游戏的特点

列昂节夫还揭示了游戏的几个特点：

#### 1. 游戏行为的动机不在于行为的结果，而在于行为过程本身

例如，儿童将积木一块块地层叠起来，搭建“高楼”，当到一定的高度时，他用手一推，“哗”，高楼倒了，他咯咯地笑起来，然后再搭，再推……在这个过程中，儿童不在乎要搭建成什么，而在乎“搭”和“推”的过程。当游戏的内在动机不再是“玩”本身，而是要“玩出点什么”时，游戏就不再是游戏了。

#### 2. 幼儿在游戏中的操作和行动是真实的

游戏过程的情境是“想象的”，但是其中的行动与操作对儿童而言是真实行动，获得的是真实的体验。列昂节夫指出，不是在想象的情境里产生游戏，而是操作与行动在现实生活中不允许的时候，为了实现儿童的愿望，才产生想象的情境。所以，游戏行动的条件造成了产生想象的必要，而不是想象规定游戏行为。

#### 3. 游戏行为永远是概括的行为

儿童在游戏中不表现具有特殊性的事件，而是表现出那些典型的、一般的事件，所以游戏才能够在假想情境中实现。由于游戏行为具有概括性的特点，因此，游戏的行动方法以及游戏的实物条件都有广阔的变化余地。游戏操作虽然受制于现有的实物条件，但它永远服从于行动。

此外，列昂节夫还分别论述了角色游戏、规则游戏、教学游戏的特点和作用，对后人的研究有很大启发。

## 四、艾里康宁的游戏理论

艾里康宁是苏联现代游戏理论的主要代表人物，也是继维果茨基之后苏联现代游戏理论的主要代表人物。他的学说更为集中、典型地反映、体现了社会文化历史学派关于儿童心理发展的基本观点。艾里康宁游戏理论的主要特征是突出和强调游戏的社会性本质。他认为角色游戏是幼儿最主要、最典型的游戏，是较广泛使用的一种游戏形式，因此，他的理论被称作“儿童角色游戏理论”。

## （一）角色游戏的起源

### 1. 角色游戏的社会起源

艾里康宁继承了普列汉诺夫认为游戏和艺术起源于劳动的思想，认为儿童游戏是人类历史发展到一定阶段的产物，是由于生产力的发展而引起的儿童在社会生产劳动中的地位发生变化的结果。在原始社会，生产力低下，劳动工具极其简单，儿童不经过专门训练就能用这些工具直接参加成人的劳动，这时，作为训练儿童劳动能力的角色游戏显然是没有必要的。当生产力发展到儿童不经过训练就不能掌握劳动工具，以致不能直接参加成人的劳动时，就出现了与真正劳动直接相关的小型工具，以专门训练儿童特殊的劳动能力，但是这种训练还不是游戏。当生产力发展到劳动工具高度复杂化，以致用专门的小型工具来训练也无意义时，便出现了角色游戏。在角色游戏中，儿童练习的是掌握任何工具所必需的一般能力，例如，协调性、准确性和灵活性。这一切都说明，就起源和本质来说，游戏是社会性的，是与儿童生活的一定社会条件有关的，而不是本能的。

### 2. 角色游戏的个体起源

艾里康宁认为，角色游戏是个体发展到一定阶段的产物，这是由于儿童与成人间的关系的改变而导致的。随着年龄增长，儿童的动作技能不断发展，独立性不断提高，运用实物的动作技能也有所发展，儿童产生了一种想参加成人活动的愿望，但是儿童的能力却还是不能胜任成人的活动。这种矛盾促使了角色游戏的产生，儿童只有通过游戏，模仿重演成人的日常活动，使愿望得以满足，这种模仿缓和了儿童想做而又力不能及的矛盾。这种模仿、重演活动就是角色游戏。因此，角色游戏中的角色是在成人与儿童的协调关系中发生和发展起来的，儿童游戏是社会性活动，游戏的内容是社会性的，来自儿童的生活。

## （二）游戏的发展阶段

艾里康宁将角色的形成和出现作为研究角色游戏的重点，认为角色游戏的象征行为表现为“以人代人”和“以物代物”，而“以物代物”是被包含在“以人代人”的象征结构中的，“以人代人”就是游戏中的角色榜样。艾里康宁研究角色的产生过程及其中的发展变化的成果就是他的游戏发展阶段理论，他认为儿童角色游戏是在成人的影响下形成的。

第一阶段：掌握物品的习惯用法。这是一种与成人的协同活动，主要靠儿童自己来掌握。随着儿童手部动作协调性的发展，他们开始摆弄实物，在摆弄中受到成人的直接影响，物品的用法（社会所规定的）是成人教给儿童的。

第二阶段：最初动作的概括化。学会物品的用法以后，则以物品的模拟物再现该动作，其动作仍然离不开与它建立联系的具体物品。例如，儿童用杯子给娃娃“喝水”，是因为成人正是用这个杯子或者相似的杯子给自己或娃娃喂水的。动作的再现，由再现个别动作，逐渐扩展到使用其他物品。

第三阶段：动作的进一步概括化：动作与物体分离。随着儿童动作的进一步概括化，他们逐渐能使用代用品或无需物品来表示一个动作，逐步地发展到动作与物品分离，儿童将兴趣转向动作的主体——人的身上，从摆弄和操作物品的动作转向模仿人的活动，例如父母、医生的活动，角色意识开始萌芽。

## 五、对社会文化历史学派游戏理论的评价

### （一）社会文化历史学派游戏理论的贡献

#### 1. 最大特色是理论研究和游戏实践相结合

在长期坚持以马克思列宁主义哲学为指导，重视理论联系实践的传统作风的影响下，社会文化历史学派不仅仅在理论上探讨和表述儿童游戏发生发展的现象和规律，还注重将理论研究的成果广泛地运用到指导儿童身心发展的游戏实践活动中。

#### 2. 强调了游戏的教育价值，揭示了游戏与教育的联系

这种联系表现在：一方面强调了儿童游戏行为是由成人教给儿童的，这就将游戏视作一种教育内容；另一方面通过教儿童游戏，培养了儿童正确的社会性行为，游戏又实现了教育的目的。这种联系不满足于仅在理论上探讨和描述儿童游戏发生发展的现象和规律，而是注重将理论上的研究成果广泛运用到指导儿童身心发展的游戏实践活动中，有力地推动了游戏研究的发展。

#### 3. 赋予儿童游戏重要的认知价值

社会文化历史学派认为儿童在游戏活动中掌握着符号机能，形成了儿童的象征性观念和想象力，并试图理解成人的行为，区别人与人之间从属的相互关系。这一点与西方幼儿游戏理论的观点是不同的。西方幼儿游戏理论认为游戏在儿童认知发展中的作用不大，而这一点也指引了后来游戏研究者的研究方向。

### （二）社会文化历史学派游戏理论的局限性

社会文化历史学派游戏理论的主要不足在于过于强调儿童游戏过程中成人的指导、示范作用，这样就会忽视游戏是儿童的天性这一特点。该学派认为儿童只有在成人的示范、指导下，才能改变对物体的称呼，才能用角色称呼自己，这种观点有点偏激了。如果儿童一直玩成人教的游戏，那儿童的游戏还是儿童自己的游戏吗？这样的游戏对儿童发展的价值又有多少？因此，这种过于强调成人指导的儿童游戏观点，忽视了儿童在游戏中的主动性、独立性和创造性。

# 第五节　新游戏理论

皮亚杰之后，还出现了一些比较有影响的、系统性较强的游戏理论。

## 一、游戏的唤醒理论

游戏的唤醒理论，又称“激活理论”“内驱力理论”，它试图通过解释环境刺激和个体行为的关系，来揭示游戏的神经生理机制的假设。这一理论由英国心理学家丹尼尔·伯莱因提出，再由美国心理学家迈克尔·艾利斯等人发展和修正，理论的实质是阐明游戏的内

在动机性行为。

### （一）理论基础——内驱力说

游戏的唤醒理论是从学习的内驱力理论演化出来的。人们通常把动机看成隐藏在行为背后的一种力量，因而对动机的研究有助于人们理解行为。为了把动机建立在坚实的理论和科学实验的基础上，就引进了内驱力的概念。“内驱力”是由机体的需要状态引起的，其功能在于引起、激起行为或给予行为动力。

传统的内驱力理论一般只讲生物内驱力，生物内驱力是与饥、渴、呼吸、排泄等生理需要相联系的，引发的是寻觅食物、水、空气等满足生存需要的活动。这些生物内驱力经过自然选择而进化，或为机体生存所必需的机能。例如，由于食物的缺乏会引起不安，动物就会进行觅食和进食活动，当它们的身体得到补充时，内驱力也就降低。如果动物的机体不能产生这种反应就会很快死亡。这种内驱力理论根源于英国生物学家查尔斯·罗伯特·达尔文的进化论。按照这种理论，人和动物的一切行为都直接或间接地指向生理需要的满足，指向“降低”与“释放”由这些需要引起的内驱力。美国心理学家克拉克·赫尔把内驱力分两种：一是原始内驱力；二是继起内驱力。前者是与生俱来的需要，如与食物、睡眠等有关的需要；后者是以习得（如害怕）为中介的原始内驱力，例如，被火烧伤是机体的一种痛苦经验，它引起了一种原始内驱力（避免痛苦），之后，只要见到火，人就会畏惧，自然地把手缩回来。所以，继起内驱力也是以原始内驱力为基础发展起来的。

然而，人们看到，原始内驱力并不能用来解释人和动物的一切行为，如探索、好奇、游戏、艺术，这显然与原始内驱力无关，但是这些活动对于机体的健康、体内平衡状态的维持，具有同样重要的生物适应的意义。动物研究表明，老鼠为了探索新颖的迷宫，宁肯离开安全而熟悉的巢穴，即使受到电刺激，也要进行这种探索。这样的发现使研究者提出了活动内驱力、探索内驱力的说法，从而也产生了内外动机的差异说。与生理需求（进食、睡眠）相联系的活动的驱动力引发的行为，只是为了获得外部奖励的手段，因而是一种外部动机性行为；与生理需求无关（探索、寻求刺激、理解）的活动的内驱力引发的行为，则只是一种自身的奖赏，满足自身活动的需要，因而是一种内在动机性行为。儿童游戏正是这些内驱力作用的产物。

### （二）唤醒理论的各种观点

“唤醒”是游戏的唤醒理论的核心概念。唤醒是中枢神经系统的机能状态或机体驱力的一种状态。唤醒与两个因素有关：一是机体的外部环境刺激，这是唤醒的重要源泉；二是机体的内部平衡机制，中枢神经系统通过一定的行为方式来维持自身的最佳唤醒水平。

游戏唤醒理论的主要代表人物有伯莱因、艾利斯、亨特和费恩。

#### 1. 伯莱因的观点

在伯莱因的唤醒模式中，外界刺激水平过强或过弱都将引起中枢神经系统的唤醒度处于最佳水平之上。若外界环境中的刺激对儿童来说是新异的，表明这一刺激较强，机体处于一种紧张状态，使主体产生一种不确定性，中枢神经系统的唤醒水平高于最佳状态，这时主体便通过对这一新异刺激的探究（这是什么？）来减弱刺激，从而降低唤醒水平，使之达到最佳状态；若外界刺激对儿童来说是熟悉而单调的，表明这一刺激较弱，使主体产生一种厌倦，中枢神经系统的唤醒水平高于最佳状态，这时主体便通过增强刺激活动（我能用这个东西干什么？）来降低唤醒水平，使之达到最佳状态。

在新异刺激——唤醒水平增高的情况下，发生的行为是探究。探究就是直接感知物体，是对物体的知觉属性（形状、材料、颜色等）的反应，是由刺激所控制的行为，回答“这个东西有什么用”的问题，伯莱因把它叫作“特殊性探究”。这种探究的作用在于获得关于外界物体的信息，消除不确定性，降低唤醒水平。例如，当儿童对滑梯已经熟悉，并且产生厌倦时，滑梯这一刺激对他来说已经很弱，这时他便变换滑滑梯的方式，如倒滑、趴着滑，以增强这一刺激。伯莱因称前者为“特定性探索”行为，称后者为“多样性探索”行为，前者是真正意义的探索，后者是游戏。游戏的作用在于增强刺激，降低唤醒水平，当唤醒水平达到最佳状态时，游戏就停止了，只有当刺激重又减弱、唤醒水平再次提高时，儿童才再次开始游戏。

可见，游戏和探索都是为了维持中枢神经系统的最佳唤醒水平，所不同的是，探索行为是由外部刺激控制的行为，游戏是由机体自身控制的行为。

### 2. 艾利斯的观点

艾利斯将游戏与多方探究等同，在他看来，刺激存在，中枢神经系统的唤醒水平提高；刺激消失，唤醒水平便降低。游戏的功能就在于产生刺激，提高、制造刺激，使之趋向最佳水平。可见，在艾利斯的模式中，游戏是寻找刺激的行为，具体表现为儿童总是通过一件又一件事去寻找他想要进行的活动。与伯莱因类似，艾利斯把厌倦看成唤醒水平低于最佳状态，把游戏看成寻找刺激，而不是客观刺激引发的行为。这种观点表明，游戏是主体自身引发的行为，而不是客观刺激引发的行为。

### 3. 亨特的观点

亨特提出了“唤醒水平短暂起伏说”。在亨特的理论模式中，游戏只是一个短暂的状态，是一个从太多刺激到太少刺激过程中的偶然现象的副产品。环境刺激是不断地由过多向过少循环，机体避开一个极端又面临以另一个极端，途中短暂经过中等适度水平，游戏就产生在这个中等水平上（即伯莱因和艾利斯所说的最佳水平）。在他们的表述中，关键的区别是，伯莱因和艾利斯倾向于把最佳唤醒水平理解为一条线，这条线的两端分别是探索和嬉戏的功能区域。而亨特则把中等唤醒水平理解为一个范围，这个范围是嬉戏活动区域，它既容纳了认知行为，也容纳了嬉戏行为，认知行为即特定性探索，嬉戏行为即多样性探索。活动顺序是先认知，后嬉戏。认知行为是与获取知识技能有关的行为，嬉戏行为是对已知经验的运用。

亨特的这个观点对解释儿童的一些自发活动很有启发。有时在同一个活动里，游戏和探索之间的行为界限是很模糊的。在一个自然的状态下，活动并非是从完全的学习突然进入到完全的游戏的，常常会有一个交融的阶段，这个阶段就是亨特所表述的暂时的过渡状态。亨特认为，只要进入完全的境界，行为的性质是有鲜明区别的，即认知性行为是获得知识，而嬉戏性行为是运用所获得的知识表现自己。实际上，他所说的嬉戏性行为就是我们所谓的游戏。

#### 4. 费恩的观点

在英国心理学家格蕾塔·费恩的表述中，游戏是用以调节在熟悉的环境中的唤醒状态。伯莱因等人认为，机体的不确定性所造成的紧张感是由新异刺激所引起的，而费恩认为，在游戏中，机体本身也能引起一种新奇事件，从而引起不确定性并伴随着一种机体的紧张感，这就是对旧有刺激的潜在意义的探索，从而能够提高唤醒水平。在这种提高的过程中，主体就会体验到一种伴随着消极情感（紧张感）的不确定性，继之而来的就是这种不确定性的减弱和积极情感的产生。由此可见，这种不确定性是主体自己产生的。例如，一个儿童在变换方法滑滑梯，当他试图倒滑时，因为结果的不确定而有点紧张，但经过几次倒滑，他变得胸有成竹，不确定性减少了，这时他又尝试趴着滑，新的不确定性又产生了……当各种方法用完了，滑滑梯游戏对儿童而言，就没有新奇性了。

这个观点也许解释了为什么儿童会喜欢做重复的事情，例如，一个故事听很多遍还是很有兴趣。

伯莱因、艾利斯、亨特和费恩等人是游戏的唤醒理论的主要倡导者。在对“最佳唤醒水平”的看法上，他们的理解是有一定的差异。

### （三）游戏的唤醒理论的教育价值

游戏的唤醒理论描述了机体不同性质的行为（探究和游戏，或特殊性探究和多样性探究）与不同性质的环境刺激之间的相互制约关系，揭示了环境与人的交互作用，为教师合理布置幼儿园环境做出提示。一般而言，人们总是更多地强调环境刺激的丰富性。但研究证明，刺激的缺乏对儿童的发展不利，但并不是刺激越多越好。如果环境刺激过多过强，会使机体唤醒水平增多，如果唤醒水平超出最佳范围，不仅会抑制游戏行为，而且会使探究行为显得刻板，行为的防御性成分加大，甚至出现知觉逃避现象。儿童会紧张不安、厌恶退缩。因此，在组织儿童进行游戏时，教师应从整体上考虑游戏材料的数量、新异性等因素，合理组织搭配活动结构。

游戏的唤醒理论对于做好新生入园的适应工作也有一定指导意义。当幼儿刚入园时，陌生的环境、与家人的分离可使幼儿唤醒水平增高，幼儿会感到紧张、焦虑，教师适当地安排一些可以让幼儿独自进行的游戏或认知成分较高的活动，可能更适合于幼儿较高的唤醒水平。

## 二、游戏的元交际理论

游戏的元交际理论提出者英国人类学家格雷戈里·贝特森运用人类学、逻辑学和数学的相关理论来研究游戏，并试图解释游戏的意识与信息交流过程的实质。他在一个具有抽象意义的交流表达系统中讨论游戏的交际性，从而揭示了游戏的元交际特征及其意义。

### （一）游戏具有元交际的特征

贝特森认为，人类的交际包含两种类型：一种是意义明确的言语交际；另一种是意义含蓄的交际，即元交际。元交际是一种抽象水平的交际，依赖于交际双方的关系和对于所传递信号中意义不明确的隐喻信息的辨识和理解，这种意义不明确的隐喻信息就是“言外之意”或“不言之意”。例如，当一个儿童把一根木棍当马骑时，他的骑马动作实际上表明：我在骑马，但这不是真的，而是在假装骑马。这种隐喻或“不言之意”正是元交际的内容。只有进行元交际时，参与者能够理解隐喻信息传递的信号，游戏才能发生。因此，游戏是信息的交流和操作的过程，其特征就是元交际。也就是说，游戏过程要以游戏者双方能识别对方的游戏意图为前提。所以，贝特森认为，游戏过程具有元交际的特征，游戏中的交际是一种充满隐含意义的元交际。

贝特森认为，当儿童进行游戏时往往通过动作、表情传递一种隐含的信息：这是游戏。“我们在玩呢”这样的表述中还包含另一层意思：“这不是真的。”例如，与“打架”类似的活动，虽然在动作上是相同的，但儿童的表情和动作让对方明白这不是真的。如果一方理解错了信号，可能双方真的会打起来。元交际的顺利进行与否，依赖于交际双方对于隐含意义的敏感性。这种感知隐含意义的敏感性，又取决于交际双方熟悉了解的程度和知识背景的相当程度。

### （二）游戏的元交际特征对儿童的意义

贝特森认为，由于元交际与交际的符号的关系和游戏内容与游戏背景之间的关系相似，因此游戏的价值不在于具体的内容，而在于内容与背景之间的关系。儿童在游戏时，是同时在两个层面上进行操作的：一是游戏中的意义，他们融入所扮演的角色，并将重点放在假装的活动和物体上；二是真实生活中的意义，他们同时要知道自己扮演的角色和自己的真实身份，知道其他人扮演的角色和其他人的真实身份，知道游戏所用的材料和这些材料在真实生活里的实际意义。可见，儿童是在一个关系系统中进行游戏的，在游戏时，扮演某个角色的儿童不是在学习这个特定的角色技能，而是在学习角色的概念，区分角色之间的差异，了解角色的行为方式与行为背景之间的关系。具体地说，玩“医院”游戏的儿童，并不是在学习如何做医生，并不是在了解医生的行为方式，掌握医生听诊、开药的本领，而是在了解医生，了解医生的行为方式、医生与病人的差异、医生与非医生的区别。

拓展阅读：
元交际与元语言

总之，儿童的游戏过程实际上是在了解游戏与游戏情境之间的制约关系。对儿童而言，游戏是一种学习，但儿童在游戏中不是孤立地一个事物一个事物地学，而是在事物的关系与联系中学会区分与概括。

### （三）游戏的元交际理论的价值

游戏的元交际理论以游戏参与者的内在心理过程为着眼点，挖掘游戏本身的价值，打破了只关注游戏工具性价值（即把游戏看作重要的、有价值的提升品质和习得技能的工具或手段）的藩篱。他认为游戏本身就是有价值的，它不仅在文明的进化中发挥过重要的作用，而且它本身就是了解人类文化和表征世界的途径，是人类生活所必需的技能。所以，这一理论观点新颖、思路奇特，开阔了人们游戏研究的新视野，对后来的游戏研究产生了极其重大的影响。

## 三、游戏的生态学理论

近年来，游戏领域研究逐渐走向多学科的融合发展，这不仅拓展了游戏研究的视野，更为游戏研究提供了新的思路。游戏的生态学理论研究就是在这样的背景下越来越深入的。其研究重点是游戏设施如何影响幼儿的行为，研究者认为游戏材料、活动类型都会影响幼儿在游戏中注意的广度、相互交流和谈话数量的多少和形式。例如，帕顿认为，游戏室的设备会引起比玩黏土、积木和沙子多一倍的复杂交往。生态学观点认为，影响游戏的因素是多方面的，从生态学的角度来分析游戏，就是要辨明社会环境力量中各种因素对游戏产生的影响。

### （一）人类发展生态学理论对游戏的解释

1979 年美国心理学家尤里·布朗芬布伦纳在所著的《人类发展生态学》一书中提出了人类发展生态学理论的核心——生态系统理论。他认为主动成长的个人与其生活的直接环境中的各种变化因素相互联系、相互影响。环境是一个复杂的系统，可以分为 4 个层次：微观（小）系统、中间系统、外层系统和宏观（大）系统（见图 2-7）。

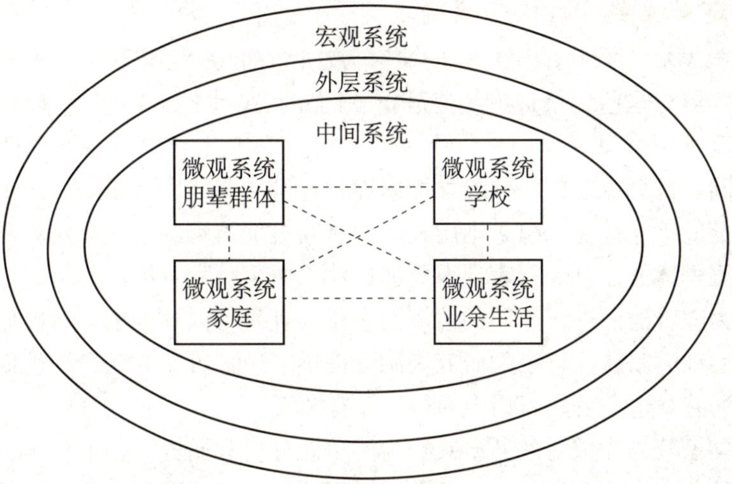


图2-7　布朗芬布伦纳的社会生态系统模式

微观系统对幼儿来说，指的是家庭、幼儿园和其所在社区中的设施、人以及人们所从事的活动。随着幼儿的成长，微观系统中的复杂性渐渐增加，幼儿与更多的人在更多的场所里做更多的事情，游戏的分量不断增加。游戏是区别幼儿微观系统的活动的主要方法。如果在微观系统中，幼儿缺少游戏，就会产生压力和紧张，该系统会给幼儿发展造成消极影响。微观系统应该鼓励幼儿游戏，给予幼儿精神爱抚，教导幼儿如何进一步地开展包括游戏在内的必要活动，以满足幼儿的生活需要。

中间系统不是一个实在的环境，而是由幼儿发展所在的微观系统活动之间的联系构成。对幼儿来说，家园联系、家庭与社区的联系、幼儿园与社区的联系等就是幼儿发展所在的中间系统。如果中间系统中的各个微观系统都对游戏持支持、赞同、保护的态度，自由游戏在幼儿生活中则会占据不可估量的地位。而且，幼儿所处的微观系统中的某些影响因素可以一直影响幼儿的游戏行为。例如，父母职业角色会成为幼儿游戏中的角色。

外层系统是指发展的个体不直接主动参与，但影响或受其中所发生的一切影响的一个或多个环境。这个系统是通过影响幼儿所在的微观系统来对幼儿发展产生作用的。例如，父母的工作单位、教师的家庭。如果父母、教师的工作顺利，家庭关系和睦，就会促进幼儿的发展。某些决策也是外层系统中会对幼儿游戏产生影响的因素。例如，幼儿园采用过多的活动安排来代替自由游戏，或在本该让幼儿自由游戏的场地上画上停车位，属于幼儿游戏的场地被越来越多的汽车占据，这会剥夺幼儿游戏的机会。

宏观系统是指大范围的思想意识体系和某种特定文化或亚文化的制度或模式，它对游戏的影响是一种背景性的、更为深层的影响。社会的经济、文化等方面影响人们对幼儿教育的观念。不同文化背景的人对幼儿游戏的看法是有差异的。许多国家都大力倡导和保障幼儿自由游戏的权利。在一些国家的法律文件中，明确肯定自由游戏对于幼儿健康成长之必要性，但具体的做法各有各的特色，这都会对幼儿游戏产生影响。

### （二）生态心理学对游戏的解释

生态心理学家对于游戏采用这样的研究方法：在自然状况下对幼儿的游戏行为做客观记录和描述，再对这些记录进行结构分析。例如，20 世纪 60 年代，研究者对一名男孩进行了两天的观察（家里一天、夏令营一天）。结果发现，该名男孩在这两天不同情境里的表现截然不同。在夏令营里，他参加探索性、建设性和戏剧性游戏，结识更多的异龄伙伴、同龄伙伴及成年人；在家里，则用较多的时间参加被动的娱乐、嬉戏和正式的比赛活动。相较于在家里，他在夏令营表现得更加放肆，更少顺从。因此，生态心理学家得出结论，幼儿的行为随着他们进入不同的情境而变化，且是可以预测的，所以创设游戏环境极为重要。生态心理学家认为自己的研究为游戏提供了一种自然方法论，他们认为严格的实验研究对于诸如游戏这类自然习惯中的行为没有意义。

生态心理学家较为注重对幼儿游戏行为的单元分析和研究。他们认为，如果想对幼儿的真实世界及幼儿应付真实世界开展的游戏进行研究，必须采用一些能描述环境单元和行为单元的概念和方法，而实验研究在这方面有所缺失，有些实验会破坏在自然状态下幼儿的行为或环境本来的结构。生态心理学家对游戏的研究并不停留在简单地白描，更为重要的是对游戏在分类学层面进行的结构分析工作，这不是简单的分类，而是确定一个能更准确地描述游戏行为的系统。

## 思考与练习

### 一、简答题

1. 简述经典游戏理论的主要观点。
2. 简述弗洛伊德、埃里克森和布勒游戏理论的主要观点。
3. 简述皮亚杰关于幼儿游戏的观点。

4. 简述维果茨基、列昂节夫和艾里康宁游戏理论的主要观点。
5. 简述新游戏理论的主要观点。

## 二、论述题

1. 请联系幼教实践，说明皮亚杰游戏理论对幼儿游戏理论和实践的影响。
2. 试述皮亚杰和维果茨基的游戏理论的相同点和不同点。

# 第三章　游戏与幼儿发展

【学习目标】

√　理解游戏在幼儿发展中的价值

√　理解幼儿园以游戏为基本活动的宗旨及其原因

√　初步掌握实现幼儿园以游戏为基本活动的方法

【素质目标】

√　理解游戏在幼儿发展中的价值，树立正确的幼儿游戏观

## 案例导入

孩子们非常喜欢滑滑梯，经常因为想玩而无心上课，这怎么办?

一天，王老师突发奇想：让你们玩个够，看你们还玩不玩？

接下来的时间，她对那些喜欢玩滑梯的小朋友说："你们可以尽情玩，老师绝对允许！"

"噢"，孩子们高兴坏了。起先，孩子们玩得不亦乐乎，下课了还赖在那里不肯走。第二天，王老师又让他们继续玩。过了一段时间，有些玩累了的孩子不想玩了。又过了一段时间，连最爱玩的两个孩子也累了。

王老师心中窃喜，趁机教育说："那以后还玩不玩滑梯？"

两个孩子终于彻底"投降"："老师，我们以后再也不玩了。"

后来，这些孩子再也没有动过去玩滑梯的心思，上课的时候也很认真。

资料来源：丁海东.幼儿园游戏组织与指导［M］. 3版. 长沙：湖南大学出版社，2019：1.

**分析：** 游戏和教师所谓的"上课"是对立的吗？案例中王老师的做法合适吗？为什么？游戏在幼儿发展中到底有什么意义呢?

游戏是幼儿最喜爱的活动，幼儿是在游戏活动中得到发展的，同时，也只有游戏才能真正使幼儿的童年无忧无虑。幼儿期就是游戏时期。童年的游戏不仅带给幼儿快乐，而且帮助幼儿按自己特有的方式学习和发展。游戏在幼儿各方面的发展中起到举足轻重的作用，通过游戏可以促进幼儿身体、知识、社会性和情绪情感的发展。鉴于游戏对幼儿发展具有不可替代的作用，其在幼儿园中的地位也是不可动摇的。

## 第一节　游戏在幼儿发展中的价值

国内外大量研究表明，游戏对幼儿发展有着不可估量的价值，游戏与幼儿发展的关系存在3种不同的情况：（1）游戏反映发展，把游戏作为观察指标，幼儿的游戏行为标志着幼儿在各个领域的发展状况；（2）游戏巩固发展，游戏作为教育的情境和媒介，可以巩固幼儿的发展性获得（包括行为技能和概念性获得）；（3）游戏促进发展，游戏是发展性变化的一种手段，那些能为幼儿的发展带来积极影响的游戏，能促使有机体的功能和结构组织产生质的变化。

游戏，尤其是幼儿园游戏，其任务非常明确，就是要促进幼儿身体的生长发育、心理的健全提升。在幼儿园教育中，游戏作为一种教育手段促进幼儿的发展，教师作为教育者，为幼儿提供适宜的身心发展环境与条件、游戏机会和氛围，幼儿在其中自由、主动地参与游戏，从而获得愉悦的感受和真实的体验，从而能健康快乐地成长。

### 一、游戏在幼儿身体发展中的价值

幼儿的身体健康是其全面发展的基础。人的身体发展的基本内容包括3个方面：一是人体各系统器官的生长发育；二是运动能力的发展；三是适应能力的发展。运动对幼儿身体的健康生长起到巨大的促进作用，尤其是各种体育活动，能促进幼儿身体的生长发育，具体表现在以下3个方面：

#### （一）游戏促进幼儿身体的生长发育

游戏，尤其是体育游戏，使幼儿身体的各生理器官和系统得到锻炼和发展。因为游戏是幼儿主动选择的活动，在游戏活动中，幼儿身体的各生理器官和系统基本上处于自觉的活动状态，机体的血液循环加快，新陈代谢旺盛，机体相互配合协调，这些使幼儿的各身体器官及其功能都得到充分的发展。不同的游戏活动对幼儿身体的生长发育的作用是不同的：户外的跑、跳、追逐、攀登等游戏，可以锻炼幼儿的大肌肉群的发展，增强身体的灵敏性、平衡感和协调性，还可以使幼儿的呼吸加深加快、肺活量逐渐加大，促进呼吸系统的发育。例如，在“老鹰捉小鸡”的传统游戏中，幼儿需要不断地奔跑、躲闪等，这不仅锻炼了幼儿的大肌肉群，同时增强了他们身体的协调性和灵活性，促进他们的生理器官的发育发展；室内的插塑、串珠、折纸、拼图、手指游戏等桌面游戏，可以发展幼儿手部的小肌肉群和精细动作，在这些游戏中，幼儿耐心地用手去操作各种材料，使得手部肌肉得到了锻炼，手指灵活性进一步增强，手眼协调的能力也在不知不觉中得到提升。幼儿通过各种游戏活动，锻炼了身体的各个部位，同时，大脑也得到了锻炼和发展。而且游戏中，幼儿的情绪状态是积极、愉悦、舒畅的，因此，游戏是幼儿生长发育不可缺少的“营养素”。

### （二）游戏提升幼儿的运动能力

各种游戏锻炼了各种大小肌肉动作和活动，尤其是户外体育游戏，更是锻炼了人体的基本动作，如走、跑、跳、平衡和各种爬行动作。生理学家研究发现，人体的各个部位在大脑皮质上都有相应的代表区域，其区域面积的大小与身体该部分活动的精细、复杂和灵活程度成正比，身体部位的活动越精细、越复杂，它在大脑皮质上所占的区域就越大。精细、灵活的动作，能把大脑中相应的区域激活，促进大脑发育，提高幼儿思维能力。而幼儿大脑和思维能力的发展，又反过来促使幼儿的动作更加精确、灵敏。这些动作的精确化、灵敏化表现为对肌肉的控制能力、身体的平衡能力和动作的协调能力等方面，这些正是人体运动能力的基本内容。幼儿游戏在促进身体生长发育的同时，也让幼儿通过各种户外活动，锻炼身体的基本活动能力、增强体能，并提高身体的基本素质。

幼儿游戏作为符合幼儿身体发育规律和心理发展特点的运动，以其丰富、多变且富于刺激性的活动内容，向幼儿的运动水平不断地发出挑战，在各种户外体育锻炼游戏中，发展了幼儿身体运动的敏捷性、灵活性和协调性，使幼儿身体的大肌肉、小肌肉、骨骼、关节等各组织器官得到有效的活动和锻炼，让幼儿变得更加结实和健康。因此，我们说游戏促进幼儿体能的发展，它既为幼儿体能发展提供了必要的机会，又是促进幼儿体能发展的手段。

### （三）游戏提高幼儿的适应能力

幼儿的适应能力，是指幼儿在适应内外环境中所表现出来的能力，包括机体对外界环境的各种变化的适应能力和机体对各种疾病的抵御能力。人体主要靠体温的调节以适应外界环境变化。当身体受冷遇刺激后血管收缩、扩张，反复的冷刺激可以锻炼机体体温的调节能力，即生热和散热平衡的能力，可使身体的适应能力增强，起到保护身体的作用；同时，空气中新鲜的氧气也有助于身体的新陈代谢和血液循环，保持体温的平衡。户外游戏为幼儿提供了日光、空气、水这三大自然因素，为幼儿锻炼创造了机会。让幼儿充分接触阳光和空气，适度感受炎热和寒冷，既符合幼儿的生理代谢需要，又能够增强幼儿对外界环境变化的适应能力，如身体热了知道脱衣服，冷了增加衣服，口渴了知道喝水，以此保持幼儿身体的健康。研究表明，只有多游戏、多运动，尤其是户外运动，人体才能有充沛的活力、一定的抵抗力来适应外界的环境变化和病毒的侵袭。

## 二、游戏在幼儿认知发展中的价值

认知发展是人类发展的重要组成部分，它是指个体认知结构和认知能力的形成、发展和变化的过程，包含想象、思维、语言和问题解决能力等。在幼儿的发展过程中，游戏与认知是一种相互依赖又相互促进的关系。幼儿的认知发展为幼儿游戏提供了基础条件，游戏也是认知发展的重要方式和途径之一。游戏是幼儿喜爱的活动，为其提供了多种认识外部环境的途径和方式。幼儿在游戏中，通过扮演各种游戏角色，使用各种玩具材料，充分发挥参与活动的自主性、主动性和创造性；在操作玩具材料的过程中，幼儿了解了材料的性能，接触和探索了新的事物，其感知力、注意力、记忆力、想象力、思维能力和解决问题的能力都得到了锻炼和提高；同时，在游戏中，幼儿需要和同伴进行沟通和协商，能很好地促进语言运用能力的提升。实际上，游戏过程也是一个尝试和探索解决问题的过程。在大多数游戏活动中，幼儿不仅在情绪上获得了愉悦体验，其好奇心和求知欲也得到了满足。所以，游戏对幼儿认知发展有着巨大的、不可替代的意义。

### （一）游戏与幼儿智力的发展

美国心理学家亚伯拉罕·马斯洛指出，儿童早期是奠定智力发展基础的、令人兴奋的、有效的时期。游戏的过程正是智力发生的非同一般的、特殊的过程。游戏既是幼儿智力发展的动力，又是发展智力的有效手段，对幼儿智力发展有着不可替代的作用和价值。

#### 1. 游戏与幼儿感知能力的发展

感知觉是幼儿认知活动的基础和开端，是幼儿认识外界事物、增长知识、发展能力的通道。直觉行动是幼儿最主要的思维方式，也是幼儿学习的主要通道，因为幼儿是用行动来思考，靠感官来学习的。幼儿依靠各种感觉去接触外界事物，获得直接的经验，逐渐形成自己的认知结构。幼儿的感知觉需要在活动中得到发展，而游戏是幼儿最喜欢的活动。游戏实际上就是一种通过操作物体来感知事物的过程：一方面，幼儿通过视觉、听觉、嗅觉和触觉等各种感觉通道接触外界物体，了解、认识各种事物的特征，发展了感觉能力；另一方面，幼儿通过对空间、时间、形状、大小等方面的观察和比较，学会了感知各种事物的状态和属性，发展了知觉能力。游戏，尤其是操作类游戏为幼儿提供了大量感官练习的机会。例如，在“猜猜我是谁”的游戏中，幼儿通过倾听同伴的声音，虽然可能声音是经过变化的，但是由于听觉记忆具有存储功能，幼儿还是能分辨出来说话人的身份，这个过程能够很好地促进幼儿听觉和总体感知能力；在拼图游戏中，幼儿通过操作，认识了各种形状、整体与部分之间的关系，增长了相关的知识经验。

游戏激发了幼儿参与活动的主动性、积极性和浓厚的兴趣，在积极主动的游戏活动中，幼儿通过感知觉的操作和实践，对环境中的人、事、物进行探索和学习，实现自己的发展。例如，幼儿在获得了一件新的玩具后，可能会主动地、兴致勃勃地操作、摆弄玩具，进行多方面的尝试，观察玩具在不同情况下的变化、特点，感知不同操作带来的不同效果。幼儿就是通过直接接触玩具和材料获取多种感知觉，通过不断地触摸、聆听、观察、对比，掌握了事物的性质、物体之间的联系，动作与物体之间的相互作用关系等，发展了感觉器官的感受性和感知能力，并在这个过程中，学到并形成相关的概念，增长了知识。

#### 2. 游戏与幼儿想象力的发展

想象是人脑对已有表象进行加工改造形成新形象的心理过程。想象的产生是幼儿认知发展的标志之一，想象力是智力的重要成分，形象思维是创造的基础，想象力是创造力的翅膀。如果幼儿缺乏想象力，就不能很好地掌握知识，创造力也是无从谈起，而游戏是激发幼儿想象力最好的方法之一。

想象是幼儿游戏活动的特征之一，也是幼儿游戏活动中不可或缺的心理成分之一。游戏为幼儿提供了想象的自由，因此，想象能在游戏中获得充分的发展。游戏时，玩具和材料可以通过想象，以"以物代物"的方式充分发挥其作用和价值，幼儿本身也经由想象，以"以人代人"的方式实现角色扮演，游戏的情节和场景更是离不开想象的加工和处理，尤其是角色游戏和各种造型游戏。在游戏里，幼儿模仿成人生活而非照搬成人生活，在现有条件的基础上，通过自己的想象完成。幼儿在游戏中，既能展开想象的翅膀，在假想的情境中自由地从事自己向往的活动，又不受真实活动所要求的条件知识、技能、工具等限制。因此，游戏作为一种特殊互动，为幼儿提供了自由想象的空间，且随着游戏情境、角色、情节的发展，游戏内容越来越丰富，想象也越来越活跃、越来越深刻。

幼儿想象的发展过程是由无意性到有意性、由不稳定到稳定、由再造想象到创造想象的过程，其发展需要一个从初级状态到高级状态成长的经历，游戏正是这一发展过程中需要的活动。年幼幼儿刚开始游戏时，不是想好了再做，而是边做边想，甚至是做好了再思考。也就是说，游戏引导幼儿的想象向着一定的目标发展，从而使想象服从于一定的目的。如果说 3 周岁的幼儿是毫无目的地想象，看到什么材料就玩什么游戏，积木搭成什么造型就说是什么的话，5 周岁的幼儿就完全不同了，他们的游戏充满各种角色和情节，这样的游戏需要想象的充分参与才能完成，同时也为创造性想象的发展提供了可能和条件。在角色游戏中，幼儿要想象出比较复杂的游戏情节，合理地设想游戏角色的任务，推动游戏的发展。游戏的最初构思、情节发展和角色设定都需要幼儿的想象具有朝向一定发展方向的稳定性和有意性。游戏的这些需要都会成为幼儿想象力发展的动力，并在游戏的发展中促使想象从初级状态发展到高级状态。

### 3. 游戏与幼儿思维能力的发展

思维是借助于语言、表象和动作实现对客观事物的概括和间接的反映，思维能力是认知的高级活动，思维的产生使幼儿的认知过程发生了质的改变，使认知活动不再是一个个分散的视觉、听觉、味觉单纯的感知觉，而是开始成为一个整体。例如，"听音辨人"的游戏之所以能够进行，是由于思维的作用，游戏者在听到声音后，能将声音和声音的主人联系起来。如果没有思维，游戏者听到的就仅仅是声音而已。可以这样说，思维是游戏中最重要的认知成分，因为游戏并非是幼儿已有经验的简单再现，而是将已有经验进行重新组合再创造的过程。在游戏活动中，怎么样确定游戏主题，游戏内容如何展开，游戏主题的进行需要哪些游戏角色，角色之间如何共同行动，游戏规则如何让游戏顺利进行，在当前情境下如何利用过去的知识经验等，这些问题都需要幼儿积极思考，才能落实在实践中。在游戏中，幼儿的行为是积极主动的，这就需要幼儿对自己的行为进行判断。例如，玩什么、和谁一起玩、怎么玩、用什么样的游戏材料和玩具，这些问题的出现与解决需要幼儿自己分析、判断、推理和概括，而这些实际上是需要幼儿具备抽象逻辑思维能力的。

实际上，游戏的展开，是由于幼儿脱离真实情境和物体的直接信号刺激，进入假设或想象的世界，同时又能意识到真实的世界，这推动着幼儿的思维发展进入一个新的阶段。在游戏中，幼儿的“以物代物”和“以人代人”能够实现，是因为幼儿意识到“这是假的”，即幼儿将椅子当成马来骑，但是他又知道椅子不是马。这种“以物代物”和“以人代人”，促使幼儿对“守恒”真正理解，这样的思维已经有了很大的灵活性，甚至可以说是抽象逻辑思维的萌芽，但是又不是抽象逻辑思维，因为它需要具体形象的玩具材料作支撑。

游戏中，幼儿还会遇到各种各样的问题，需要他们动脑筋去解决，在此过程中，既需要思维能力参与，又能促进思维能力发展，同时也提高了幼儿解决问题的能力。

**案例研读**

小雪希望加入“过家家”的游戏。她提出了“让我和你们一起玩，好吗？”的请求，但是被以“人够了”的理由拒绝了。之后，她又几次提出这样的请求，甚至说“求求你们了，让我参加吧，让我干什么都可以！”但仍然无效。这时，一个男孩走过来，仅尝试一次就加入游戏了。他用手作敲门状，嘴里同时发出“咚咚”声，“谁呀？”“我！煤气公司的，公司让我来检查一下你们的煤气灶有没有问题！”“啊！师傅，快请进来吧！”男孩顺利地参加到游戏小组中去了。老师把这一切看在眼里，她让小雪讲一讲男孩采用的办法，启发她也用一种别人难以拒绝的方式加入游戏。后来，小雪以送生日礼物的“朋友”的身份加入了游戏。

**分析：**在案例中，小雪面临的问题：如何加入自己喜欢的，但“人够了”的“过家家”的游戏？在老师的提示下，小雪模仿男孩，创造性地成为“过家家”的游戏成员，最后顺利地加入了游戏。在整个过程中，小雪需要思考自己最初的加入请求为什么被拒绝，男孩为什么成功了；自己如果要让同伴无法拒绝自己，能以什么样理由加入游戏。这一系列问题的解决，都需要幼儿自己观察、分析、判断，并调动综合、概括等思维参与。面临的问题解决了，幼儿的思维能力也得到了锻炼和提高。

### （二）游戏与幼儿语言的发展

语言作为人类所特有的现象，是人们必不可少的交流工具。而幼儿语言的获得是一个依靠练习而发展变化的过程，幼儿期是口头语言发展的关键期。语言的获得与发展需要在社会环境中，通过幼儿自己的实践才能实现。语言作为表达或交流思想、情感的工具，其主要的功能就是交际。幼儿由于其年龄、经验的限制，基本上都是运用口头语言来完成日常的交流与交际的。因此，促进幼儿口语运用能力的发展是整个幼儿期语言发展的重点。口语运用能力主要是依靠各种实践练习才能提升，语言是幼儿在主动参与活动的过程中建构的。而游戏为幼儿语言发展提供了良好的实践机会，是促进幼儿语言运用能力发展的重要而有效的途径。

在游戏中，幼儿与成人、同伴互动过程中的语言运用和语言学习随处可见。实际上，游戏的过程，就是幼儿与玩具材料、游戏伙伴互动、交往的过程。因此，幼儿在游戏中常常需要将视觉信息、听觉信息等各种经验及主观感受、愿望和要求转换成语言，或根据别人的意图给予适当的语言回应。因此，游戏是促进幼儿语言发展的有效媒介。

### 1. 游戏推动语言交往需要的产生

幼儿在游戏中不可避免地要与同伴互动，在与同伴互动中，自然而然地产生了交流的迫切需要。交流就是表达自己的意愿、想法，并了解同伴的意图，在表达和了解的过程中，语言交往就成为非常直接且实用的交流工具。可以说，游戏推动了语言交往需要的产生。研究发现，即使是1周岁的幼儿，在游戏中也有语言交往，幼儿的平行游戏能自然地促进幼儿之间相互作用。幼儿在游戏中进行语言交往的时长随着年龄的增长而增加，这充分证明游戏促进了幼儿语言的发展。

在现实生活中，我们经常可以看到两三岁的幼儿，边玩边念念有词，这时候的语言不具有交流的功能，即自我中心的语言，是思维的外在表现形式，它反映了幼儿认知发展的水平和对认知活动情境功能上的要求。这种自我中心语言的功能，在于使幼儿对自己的行为有更清楚的认识，并为将来的社会性语言交流奠定良好的基础。随着幼儿年龄的增长、游戏的发展，同伴间的交流和表达越来越迫切、越来越复杂，社会性语言交流就必须出现，且要达到一定的水平。例如，幼儿在角色游戏中，要不断地讨论诸如游戏角色、玩具材料等促进游戏顺利进行的必要问题。通过讨论，幼儿学会如何表达自己的意愿，如何与同伴交往，哪种方法别人更容易接受等。可以说通过游戏中的语言交往，幼儿的语言运用能力得到了提升。

### 2. 游戏为幼儿提供语言交往的机会

《幼儿教育指导纲要（试行）》指出，要为幼儿“创造一个自由、宽松的语言交往环境，支持、鼓励、吸引幼儿与教师、同伴或其他人交谈，体验语言交流的乐趣，学习使用适当的、礼貌的语言交往。”游戏是最佳的语言交流环境。因为游戏是幼儿自己的活动，所以游戏中的幼儿是最放松的。幼儿在放松的状态下可以获得最好的发展。有的幼儿受到性格、气质的影响，胆小害羞或担心说错话而受到别人的嘲笑，这会大大减少幼儿开口说话的机会和可能性，从而不利于幼儿语言运用能力的发展。这时候游戏就显得非常必要。在游戏中，幼儿在放松的状态下，会表达自己最真实的想法，而同伴的注意力在游戏内容上，即使幼儿表达得不到位，同伴也不会过分关注，更不会嘲笑，语言交往得以顺畅地进行。

同时，幼儿可以像操作物体一样来操纵语言，把语音和词句当作具有多种玩法和时刻伴随的玩具。把语音当作游戏的对象，自发创编押韵的顺口溜、玩对话游戏，这就是语言游戏。语言游戏表明，幼儿确实知道词汇或句子的正确含义和在游戏中的特殊含义，正如维果茨基所指出的那样，游戏帮助幼儿把“词”作为一个“符号”来掌握，在游戏中幼儿能根据物体和动作的意义做出动作，但是在现实生活中，幼儿却不能这样做，他们只能用真实的物体做出真实的动作。

游戏中，幼儿之间的相互接触给他们提供了大量的语言交流机会，使得幼儿的语言学习成为愉快的、充满乐趣的活动。

#### 3. 游戏有助于幼儿提高语言运用的能力

游戏为幼儿创造了语言表达的环境，游戏中同伴间交流的需要迫使他们相互沟通，在贪玩心理的刺激下，幼儿练习了发音、训练了表达、丰富了词汇、理解了语义。而且，幼儿天生就有一种通过游戏练习获得技能的本能，这一特点突出地体现在语言游戏中。美国心理学家杰尔姆·布鲁纳认为，幼儿最复杂的语法和言语符号往往最先在游戏情境中使用，游戏活动中语言掌握得最快，幼儿可以迅速地掌握本国语言。他以一个3周岁孩子第一次使用条件句的例子为证："如果你和我好，把你的石弹子给我，我就把我的枪给你。"如此复杂的语言，是很难"教会"的，只有在游戏情境中，复杂词汇才有机会转化为积极词汇。

在游戏中，会不断出现新的情境，为幼儿的同伴交往和语言发展提供挑战机会。幼儿在生活、教学活动中的模仿，学习到的往往只是生硬的词语、简单的句子，而游戏却可以赋予这些生硬的词语、简单的句子以生命力，让幼儿凭借已经掌握的能力，运用这些词汇、句子表达出更为复杂的含义和句子，以此来处理游戏中的冲突和问题。对于幼儿的语言指导，注意不要直接修正幼儿的错误，以免打击幼儿语言练习的积极性；也不要急于解决幼儿在游戏中的冲突，冲突往往是幼儿进行语言交流的良好时机。在游戏中，幼儿为了达到自己的目的，如向伙伴索要玩具、加入游戏，会使出浑身解数，尝试使用各种表达方式来说服同伴。在解决问题的过程中，幼儿的表达能力、交流能力会得到很好的发展。

成长期间，幼儿在实践中提升语言运用能力，将语言作为学习工具。年幼幼儿游戏时，经常会将无意义的音节重复串联在一起进行声音游戏，会将相同语法范畴的字替换进行造句游戏，会以玩笑和无意义讲话的方式有意地扭曲语意来进行语意游戏。这类语言游戏有助于幼儿完善新掌握的语言技能，增进幼儿对语言规则的知觉。年长幼儿则通过游戏获得提高语言实践应用的练习机会，尤其是各种语言游戏。语言已经成为游戏的必要组成部分，游戏对幼儿的语言能力起到极大的促进作用，例如，绕口令针对语音能力和技巧的练习，词语接龙则针对词汇掌握，其他的游戏像猜编谜语、游戏诗联、脑筋急转弯等对语音、词汇、语法等语言要素具有渗透作用。角色游戏与表演性游戏有助于提高幼儿语言运用技能，在此类游戏中，幼儿模仿各种职业的成人进行交流、沟通，习得各种职业语言。

### （三）游戏与幼儿问题解决能力的发展

问题解决能力是由问题导引寻求答案的行为能力，是指综合运用已有的知识、经验和能力，对一个不熟悉的问题情境进行分析，最终解决问题的能力，是认知能力的重要组成部分。问题解决能力是适应环境和生活的一种技能。大量的研究表明，游戏为幼儿提供了发现问题和解决问题的机会，有助于幼儿问题解决能力的发展。

#### 1. 游戏催发幼儿的探究行为

探究行为及其水平是问题解决的关键。探究是一种对待问题、外界事物的思维方式，也是一种学习方式，是自己探索和发现问题的外部特征和内部联系，从中找出规律间的联系，最终解决问题并得出结论。好奇心的驱使，引发了幼儿对各种问题和事物探究行为。幼儿对自己周围的世界充满着新鲜感，有一种强烈的好奇心，并且产生各种各样的疑问，力求获得相关物体的各种信息。游戏提供了自由氛围与多用途的材料，这正好激发了幼儿的好奇心，催生了幼儿的多样化探究行为。在游戏中，幼儿围绕着一定的问题，依据所提供的材料，积极思考、探索，进行多样的探究活动，变换各种方式来对待玩具材料，通过对游戏材料的各种操作、探索，促进具体思维向抽象思维转变，直接促进发散性思维甚至创造力水平的提升。

案例研读

在玩钓鱼游戏时，儿童在对需要的材料——鱼、钓竿、塑料桶子、绳子等物品的收集和准备过程中，会想出用现成的玩具鱼，钓竿则要用高尔夫球棒，并请求老师把绳子的一端系在球棒上。当发现绳子钓不到鱼时，有的幼儿提出，在科研室里有些鱼竿一头是系着磁铁的，于是又拿来磁铁，并用透明胶将磁铁固定在绳子的一端。以为大功告成了，骏杰说："我来试一试。"他将磁铁靠近玩具鱼，发现还是钓不到。铭拿着玩具鱼说："这里没有铁做的钩子，当然钓不到了。怎么办？"后来，嘉骏发现柜子上有很多材料，就说："那边的东西不知有没有铁做的？"铭说："让我看看。"于是铭拿着磁铁，去吸每样东西，终于发现回形针和一些小钉子可以被磁铁吸住。经过筛选，他们将回形针扣在玩具鱼上，菁菁试了试，鱼终于钓起来了，成功了。在这个过程中，老师只是适时提供材料，结论都是幼儿通过探索得出的。

分析：当幼儿发现钓不到鱼时，没有直接放弃或者求助于教师，而是和同伴一起在现有的材料中摸索、探究，多次尝试后，他们发现在钓竿一头系上磁铁，并在玩具鱼上扣上回形针，就能钓到鱼了。整个游戏过程中，幼儿综合运用自身的知识、经验，经过思考、探索，最终自己解决了问题。

2. 游戏影响幼儿的问题解决能力

问题解决能力的形成需要反复操作练习，而幼儿的游戏活动就是操作练习的最好形式。因为游戏主要是根据幼儿的兴趣设计的，幼儿会自觉、自愿、主动地做游戏。如果将游戏发展与问题解决能力的训练有机地结合起来，即以游戏作为形式或载体，来完成能力训练的内容，幼儿会在游戏中有机会尝试许多不同的行为方式，这会对幼儿问题解决能力的提升有很大的帮助、促进作用。布鲁纳等人研究了不同性质的先前经验对后继解决问题过程的影响。结果发现，游戏经验比观察、模仿、训练等更有利于后继的问题解决能力的提升。

该研究的任务情境是：要求被试坐在一张椅子上（不能站起来），从放在远处的一只透明塑料做成的盒子里取出一支彩色粉笔，盒子的开口对着被试，但它的"门"是用一个"J"形钩子钩住的。被试可以利用的工具是放在他们脚边的三根长短不一的棍子和两个"C"形夹钳。解决问题的办法是用夹钳把两根较长的棍子联结起来构成一根长棍子，去挑开盒子上的"J"形钩子，把粉笔拨到自己面前（见图 3-1）。在解决问题之前，实验者把 3 ～ 5 周岁的被试分成三组，每组 36 个人，男女各半，进行不同性质的活动。

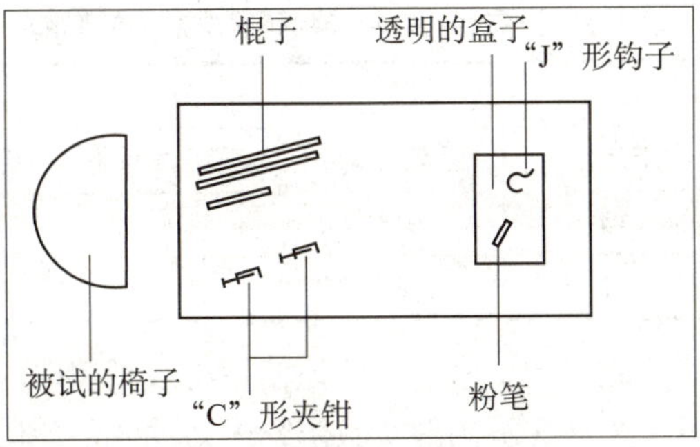


图3-1 解决问题的情境

（1）游戏组：成人说明一只夹钳可以夹在一根棍子上，然后让被试随便地玩 10 根棍子和 7 只夹钳。

（2）观察原理组：成人说明一只夹钳可以夹在一根棍子上，然后让被试看成人演示如何用一只夹钳把两根棍子联结起来。

（3）控制组：成人只说明一只夹钳可以夹在一根棍子上。成人既不演示，被试也没有机会玩这些东西。

在观察原理组，成人的演示实际上已经告诉了被试解决问题的方法，而其他两组被试必须自己发现这种方法。但观察原理组的被试在解决问题时并不占优势，游戏组中能够解决问题的被试人数与观察原理组中能够解决问题的被试人数非常接近。

为了进一步研究究竟在游戏组中有哪些因素有利于问题解决，实验者又设计了两种不同性质的先前经验情境，与游戏组进行配对比较研究，其他条件（包括被试人数、年龄、性别构成）不变。

（4）观察表演组：成人用"木偶戏"的方式向被试演示夹钳可以夹在棍子上。"夹钳先生"用咬住棍子的"腰"的方法吃掉了"棍子家族"的所有成员。

（5）训练构成组：要求被试学习和掌握用夹钳夹住棍子的办法，成人不时给予言语鼓励："你正在把它上紧，不要泄气。"

结果发现，这两个配对组的被试并不比原先的控制组被试成绩更好。观察表演组成人的演示方法虽然"游戏化"了，但这种"游戏化"因素并不有利于后继的问题解决。训练构成组虽然有"操作"因素，但不是自由操作，而是一种模仿训练，对后继解决问题的过程也没有显示出有利的影响（见表 3-1）。

对游戏组中成功地解决问题的被试在自由游戏时段中的行为表现进行观察发现，绝大多数被试是在真正地游戏而不仅仅是"操作"。他们试图用材料搭房子或拼字母玩，表现出一种"超越既定的信息"的转换能力。由此可见，真正有助于幼儿解决问题的是先前以自由操作为主的游戏经验。

对游戏组与观察原理组的被试在解决问题过程中的表现进行比较分析，结果表明：游戏组被试的行为目的性更强，他们倾向于开始采用简单的方法，但是逐步地、有系统地把这些简单的方法演变为复杂的方法，逐渐接近正确的答案。在解决问题的过程中，他们不怕挫折与失败，更有耐心与毅力。

表 3-1　先前经验对幼儿问题解决能力的影响

| 结果 | 分组 | | | | |
|---|---|---|---|---|---|
| | 游戏组 | 观察原理组 | 观察表演组 | 训练构成组 | 控制组 |
| 解决问题的人数 | 14 | 15 | 6 | 7 | 3 |
| 没有解决问题的人数 | 22 | 21 | 30 | 29 | 33 |

另有研究表明，在幼儿能不拘一格、开放地使用游戏材料时，象征性游戏对提高幼儿解决问题的能力作用较大。在这些不同的实验研究中，幼儿的年龄、原有的使用工具的经验及所解决问题的性质都是影响因素，各研究的具体结果不完全相同，但游戏可以提高幼儿的问题解决能力则已达成共识。

#### 3. 不同游戏类型对幼儿解决不同类型问题的作用

佩普勒和罗斯设定了 2 个扩散性问题和 3 个集中性问题。将 64 名 3 ～ 4 周岁的幼儿从年龄、性别上分成客观条件相同的 4 组：集中性游戏条件组、扩散性游戏条件组、集中性活动观察组、扩散性活动观察组。研究结果表明，同样是游戏组，但由于游戏类型不同，幼儿解决问题的过程、方法亦不相同。集中性游戏经验的效果具有特殊性，而扩散性游戏经验的效果则具有一般性、迁移性。佩普勒和罗斯由此得出：使用集中性材料进行游戏，教会幼儿的是在这里有一个正确的答案，并促进幼儿寻找此答案；而使用扩散性材料进行游戏，教会幼儿的却是无论什么问题都有许多可能的解决问题的策略。因此，可以让幼儿充分地、尽情地施展自己的想象力、创造力，他们在解决问题时，更多地运用尝试错误法，在面对无效决策时更具有灵活性。幼儿使用集中性材料进行游戏，在解决问题时则更倾向于用原来的策略来解决当前的问题，思维的灵活性较差，不容易将在游戏中获得的特殊经验概括迁移到解决其他不同的问题上。他们的研究充分证明，自主、自由的创造性成分较高的游戏，更能促进幼儿解决问题的发散性、多样性，有利于通过多种途径解决问题。

## 三、游戏在幼儿社会性发展中的价值

社会性发展是幼儿心理发展的重要内容之一，是幼儿由自然人逐渐掌握社会的道德规范和社会技能，成为一个社会人的过程。幼儿正处在从“自然人”向“社会人”转变的关键阶段。游戏是幼儿主要的社会性交往活动，可以从不同方面促进幼儿的社会性发展。

### （一）游戏有助于幼儿交往技能的提高

幼儿的社会化过程离不开人与人之间的交往和互动。婴儿的第一个交往对象就是家庭成员。随着幼儿社会化程度的提升，同伴关系成了幼儿重要的人际关系，是幼儿个性发展的社会动因。幼儿要在社会交往活动中不断学会与人相处、交流，学会适应所面临的社会生活，学习并遵守社会所认同的行为方式、规则和准则。这一切交往活动的最初实践就是游戏活动，游戏是幼儿社会交往实践的起点。

游戏是幼儿交往的重要媒介。幼儿通过模仿现实世界的社会活动，如“看病”“购物”“剪头发”，了解社会上各种职业角色，熟悉角色责任、义务和初步的社会规则，并通过这些游戏接触现实生活。游戏中的玩具材料更是幼儿进行同伴交往的物质载体，尤其是与新认识的伙伴在一起玩，玩具材料可以起到维系和纽带的作用，增加幼儿间的亲密程度。玩具能够使同伴间的交往更为活跃，并延长他们一起玩的时间。对 3 ～ 6 周岁幼儿游戏的观察表明，性别相同的幼儿在一起游戏，比一个人单独游戏时更倾向于探究新玩具，发掘玩具的不同玩法。另外，在游戏中，幼儿常常出现争抢玩具和角色的情况，这就对幼儿的社会性发展水平提出了更高的要求，幼儿要学会协商、轮换、相互谦让和合作，这样又会促进幼儿社会性的发展。

游戏的社会性，决定了幼儿在游戏过程中必须执行一定的游戏规则，包括游戏角色的行为规则和游戏计划的程序规则。在游戏过程中，幼儿一方面要表明自己的意愿，采取一定的行动；另一方面要理解别人的意愿，对别人的行为做出一定的反应，从而与同伴发生互动。在同伴互动中，幼儿逐渐掌握了分享、合作、协商、谦让和讲礼貌等基本的人际交往准则，而且还逐渐出现帮助他人、同情、安慰等亲社会行为。幼儿将在解决游戏矛盾中体验到成功交往的经验和失败互动的教训，学会如何在同伴冲突中坚持自己的正确意见或放弃不合适的想法，学会运用交往的规则来调控自己的行为和协调人际关系，从而发展自己的社会技能，提升自己的交往能力。

### （二）游戏有助于幼儿克服自我中心

在幼儿的社会性发展过程中，自我中心是一个必经的过程和阶段，幼儿的感觉、知觉、语言和人际交往都会受其影响，主要表现在他们往往只能从自己的角度出发看问题，不能理解他人的观点、想法和情感。皮亚杰设计过一个著名的“三山实验”，实验材料包括 3 座高低、大小和颜色不同的假山模型，实验过程：首先，幼儿从 4 个角度分别观察 3 座假山模型；接下来，幼儿面对假山模型落座，并且将一个玩具小人放在假山模型的另一边；最后，研究者让幼儿从 4 张图片中指出哪一张图片是玩具小人看到的景象。结果发现，处于前运算阶段的幼儿无一例外地认为，玩具小人在另一个角度看到的“山”和自己所在角度看到的“山”是一样的。这个实验说明，处于前运算阶段的幼儿处于自我中心的“我向思维”阶段，很难从他人的角度来看待事物。

如何帮助幼儿克服自我中心，游戏是一种有效的方法。例如，在平行游戏中，虽然不同的幼儿玩着同样的玩具，但是他们通过观察和短暂的交谈发现，自己和别人的操作结果是不一样的，这使他们初步感受到自己和同伴的差异。规则游戏是帮助幼儿去自我中心的一种行之有效的方式。游戏要想顺利地进行，就需要制定、遵守游戏规则，在这个过程中，共同协商起着非常关键的作用，而协商就需要理解别人的态度，并允许他人参与，甚至决定游戏的玩法和进程。协商的水平决定规则游戏的水平。因此，小班的规则游戏都是很简单的，可以说没有外在的规则，规则是融入角色之中的，而中大班才出现真正意义的规则游戏，因为中大班幼儿的社会化水平决定了他们能初步站在别人的角度思考问题，并采取相应的行动。

角色游戏对幼儿克服自我中心起着重要的作用。幼儿在游戏中扮演各种角色，为了让游戏顺利地进行，需要按照角色的身份及其情感体验来行动，需要遵守其扮演角色的社会规则。在这样的经历中，幼儿尝试把自己摆在别人的位置上，学习从他人的角度来看待问题，发现自己与别人的不同。只有理解了自己与别人的不同，才能够去理解别人，逐渐学会改变自己看问题的角度，克服自我中心的认知特点。

美国心理学家凯瑟琳·埃尔金·罗森对幼儿进行了社会性表演游戏训练，目的在于揭示游戏在帮助幼儿克服自我中心、学会从别人角度看问题过程中的作用。实验过程如下：将幼儿分成两组，实验组进行40天社会性游戏训练，即为幼儿提供进行社会性表演游戏的机会、条件、玩具等，并指导幼儿游戏，丰富幼儿游戏内容。控制组则不进行社会性游戏训练，仅为幼儿提供一些游戏材料。40天以后对两组进行测试，测试方法是商店游戏形式，先给幼儿看一些东西，包括女性的袜子、男性的领带、玩具汽车、娃娃和成人看的书，确信幼儿认识这些东西并知道它们的用途后，要求他们进行角色扮演游戏：第一，他正在一个卖这些东西的商店里；第二，他是一位父亲，现在他在为自己的生日挑选一些物品，让他思考父亲会为自己挑选哪些物品。然后要求他依次假装母亲、教师、哥哥、姐姐和他自己来选择符合角色身份的物品。实验结果表明，实验组比控制组更能做出较符合人物身份的选择。这就证明社会性表演游戏中的角色扮演，使幼儿能在游戏中把自己当别人（角色）来认识，这时，他既是自己，又是别人，在这种自我与角色的同一与守恒中，幼儿有了角色意识，并能根据角色需要扮演他人，逐步理解他人。游戏能为幼儿克服自我中心，建立良好的社会人际关系打下基础。

### （三）游戏有助于幼儿自控能力的发展

自控能力是意志力的重要内容，是意志行动过程中抑制干扰因素，保持有效行为的能力。自控是一个人成功的基本条件，它使人有效地调整自我心境，这有助于更好地实现目标。在现实生活中，行为的果断性、遵守各种规则、坚持追求目标、对无意义的干扰因素的自我控制等意志品质，是构成幼儿社会性的重要方面。幼儿的意志力尚未充分发展，所以自控力水平普遍不高，但是在游戏中，幼儿却能表现出较高的意志行为，因此游戏能培养和提高幼儿的自控能力。苏联心理学家马努依连柯曾做过“哨兵站岗”的实验：要求幼儿在空手的情况下，保持哨兵持枪的姿势。设定两种情境：一种是非游戏情境，其他小朋友在一边玩，让被试在一边以哨兵持枪的姿势站着；另一种情境，实验前向被试提出要求，告诉他其他小朋友是工人，他们在包装糖果，你来当哨兵，为保护工厂而站岗。结果表明，在第二种游戏情境下，幼儿当哨兵站立不动的时间远远超过非游戏情境下站立不动的时间。这表明，游戏对幼儿自控能力的培养有着非常积极的促进作用。

为了游戏，幼儿愿意克制自己的愿望，发展自己控制冲动的能力，并逐渐学会协调自己和别人的意见，学会相互理解和包容，学会协商、合作，对同伴让步是为了被同伴接纳。面对“我不和你玩了”这样的威胁，很多幼儿会选择妥协，选择自我控制。在角色游戏中，幼儿要按照角色的规则行事，只能做角色范围内的事情；受到游戏规则的约束，只能做游戏规则允许的事情。关于扮演什么样的游戏角色的约定，听从指挥、轮流、按次序等待等都是游戏中经常要遵守的行为规则。幼儿只有遵守游戏规则，才能被同伴接纳，从而成为游戏的参与者，这能够帮助幼儿抵抗诱惑，提升延迟满足能力。

经过游戏中反复的练习，幼儿能逐渐把社会所要求的行为规则变为自己的行动，并迁移到现实的生活中。所以，通过在游戏中担任一定的角色任务，可以帮助幼儿克服某些不足，养成某些良好的个性品质。例如，利用幼儿天生对警察、军人的崇拜心理，让胆子小的小孩当战士、警察，以锻炼其胆量和勇气；让性格内向的小孩当教师、售货员，练习和别人打交道，提高幼儿社会交往的水平等。

微课：
沙盘游戏

## 四、游戏在幼儿情感发展中的价值

情绪情感是指人对客观事物的态度体验。现实生活中，有些事物使人产生高兴、愉悦的情绪；有些事物使人焦虑、悲伤；有些事物让人感到害怕、厌恶。情绪是和人的生物需要相联系的体验形式，有积极的情绪，也有消极的情绪。情感则同人的高级的社会性需要相联系，包括道德感、美感和理智感。情绪情感是一个人心理活动的重要构成因素，它可以发动、组织与干扰人的认知活动，影响人际交往的性质和发展方向，以及人们对待生活的态度。

幼儿期是情绪情感发展的重要时期，而游戏是一种积极的情感交往方式，有利于各种类型情绪的产生。游戏活动往往伴有丰富的情绪情感体验，它不仅给幼儿带来了欢乐，也能深化幼儿的情感，更有助于幼儿丰富积极的情绪体验，宣泄消极的情绪，从而有利于幼儿情绪情感的健康发展。随着游戏主题的复杂化和情节的动态变化，幼儿的情绪情感体验会更丰富、深刻。

### （一）游戏丰富幼儿积极的情绪体验

积极的情绪包括愉悦、喜欢、满意、温和、感动和轻松感等。游戏的内容丰富多样、形式生动活泼，再加上游戏活动是幼儿按照自己的意愿开展的自由自在的活动，所以幼儿在游戏中是轻松愉悦的。

在自主的游戏氛围中，幼儿容易通过自我的努力而获得成功，感到愉快、满足。在轻松的游戏氛围中，幼儿积极主动地进行探索、操作，没有外在强制的任务要求，幼儿在游戏中没有为了达到目标、完成任务而产生的紧张感，游戏纯粹是为了满足幼儿的需要和愿望，所以幼儿是轻松的、愉悦的。因为没有外在的压力，幼儿可以自己的方式，主动进行探索，单纯而充分地享受游戏过程，获得满足感等积极的情绪体验。在自控的游戏氛围中，幼儿将艳羡不已的成人世界掌控在自己手中，减少了自己略显稚嫩和不足的知识经验储备和周围世界的不协调、不一致，从而获得实现愿望的满足感和快乐感。

美国心理学家杰尔姆·辛格对 3 ～ 4 周岁的儿童进行了为期 1 年的观察研究，发现经常玩假装游戏或者有假想伙伴的幼儿在游戏中展现较多的微笑和欢笑，他们的坚持性和合作性较好，较少出现攻击性行为，也较少产生愤怒和悲伤的情绪。对年龄稍大的幼儿的研究也发现，富于想象的儿童较少出现发火、攻击他人或冒失、冲动的行为，更容易分清想象与现实。而有研究表明，情绪障碍幼儿在游戏中表现出混乱和刻板的特征，他们在游戏中表现出不合群、焦虑，且容易产生心理压力，出现攻击性和冲动性行为，不能承担游戏中的角色。他们在幻想游戏中要从“我”转移到假想的“他”，这个过程非常困难。由此，有人认为，学前儿童无法参与象征性游戏是严重的病理症状的标志。

所以，游戏为幼儿积极的情绪体验提供了充足的机会，大大地丰富了幼儿积极的情绪体验。

### （二）游戏宣泄幼儿的消极情绪

消极的情绪体验包括忧伤、紧张、愤怒、恐惧、沮丧、懊恼、急躁等。在现实生活中，由于外界条件的限制，幼儿的每个需要不可能都得到满足，所以难免会产生一些消极情绪。长期不良的情绪体验，会导致幼儿食欲减退、消化不良、心跳加速、血压和呼吸紊乱，甚至会产生疾病。所以，幼儿要及时地将消极情绪宣泄出来。游戏为幼儿表达、宣泄各种情绪提供了一个出口，从而在一定程度上保障了幼儿心理的健康与安全。

游戏是幼儿松弛紧张感、宣泄消极情绪的有效途径和方式。以弗洛伊德为代表的精神分析学派认为，游戏是幼儿消极情绪的发泄途径，可以补偿地实现现实生活中不能满足的愿望，内心会产生一种满足和快乐，或者再现那些消极的体验，缓解心理压抑、减少忧虑，从而获得心理上的平衡和满足。由于游戏具有想象性，其为幼儿提供了一个迥异于现实的、新的情境。这个情境是在现实的基础上，凭借幼儿的经验和想象创造出来的，它可以帮助幼儿避开不愉快的现实世界，幼儿可以在其中做出一些现实生活中不被允许的事情和行为，使他们产生愉悦的情绪体验，从而实现对行为的控制、情绪的调节。在现实生活中，幼儿因受到各种限制而产生的愤怒、紧张、焦虑等不良情绪，在游戏中得以发泄、缓解。

#### 案例研读

一天，老师偶尔听见一个4周岁小姑娘一边在玩“切面包”的游戏，一边嘴里咕哝着“切、切妈妈”。老师简直不能相信自己的耳朵，以为自己听错了。第二天，老师看见小姑娘又在娃娃家玩“切面包”的游戏，于是就悄悄走过去，仔细聆听小姑娘究竟在说什么。果然，小姑娘说的是“切、切妈妈”。小姑娘注意到老师的接近，对老师笑笑，继续玩这种令老师非常震惊的“切面包”游戏，一点不避讳。老师在女孩旁边坐下来，静静地看了一会儿她的游戏，然后问她：“为什么要切妈妈？”小姑娘回答说：“妈妈不好。”

通过和女孩的交谈，老师了解到，原来小姑娘从小被身为高级白领的妈妈寄养在保姆家，保姆非常宠爱小姑娘。过了两年，小姑娘该上学了，妈妈把她接回家。回家以后，妈妈发现小姑娘身上养成了一些为自己的教养方式和生活方式所不能容忍的“坏毛病”。妈妈决心要改掉女儿身上这些“坏毛病”。但是，随着妈妈的不断批评指责而来的是母女关系的紧张，小姑娘常常偷偷跑回原先的保姆家，而且认为家里的妈妈不是亲妈妈。

资料来源：刘焱.儿童游戏通论［M］.北京：北京师范大学出版社，2004：150.

**分析：** 案例中的小姑娘在现实生活和妈妈发生了冲突，对妈妈产生了愤怒、不满的情绪，这在现实生活中是不被允许的，但是情绪体验真实存在，于是她就通过“切妈妈”的游戏将这样的消极情绪发泄出来，从而减轻或克服愤怒心理。幼儿在游戏中将自己的消极情绪发泄出来，这是以一种比较稳妥的方式表现、表达自己的情绪，是对不良情绪的一种控制，这要比幼儿将这种情绪压抑在心底，对幼儿的健康，尤其是心理健康的益处要多得多。

### （三）游戏有助于幼儿高级社会性情感的发展

拓展阅读：
游戏疗法

婴儿出生就有与机体需要相联系的基本情绪，这些情绪体验具有帮助个体适应社会的功能。随着幼儿身心不断发展、交往活动范围的扩大和教育要求的逐渐提高，幼儿慢慢产生了与社会性发展紧密相关的成就感、道德感、美感、同情心与移情等情感体验。

#### 1. 游戏可以发展幼儿的成就感和道德感

成就感是与自我意识、自我概念相联系的情感，是主体对自己力量与能力的认识与体验，是一种正向的、积极的情感。在游戏过程中，幼儿享有充分的自由选择、自主决策的权利，可以根据自己的想法、愿望来行动，可以实现自己在真实世界的愿望，从而获得成就感，增强自信。在游戏活动中，幼儿根据自己的兴趣和能力水平选择合适的玩具材料进行操作，为探索世界、实现自己提供了机会。例如，当幼儿用积塑插出一把自己喜欢的手枪时、当幼儿用积木搭出一座高楼大厦时、当幼儿用纸折出一只小兔子时、当幼儿用橡皮泥捏出一只小老虎时，他是开心的、自豪的、充满成就感的。在游戏中，幼儿也可能遭遇“失败”。例如，幼儿在与同伴一起玩下棋、打牌、跑跳比赛等竞争性的规则游戏时，可能会“输”。但是，这种以规则为基础的游戏，要求幼儿学会协调自己与同伴的想法，根据规则调整自己的行为，学会正确对待“输”与“赢”，学会在公平竞争等规则条件下取胜，这对于幼儿的规则意识、道德感和自我认知的发展与成熟具有积极的意义。当幼儿能在规则下提高游戏技能，能够在游戏中“赢”的时候，他们就能够进一步体验到成功的喜悦。

#### 2. 游戏可以发展幼儿的美感

美感是人对事物审美的体验。婴儿天生就喜欢美好的事物，因此，他们看到颜色鲜艳的东西会感到高兴，漂亮的玩具、衣服能让婴儿愉悦，这种愉悦感促使婴儿去抓、去扔、去摆弄操作。随着幼儿年龄的增长和知识经验的丰富，原始的美感逐渐弱化，社会化的美感逐渐发展，占据越来越重要的地位，发挥越来越重要的作用。随之而来的是幼儿对美的评价标准逐渐提高，他们不仅能够感受美，而且能够表现美、创造美。游戏就是幼儿感知美、表现美、创造美的一种特殊的审美活动。在游戏中，幼儿主动地感受并反馈大自然和社会生活中美好的人和事，结合游戏感受文学、语言以及音乐、美术等活动内容所蕴含的美，利用各种事物装饰、美化自己周围的环境和事物，这些都有助于提高幼儿自然、社会生活、艺术方面美的感受和审美能力。

3. 游戏可以发展幼儿的同情心与移情的能力

游戏，尤其是角色扮演游戏为幼儿提供了扮演他人角色、站在他人角度思考问题、体验他人情感与态度的机会。在游戏中，幼儿以认真的态度、真实的情感表现现实生活，体验角色的情感和态度。例如，在“娃娃家”游戏中，当“爸爸妈妈”的孩子不仅“给娃娃穿衣”“做饭”，还会主动去关心孩子，爱护孩子。他们能够在游戏中体会为人父母的心情。这些在游戏中获得的情感体验，会对幼儿产生潜移默化的影响，使他们的同情心得到发展，并逐渐提高移情的能力。

**课证融通**

**简答**：游戏满足了幼儿身心发展的哪些需要？（2012 年上半年真题）

## 第二节　幼儿园以游戏为基本活动

### 一、游戏在幼儿园的地位

1989 年国家教育委员会颁布的《幼儿园工作规程（试行）》第二十条首次明确提出：“以游戏为基本活动，寓教育于各项活动之中”是幼儿园教育工作的原则之一。从此以后，无论是理论研究还是幼儿园实践都在努力践行游戏是幼儿园教育的基本活动的理念，越来越多的幼教工作者和家长逐渐接受了这一基本理念。游戏在幼儿园变得越来越重要了。

《幼儿园教育指导纲要（试行）》中关于游戏的论述在精神上继承了《幼儿园工作规程（试行）》的提法，再次强调幼儿园教育“以游戏为基本活动”。而这一重申，也是当时幼儿园教育的实践需要。因为部分地区的幼儿园教育出现了“小学化”倾向，幼儿园将小学的一些教学模式，如教学内容、教学方法和评价方式等运用于幼儿教育实践中（例如，教学内容中超出《幼儿园教育指导纲要（试行）》的规定，超前教授小学的知识；教学方式采取以“上课”为主，少有游戏活动；布置书面家庭作业）。为了纠正幼儿教育实践中“小学化”的现象，提出坚持幼儿园教育“以游戏为基本活动”，这是幼儿园教育不同于小学教育的典型特征。

所谓基本活动，是在指人生的某个阶段，出现频率最高，对人的生存发展最有价值、最合适那一年龄阶段的活动。对于幼儿而言，游戏正是这样的活动。一方面，游戏是幼儿最喜爱、最经常展开的活动；另一方面，游戏对幼儿身心各方面发展具有巨大的促进作用。所以，幼儿园教育要以游戏为基本活动，寓教育于生活、学习等各项活动之中，善于发现幼儿感兴趣的事物，善于在游戏和偶发事件中发现隐含的教育价值，把握教育时机，促进幼儿的全面发展。

## 二、幼儿园以游戏为基本活动的原因

### （一）游戏是幼儿最喜欢、最经常的活动

幼儿为什么会喜爱游戏呢？关于这一点，不同的学者有不同的看法，但归根结底还是游戏的本质所决定的。第一章中提到游戏的 5 个特征，其中最根本的是游戏的自主性给幼儿带来的愉悦体验。幼儿由于年龄、身体发育、知识经验和能力受限，因此在现实生活的各项活动中，受到很多的影响。但是游戏却不同，游戏作为假装性活动，幼儿可以在其中自由地从事在现实生活中无法进行的活动，实现现实世界中不能实现的愿望，例如，成为“爸爸妈妈”，这会给幼儿带来愉悦性的体验。游戏给幼儿带来愉悦的体验，使得游戏成为幼儿的精神向往和追求，成为幼儿最喜欢、最经常进行的活动之一，其主要体现是幼儿一日生活中的大部分时间都在游戏，除此以外，幼儿的学习、生活等活动，也是以游戏的形式来进行的。

### （二）游戏是符合幼儿身心发展需要的活动

游戏是幼儿不成熟、不完善的心理机能的反映，游戏的水平自然地与幼儿身心发展的需要和水平相同步，游戏是最适宜幼儿的活动。总体而言，游戏满足了幼儿身体活动的需要、认知发展的需要和情感满足的需要。

好动是幼儿的年龄特点，这是由幼儿的生理发展水平决定的。在幼儿期，幼儿的神经系统发育还不完善，兴奋强于抑制，幼儿需要不停地活动来适应神经的兴奋性。另外，幼儿的骨骼富于弹性，是比较柔软的，但是肌肉收缩性差，使得幼儿不能长时间地保持同一个姿势，而是要活动身体促使不同部位的骨骼、肌肉交替地承受负担，轮流处于紧张和放松状态，避免疲劳的同时，骨骼肌肉也能得到充分的血液，获得更多的养料和氧气。而且，幼儿能在身体活动时产生愉快情绪。因为身体运动控制中枢是小脑，它控制着身体平衡和肌肉运动，而且它与情绪控制中心相联系，所以能产生积极、愉悦的情绪体验。

兴趣和好奇是推动幼儿游戏的直接原因，探究往往是幼儿游戏活动的行为之始。当面对新异的环境、玩具材料时，幼儿就会在主观上产生不确定感，从而导致他感到紧张，就会在好奇心的驱使下，通过探索这个新事物来认识事物，以减弱紧张感；当幼儿对所处环境和面对的玩具材料感到熟悉时，其行为就会带有想象和创造的成分，游戏就会开始。所以游戏是以一定的认知为基础，并以认知发展为动机的活动。

游戏可以满足幼儿在现实生活中不能实现的愿望，这在游戏的特征中已有所论述。游戏使幼儿渴望长大、参与成人活动的意愿在假想世界得到满足，游戏也可以帮助幼儿释放紧张和压力，消除不安、焦虑的消极情绪。

游戏能满足幼儿身体、认知和情感方面的需要，这些需要的满足又带来了快乐，快乐的情绪体验又强化了幼儿游戏的乐趣。幼儿每天最喜欢的活动就是游戏，游戏所带来的愉快体验让游戏存在于幼儿的一日生活中。

### （三）幼儿的身心发展是在游戏中实现的

游戏具有促进幼儿的身体、认知、社会性和情感各方面发展的重要作用，这在本章第一节已有详细论述，此处不再赘述。

## 三、认知误区与实现方法

游戏对幼儿发展具有巨大的促进作用，幼儿园要“以游戏为基本活动”，这不仅仅是理论上的呼吁和理解，更要落实在幼儿教育的实践中。

但是游戏似乎是一个只可意会不可言传的概念，以至于每个人对它的理解都是不一样的，这造成了游戏在幼儿园教育中具有各种各样的形态和实践模式。

### （一）幼儿园游戏的认知误区

#### 1. 过分强调游戏的自由性

将“以游戏为基本活动”中的“游戏”理解为“自由游戏”，让幼儿在幼儿园的一日生活中以自由游戏为主，教师不再承担专业指导的职责，不知如何把握游戏的自由性和规则性，从而出现“自由游戏无教师”的现象，教师放任幼儿在游戏中自主行事，曲解了游戏的自主性，窄化了游戏内涵，导致游戏在层次性、角色性上呈现低水平化，降低了游戏对幼儿发展的价值与作用。还有一种理解认为，游戏就是上午的自由游戏和下午的桌面游戏，同样也是窄化了游戏。

#### 2. 游戏的工具化

为实现幼儿园教育“以游戏为基本活动”，有的幼儿园在幼儿的一日生活中以游戏活动的名称来安排所有的活动，表面看来处处皆游戏，但这些游戏却处处充斥着成人安排的痕迹，使各种活动都包裹上游戏的外衣，追求着场面上的热闹，内里却是教师决定的内容、操作方式，没有了游戏原有的自发、自愿、自主和愉悦。游戏已经名存实亡，成为教师实现其目的的工具，用来取悦幼儿的手段，而没有将游戏内容与课程内容融合，游戏与课程仍然是“两张皮”。

#### 3. 游戏与教学活动对立

教学活动、生活活动和游戏活动构成幼儿在园一日生活的活动内容。但是有些老师和家长对游戏存在偏见，对游戏的功能认识不足，将游戏与认知发展视为毫无关联的两个事物，甚至将之对立，认为游戏和教学活动是不能相提并论的。在这样的思想指导下，幼儿园在一日生活中增添了丰富的体育游戏、智力游戏和音乐游戏等教学游戏，其目的是借助游戏这种有效的学习方式来促进幼儿的发展，无形中就会忽视、降低创造性游戏在幼儿园的分量和比例。这种做法将游戏与教学活动对立，将游戏的内容和形式分割、孤立，游戏的目的不再是纯粹地游戏。教学游戏只是游戏的一种，不能完全具备游戏的本质和特点，削弱了游戏是幼儿园基本活动的渗透力和价值。

### （二）实现幼儿园以游戏为基本活动的方法

《幼儿园工作规程（试行）》《幼儿园教育指导纲要（试行）》都明确规定，以游戏为基本活动，《3～6岁儿童学习与发展指南》也在字里行间隐含同样的指导思想，但是对其实现方式却没有深入阐述。幼儿教师在实践中贯彻“以游戏为基本活动”的教育理念和教育原则时，不仅要从幼儿学习与发展的教育视角来设计和指导游戏活动，更要从幼儿生存和发展的生态环境的视角来创设游戏时间和空间，并尽力保持二者的平衡发展，要努力使幼儿园游戏成为幼儿的一种生活方式，只有这样才能真正实现“以游戏为基本活动”的教育理念。

总体来说，幼儿园游戏存在两种形式：一类是幼儿自发的自由游戏，一类是教师组织的教学游戏。幼儿自发的自由游戏是真正意义上的游戏，它以游戏本身为目的，是幼儿用自己的知识经验进行的自发活动，也是幼儿自发的探索与创造。这种游戏重过程而轻结果，是一种没有外界压力的非功利性活动。教学游戏是教师根据明确的教学任务组织的游戏，其活动的本质是教育活动，其中有游戏的愉悦体验，但是它是具有游戏特征的教育活动，服务于特定的教育目的和任务，是受外界压力约束的功利性活动。但是无论是自由游戏，还是教学游戏，都能给幼儿带来游戏性体验，都是实现“以游戏为基本活动”教育理念的途径和方式。

具体来说，实现幼儿园以游戏为基本活动要做到以下几个方面：

### 1. 保证幼儿有充分的游戏时间

游戏时间是幼儿游戏的保证，充足、适当的时间安排能促使幼儿完成高水平的游戏。假如没有充足的游戏时间，幼儿不能尽情、尽兴地游戏，也就无法保证其游戏的水平。例如，在自发的角色游戏中，如果没有充足的时间，幼儿刚刚商议了游戏规则、分配了游戏角色、构建了游戏场景，还未真正进入游戏情境开始互动合作，或者刚进入不久，教师就要求幼儿结束游戏，那么，就会影响幼儿参与游戏的情绪体验和乐趣，更谈不上促进幼儿社会性发展。因此，幼儿园绝大部分时间要以游戏活动为主，这是对幼儿园活动的趣味性和可操作性的强调。如果有条件的话，幼儿园每天可以固定安排 2 ～ 3 个时间段进行游戏活动，且确保每次游戏时间不少于 30 分钟，同时又提供随机游戏的时间。

### 2. 给幼儿均等的游戏机会

有研究证明，在学前期缺乏游戏活动机会的儿童后期可能会面临学习困难，特别是没有参加社会角色游戏的儿童，这类困难更为显著。无论是幼儿自发的自由游戏，还是教师特意安排的教学游戏，重要的都是幼儿参与过程，而不是游戏结果。这就意味着只有幼儿参与其中，游戏才能真正地发挥作用。而一个幼儿园、一个班级里面的所有幼儿都有均等的游戏机会吗？显然是不可能的，因为每个幼儿的发展水平、个性特征、兴趣爱好等都是不同的，这就决定了不同的幼儿在不同的游戏面前的机会是不一样的。那些发展水平较高、更受教师和同伴欢迎的幼儿有更好、更多的游戏机会；而那些发展水平暂时落后，有攻击、孤僻、退缩等特征的幼儿的游戏机会可能要少一些。这就要求教师指导幼儿争取游戏机会，并注意在干预游戏时适当地照顾一下游戏机会较少的幼儿，尽量给幼儿均等的游戏机会，让每个幼儿都有选择、体验游戏的可能。

### 3. 创设可供幼儿自主选择的游戏环境

游戏环境是幼儿开展游戏的基本条件，幼儿往往是在与环境的互动中获得身心发展的。教师对幼儿游戏的支持与指导主要体现在教师为幼儿提供游戏材料和创设游戏环境上。要使游戏真正成为幼儿自己的活动，关键在于为幼儿创设一个可供幼儿自主选择的游戏环境，具体做法有：一是创设多种多样的游戏情境，诱发幼儿的各类游戏经验，支持幼儿开展各种游戏活动；二是提供不同难度和开放程度的游戏材料，以供幼儿根据自己的发展水平、兴趣爱好选择，保证不同的幼儿都有玩具可玩、都有游戏可参与；三是多利用自然环境和生活中的废旧物品创设游戏环境，这些材料不但价格便宜，而且更具开放性、多样性和生活性，深受幼儿的喜爱；四是重视温馨、自由的游戏氛围。鼓励幼儿创新游戏玩法，允许游戏材料自由搭配，允许游戏材料的功能自由转换，最大限度地保证幼儿游戏的自主性。

#### 4. 实现幼儿游戏与幼儿园课程的融合

游戏作为幼儿园的基本活动，不可避免地与幼儿园一日活动中的课程有交集、有互动。美国游戏专家弗罗斯特根据各种课程对游戏的重视程度将幼儿园课程分为非游戏课程和游戏课程模式。非游戏课程模式将游戏置于幼儿园课程的边缘地位，将游戏与课程对立，游戏被视为幼儿学习之外的娱乐、休闲活动。而实际上，游戏是适宜幼儿学习的方式，所以应将游戏融入幼儿园课程之中，使其在幼儿园课程体系中占据核心地位，真正保证游戏是幼儿园的基本活动。作为幼儿最喜欢的活动，游戏活动与生活活动、教学活动同等重要，它们共同构成了幼儿园课程。游戏作为幼儿园课程的有机组成部分，是从幼儿园课程内容层面来理解的。游戏在幼儿园课程中占有独立地位，是对幼儿游戏价值充分认识的结果。幼儿园除了将游戏纳入课程内容外，还要遵循幼儿游戏的特点，将游戏精神融入幼儿园所有的教育活动。游戏是实施幼儿园课程的有效途径。因此，游戏与课程就好像血液与身体的关系。血液无孔不入地渗透在身体的每个部分，身体包容所有的血液系统。当血液充足时，身体就表现出旺盛的生命力；当贫血或血液出现问题时，人就会显得苍白无力。游戏在课程中的地位与之相似，课程作为一个整体出现，游戏渗透于课程的方方面面。唯有实现幼儿游戏与幼儿园课程的融合，幼儿游戏才能与幼儿园教育活动浑然一体，才能真正保证幼儿园“以游戏为基本活动”教育理念的实现。

拓展阅读：我国游戏与课程融合的几种形式

## 思考与练习

### 一、简答题

1. 简述游戏在幼儿身体发展中的价值。
2. 简述游戏在幼儿认知发展中的价值。
3. 简述游戏在幼儿社会性发展中的价值。
4. 简述游戏在幼儿情感发展中的价值。
5. 简述幼儿园以游戏为基本活动的原因。
6. 简述实现幼儿园以游戏为基本活动的方法。

### 二、论述题

1. 简要论述游戏在幼儿发展中的价值。
2. 联系幼儿园教育实践，论述游戏在幼儿园的地位。

# 第四章　幼儿园游戏环境与材料

【学习目标】

√ 理解幼儿园游戏环境的概念、价值、要求、玩具的作用

√ 掌握幼儿园室内、室外游戏环境、心理环境的内容范围

√ 初步掌握幼儿园室内、室外游戏环境、心理环境创设要点

√ 掌握玩具的种类、基本要求和投放要求

√ 初步掌握自制玩具的指导要点

【素质目标】

√ 在理解幼儿园环境教育价值的基础上，树立立德树人的游戏环境观

## 案例导入

图4-1　幼儿园室外环境（1）

图4-2　幼儿园室外环境（2）

图4-3　幼儿园室内环境（1）

图4-4　幼儿园室内环境（2）

**分析：**上述图片是某幼儿园的室外和室内环境。图片中既有具有一定挑战性的大型室外游戏器材，也有室内角色游戏材料和墙面环境。幼儿园游戏环境有什么样的价值？应该如何创设幼儿园的游戏环境？本章主要讨论这些问题。

## 第一节　幼儿园游戏环境概述

《幼儿园教育指导纲要（试行）》指出，环境是重要的教育资源，应通过环境的创设和利用，有效地促进幼儿的发展。布朗芬布伦纳认为，环境既能提供机会，也能产生潜在的危机，如果幼儿在环境中被剥夺了经验，就产生压力感和紧张感，从而影响其发展；如果环境提供了机会，幼儿就会朝着社会文化目标的方向发展。他从人类发展生态学的角度提出了环境对幼儿发展的意义和价值。游戏要在游戏环境中展开，游戏机会存在于游戏环境中。因此，为了幼儿游戏的顺利开展，我们要为幼儿创设良好的游戏环境。

### 一、游戏环境的概念

游戏环境是指为幼儿开展游戏活动所提供的条件，是幼儿园教育环境的组成部分，既包括游戏赖以生存的物质基础——物质环境，也包括使游戏得以顺利进行的心理环境。游戏的物质环境主要是指幼儿园各种天然或人工的游戏空间和场地、玩具材料和游戏时间等；游戏的心理环境是指游戏环境中的人际关系及其带来的游戏氛围，主要包括游戏中的师幼关系、同伴关系和心理氛围等。

心理学家指出，在促进幼儿早期教育方面，有效的做法之一是创设良好的游戏环境。良好的游戏环境至少具有以下特征：

（1）游戏环境必须宽敞，必须有能让幼儿频繁移动和开展较大规模、内容丰富的游戏的可能性。

（2）在个别细小部分，游戏环境又可以是小型的。

（3）游戏场地一定不能单调无物，应有不陡的坡地、柱子和角落，这些在建筑中是常见的；应有舒适的表面，如毛茸茸的地毯和旧木地板。

（4）游戏环境应该具有易于变化、调整的空间。儿童应当能把椅子摆成一排玩火车游戏，能坐在大篮子里和从沙发顶上滑下，或者在桌子下面钻爬。

（5）对户外场地也有相同的要求。尺寸、景观可以变化，有无数的小物件，如石块、植物、蚂蚁；有能够变动的空间，如空间足够开展挖洞、造小屋、玩体育游戏。

只有以上主要要求都实现以后，布娃娃、小马车和箱子里的游戏用品才能发挥适当的作用，才能进入儿童的生活。

## 二、良好的幼儿园游戏环境的价值

幼儿园的游戏环境是幼儿进行游戏的基本条件，对幼儿的身心发展具有重要的意义，它虽然不直接决定幼儿的发展，但是可以通过对幼儿活动的影响，间接地影响幼儿的发展。其价值主要表现在以下两个方面：

### （一）有利于幼儿开展游戏，保障游戏成为幼儿园的基本活动

合理的游戏环境以及游戏环境中安全的游戏设备、丰富多样的玩具材料是幼儿游戏顺利开展的物质基础。幼儿具体形象的思维特点，决定了幼儿年龄越小，进行无所凭借、徒手游戏的难度越大，因此，幼儿游戏需要一定的玩具材料辅助推进游戏。适宜的设备、多样化的材料为幼儿游戏提供了适度的刺激和必要的支撑，从而保证游戏能够顺利进行。幼儿在探索、操作游戏设备材料的过程中，发现、开发设备材料的新用途、新玩法，使游戏更丰富、更多变。

大多数幼儿教师是非常赞同“以游戏为基本活动”的理念的，但是在教育实践中，限制幼儿游戏行为的现象时有发生。究其原因，既受到部分教师的教育思想传统落后的影响，也有教师对游戏环境的规划不合理、利用不充分的因素。例如，有的幼儿园室外环境区域分割不合理、大型玩具摆放没有考虑安全性、合理性和实用性，使其不能被充分利用，幼儿在室外的游戏活动受到限制。图4-5中室外的体育器材距离绿化植物如此近，还可以供幼儿使用、玩耍吗？如果不能，其存在的价值何在？

图4-5 室外体育器材

由于幼儿园室内空间狭小，根本没有地方设置大型游戏区域，导致游戏种类单一，室内游戏活动以积木、插塑、手工绘画和阅读为主，鲜少出现角色游戏。有的室内活动区域的布置没有考虑动静分开原则，游戏规则不明确、材料摆放随意无序，这样的结果就是孩子在区域游戏时吵闹喧哗、争执不断、纠纷频发。这些现象的出现，都是由幼儿环境规划不当所致，这使“以游戏为基本活动”成为一句空话，与幼儿教育的宗旨相背离。游戏环境关系幼儿游戏的顺利进行，关系游戏的质量和效果，关系教育理念到教育实践的转变和质量提升。

因此，应在充分了解每名幼儿的基础上，为幼儿创设良好、有序的游戏环境，让幼

儿在其中找到自己喜爱的游戏空间和操作材料，产生探索环境的兴趣和积极性，并利用已有的经验展开游戏。教师将自己教育意图渗透在丰富、系统的游戏环境中，幼儿通过与环境、同伴、教师的互动，朝着教育目标的方向发展。这样的游戏活动是幼儿发展的重要基石和推动器。

### （二）有利于教师形成正确的儿童观和游戏观

教师要创设良好的游戏环境，就要了解幼儿、了解游戏，明确什么样的游戏环境能够促进幼儿的发展，什么样的游戏条件更能激发幼儿的游戏行为。教师在完成这些教育行动的过程中，其儿童观、游戏观等是动态变化的。环境作为重要的隐性课程、无声的老师，潜移默化地影响教师和幼儿。教师在指导幼儿游戏的过程中，如果把幼儿看成环境的被动适应者，他就会把指导重点放在游戏过程上，时常干预、指导幼儿的游戏行为和内容，导致游戏中的老师忙忙碌碌，幼儿却并不开心，或是离开老师的指导，幼儿就茫然不知所措。这种游戏还是幼儿自己的游戏吗？答案是否定的，这样的游戏势必会影响游戏自身价值的实现和幼儿的发展。教师要想创设良好、有序的游戏环境，就要正确认识幼儿在游戏中的地位，充分了解幼儿的游戏发展水平，在此基础上，为幼儿准备符合其发展需要、游戏水平并能促进其发展的游戏环境。这就要求教师转变其指导游戏的重点，将评估幼儿的发展水平以及幼儿的发展需要什么列为重点。这样转变的前提是对幼儿看法的改变，幼儿游戏不是教师指导的结果，而是幼儿自发、自主的行为，幼儿是游戏的主人，他们在与环境的互动中获得发展。教师创设良好的游戏环境的前提是具有正确的儿童观和游戏观，且教师在创设游戏环境的过程中，不断地更新、丰富、充实其儿童观和游戏观的具体内容。

## 三、幼儿园游戏环境的要求

幼儿园游戏环境的价值并不是自然而然实现的，良好的游戏环境是可以吸引和带动幼儿积极、主动、自由地参与游戏活动的。那些不考虑幼儿的年龄特点、空洞、乏陈的游戏环境是无法吸引幼儿的注意力，无法引起幼儿与环境的互动的。所以，创设丰富多样、积极有效的游戏环境才能支持和引导幼儿的游戏活动，才是符合幼儿身心发展特点的教学方式。即幼儿园游戏环境需要符合一定的基本要求，主要包括安全性、丰富性、发展性和参与性。

### （一）安全性

由于幼儿的年龄小，发育还不成熟，缺乏自我保护能力，因此幼儿园游戏环境的基本要求就是保障幼儿安全，既包括身体安全，也包括心理安全。好动是幼儿的年龄特点，特别是在户外的自由活动中，由于幼儿本身的判断力较弱，神经又极度兴奋，对可能发生的事故及事故后果的预见性差，从而极容易发生意外，如容易在奔跑中摔倒、磕伤、撞到同伴或外物等。因此，游戏场所要宽敞、少障碍物，便于通行和玩耍，尽量消除安全隐患；玩具材料的摆放要安全、牢固、结实，便于幼儿取放和使用；室内要经常通风、消毒，保持空气清新，并有充足的采光；电源插座等要放在幼儿伸手触及的范围之外，以免发生意外；室内的各种设备和户外的体育游戏器械要定期检查、检修、消毒，保证卫生、安全。心理安全是指游戏中要有民主、宽松的游戏氛围，主要包括亲切友爱的师幼关系和互帮互助的同伴关系。在这样的游戏氛围中，幼儿有充分参与游戏的机会，并在游戏中受到老师、同伴的欢迎和尊重。在游戏过程中，幼儿享有一定程度的自由来进行游戏，能按照自己的意愿、兴趣和经验开展游戏。例如，在具有一定挑战性的游戏里，幼儿可能会有胆怯、害怕的行为出现，而这种行为不应当被嘲笑或否定。安全的游戏环境是幼儿健康成长的保障，只有在安全的游戏环境，幼儿才能充分、自由、主动地开展游戏活动。所以，教师在游戏前一定要先检查场地、设备和玩具材料，排除不安全因素，预测游戏中可能会出现的问题，并尽可能地提前叮嘱幼儿，并在活动过程中认真、细致地监督游戏活动，随时观察幼儿的游戏情况，预防意外的发生。

### （二）丰富性

游戏环境是为了激发幼儿的好奇心和求知欲，引导幼儿朝着教育目标的方向发展。因此，要结合幼儿园课程发展的需要、幼儿的发展需要和兴趣，并结合本园的物质环境条件，创设丰富多样的游戏环境，环境既要是幼儿熟悉的，又能促使幼儿积极、主动地探索，在探索中发现问题、解决问题，学习和寻求有用的知识经验，发展能力。幼儿要在环境中成为主动的探索者，而不是被动的适应者。无论是室内还是室外的游戏环境，都要尽可能形式多变、内容丰富多样，既能开展集体游戏活动，又能进行小组和个人游戏；既便于教师组织各种教学性游戏活动，又能激发幼儿自由游戏的意愿和主动性。游戏方式可以根据游戏的需要随时调整，例如，可以让幼儿排成一排做游戏，也可以围成圆圈做游戏。游戏空间上，既可以给幼儿提供开放性的游戏空间，也能满足幼儿对半开放、半封闭游戏空间的需要。幼儿的游戏机会越多，他们获得发展的可能性越大。同时，游戏环境中的玩具和材料也应该是数量充足、丰富多样的，能满足幼儿好奇、好玩、探索的游戏需要。并且，玩具材料要随着幼儿的兴趣、需要进行调整和补充。幼儿的年龄不同，对于玩具和材料的要求也不一样，因此，教师投放时要考虑其针对性和适应性。

### （三）发展性

游戏环境要能激发幼儿的探索行为，培养创造性思维，满足发展需要。为此，游戏环境中的场地和设计应该以幼儿现有的知识经验水平为基础，并能丰富、提升幼儿的知识经验、能力水平。其实，幼儿乐于寻求挑战，以提升自己。所以游戏环境要以促进幼儿发展为原则，具有一定的挑战性。游戏环境中，幼儿要能拥有令其振奋，并需要付出积极努力的游戏机会，富有吸引力、满含挑战性的游戏环境，从而能引导幼儿心理、身体的积极发展。为此，教师要提供符合幼儿需要、能力水平的环境和游戏材料，同时注意个体差异，让幼儿根据自身发展水平来吸收环境所提供的信息，为幼儿积极主动参与游戏创造机会。这就需要教师时时以促进幼儿发展为中心，合理设置环境、投放材料，并能根据幼儿的需要和游戏水平的变化随时进行适当的改变和调整；维持环境的动态平衡，使它始终保持在适合幼儿发展的状态。例如，在厨房游戏中，教师提供的操作材料全是成品，刚开始确实激发了幼儿的游戏兴趣，但几天之后，幼儿就很少来玩了。经过观察教师发现，成品的游戏材料只是符合部分幼儿的操作水平，于是将部分成品材料调整为半成品材料，又提供了一些新的操作材料，其中既有原始材料，又有半成品材料。幼儿的游戏兴趣很快被再次激发出来，很多幼儿来到厨房游戏区选择材料、主动操作，愉快地进行厨房游戏。

### （四）参与性

游戏环境创立不应该仅仅是美化环境，更重要的是能够吸引幼儿参与，让幼儿与其互动。所以，教师要为幼儿提供适合其年龄特点、发展水平和个体需要的各种环境和材料，让幼儿在与环境的相互作用中获得发展。例如，投放一些能刺激幼儿感官、操作性强的材料，吸引幼儿参与、操作。教师在创设幼儿园的游戏环境时，要建立在观察幼儿游戏的基础上，倾听幼儿的想法，并和幼儿一起讨论，让幼儿参与到环境、环境创设中，这样的游戏环境才能更加符合幼儿的游戏需要。所以，游戏环境应该具有开放性、互动性、参与性，并符合幼儿的年龄特点。开放、互动的游戏环境是指幼儿处在游戏环境中时有一定的自由和自主权。例如，幼儿对游戏的时间、空间有一定的支配权；游戏的玩具材料是共享的，可以随意取用；游戏氛围应该是平衡、可互动、和谐的。幼儿参与的游戏环境是指游戏环境的布置需要满足幼儿的探索和操作，是让幼儿有事可做的环境，并不是让幼儿静候安排（见图4-6）。只有让幼儿在环境中有事可做，才能使幼儿产生持久的游戏兴趣和主动性。符合幼儿年龄特点的游戏环境是指环境既能满足幼儿的发展需要，又能促进幼儿的发展。只有符合幼儿年龄特点、幼儿需要的游戏环境，才是幼儿愿意参与其中的环境。只有幼儿参与其中的游戏环境，才能让幼儿意识到自己是游戏的主人，才能积极主动地进行游戏，才能获得最大限度的发展。

图4-6 可操作的户外环境

## 第二节 幼儿园游戏的物质环境

幼儿园的游戏环境包括物质环境和心理环境，物质环境又可以分为室内环境和室外环境。对于幼儿而言，室内和室外的环境都是非常重要的生活、学习和游戏的场所。但是，由于室内和室外环境在空间利用和功能等方面存在差异，因此创设室内环境的内容、要求是不同于室外环境的。

### 一、幼儿园室内游戏环境

幼儿在幼儿园一日生活的大部分时间都是在室内度过的，所以室内游戏环境设置是否合理、材料投放是否丰富、游戏氛围是否宽松和谐，对幼儿游戏行为的激发、游戏水平的深化都有着非常重要的影响。

### （一）室内游戏环境规划的内容

幼儿园室内游戏环境主要包括幼儿园多功能游戏室、班级活动室和划分给该班的相对独立使用的区域（一般是与该班距离较近的走廊、墙裙、栏杆、楼道）和公共区域。室内游戏环境规划的内容包括：空间利用、活动区设置与材料安排、墙面与顶面规划、走廊空间及地面规划。

园级功能室是为幼儿进行特定活动提供的较系统的专门场地，为幼儿进行跨班交往活动及相关综合性活动创造条件，一般包括美劳室、阅览室、电脑室、科学发现室、陶艺室、感统训练中心等。根据各功能室的功能及特点，可以有针对性地规划。下面结合班级室内游戏环境规划的案例进行分析并提出建议。

#### 1. 空间利用

空间利用指教师充分考虑幼儿发展目标、课程要求和本地本园特色等因素，因地制宜地规划幼儿活动室的立体空间，将活动室划大致分为三个基本结构区——卧室、盥洗室和活动室，并合理利用各区的墙、门、窗、柱、台等各种建筑元素，创设适合开展幼儿室内游戏的游戏区域。鉴于我国人口众多造成的空间密度大的实际情况，在室内游戏环境创设中，要注意提升空间利用率。例如，室内利用层叠空间的方式，开辟出一片新的空间，以增加空间使用率（见图 4-7）；将幼儿的床铺采用层叠的方式放置，既可以让幼儿美美地午休，又可以提高室内空间的利用率，增加幼儿活动室的活动面积（见图 4-8）。

图4-7　室内层叠空间

图4-8　层叠床

另外，在空间利用中要注意规划适宜的通道和空置空间，便于幼儿在区域内畅通无阻，自由支配室内空间。

#### 2. 活动区设置与材料安排

活动区是幼儿在室内游戏活动的主要区域。教师要根据幼儿的需要与兴趣，以及最近的教育活动内容将室内活动环境划分成若干具体的区域，并提供与区域相关的不同的材料。活动区的游戏空间在外形、大小、位置上都可以有很大的变化，空间的设计可大可小，可开放也可封闭，可为独立分隔的区域或将多个区域组合。这些安排都应依据活动室内的大小、幼儿人数和游戏活动的特点进行规划。

下面介绍几种幼儿园常见的活动区及其材料安排：

（1）阅读区。阅读区应设置在安静、自然采光比较好的位置。阅读区应放置适合幼儿年龄的各种读物，包括买来的或者手工制作的图书、杂志和画册等，还要有桌椅或者地毯、靠垫等阅读时所用的设施。阅读区应该给幼儿营造温馨、舒适感。在阅读区还应备有固体胶、纸条、安全剪刀、胶带等物品，供幼儿随时修补图书。

（2）建构区。建构区可以分为小型建构区和大型建构区两种，但无论哪种都需要一块宽敞和安静的场地。最好能在地面铺上坐垫或地毯，减小噪声。建构区的主要材料是各种积木、积塑等拼插玩具，还可以是生活材料、自然材料。建构区是非常吸引幼儿的区域，往往可能产生象征性游戏，所以可以把建构区设置在角色游戏区附近。

（3）益智区。益智区是以各类操作材料为载体，幼儿通过操作、摆弄、尝试等方式在游戏中解决问题、完成任务的个别化自主探究学习区域。益智区的操作材料主要有拼图、插板、棋类、串珠、数字卡、拆装玩具、观察材料。益智区需要一个相对安静的环境，操作材料应就近放在玩具架上，方便幼儿取放，还要有供幼儿操作的桌子或地毯。

（4）美工区。美工区主要是让幼儿涂鸦、绘画、折纸、做手工的区域，幼儿通过绘画、手工制作来表达自己对周围世界的认识和理解，发展感受美、表现美和创造美的能力。美工区的操作材料主要包括各种纸张、颜料、橡皮泥、超轻黏土、安全剪刀、胶水，还要有可供幼儿操作的桌子，用于展示幼儿作品的展示台或展示架。美工区需要有足够的光线，且位于靠近水源的地方。

（5）角色游戏区。角色游戏是幼儿非常喜欢的游戏，是幼儿通过模仿和想象，扮演角色，创造性地再现现实生活，进行以物代物、以人代人的游戏。角色游戏的场景很多，如娃娃家、医院、超市、邮局、理发店、厨房、银行。教师可依据游戏场景的不同而提供不同的材料。例如，对于“娃娃家”，教师可以提供娃娃和娃娃用品，如衣服、帽子、小床、小沙发，还可提供烹饪和进餐工具。角色游戏区应该宽敞明亮。

（6）表演游戏区。表演游戏是以幼儿文学作品为蓝本，幼儿扮演其中主要的角色，通过对话、动作、表情再现文学作品的游戏活动。表演游戏突出“表演”，所以需要有小舞台、服装、道具、木偶、布景等。表演游戏区是一个相对热闹的区域，所以要远离阅读区、益智区等安静的区域。

#### 3. 墙面与顶面规划

墙面是引导幼儿主动学习的潜在教育因素，体现了渗透性的教育原则，对幼儿的发展起着“润物细无声”的作用，也是游戏性和教育性相结合的体现。墙面可以作为区域活动的辅助形式（见图 4-9），可以给幼儿提供更多的动手、动脑操作的机会，因此要注重墙面环境创设中幼儿的参与度。例如，墙面可用作幼儿的作品展示区、家园交流区，设置主题栏（见图 4-10）、亲子栏、生日栏、幼儿作品栏、出勤栏、新闻栏、值日生栏。顶面以幼儿作品或幼儿园重大活动吊饰作为装饰（见图 4-11），它是相关教育活动的一种辅助、延伸。所有材料布置高度都应考虑幼儿的年龄特点。

#### 4. 走廊空间

由于走廊主要是幼儿来往的通道，因此在走廊不是很宽的情况下，一般不会用作活动区域，而是充分考虑利用走廊的地面和走廊两侧的墙面和廊柱。例如，在小班幼儿常走动的通道两旁，用不同质地的材料制作可触摸的小动物工艺品；在天花板上吊挂能发出各种声音的风铃。幼儿通过时，既可欣赏美丽的环境又可触摸可爱的小动物、感知风铃美妙的

声音。此外，也可将廊柱充分利用起来，作为活动的辅助形式（见图 4-12）

5. 地面规划

在创设室内游戏环境时要充分考虑利用地面开展有教育价值的游戏活动。例如，可粘贴导向标志、几何形体、动物脚印、数字、字母、迷宫和跳房子的格子（见图 4-13）。

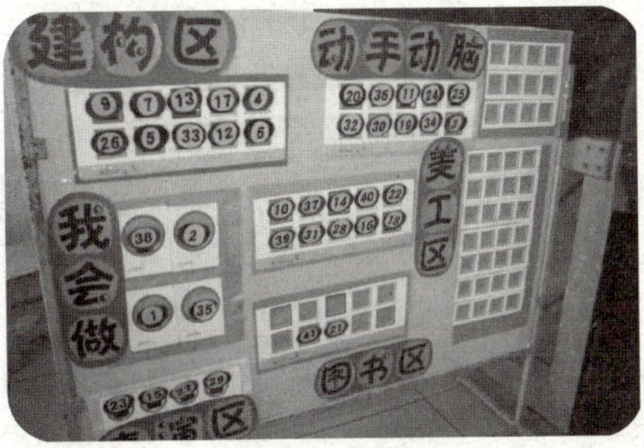


图4-9 墙面

图4-10 主题栏

图4-11 吊饰

图4-12 廊柱装饰

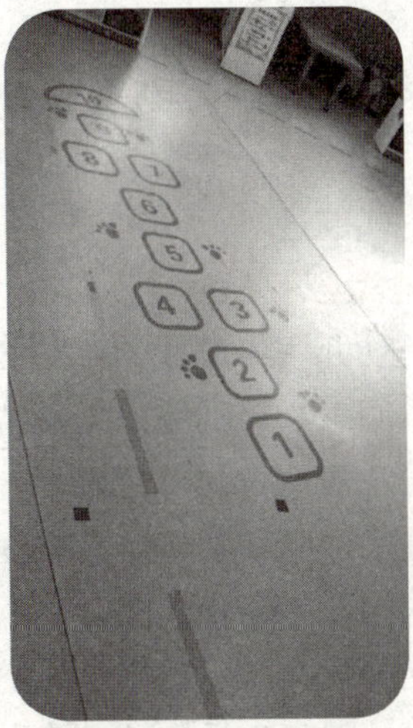

图4-13 地面装饰

### （二）室内游戏环境创设的要点

#### 1. 合理充分利用空间

由于每个幼儿园，甚至每个活动室的物理空间结构、场地条件和特色各不相同，因此在进行室内游戏环境创设时，要根据本园、本班活动场地的条件因地制宜地规划空间。

室内环境不仅仅是用来开展游戏活动的，还要进行集体活动、生活活动等，所以室内空间的规划应该综合考虑、统筹安排。前面提到，我国幼儿园中存在幼儿多、空间小的实际情况，教师要根据本班室内的空间结构、幼儿的需要和教育任务要求，将室内的地面、墙面和顶面这个三维空间充分地利用起来，利用一切可以利用的元素和空间，尽可能地给幼儿足够、适宜的游戏空间。

#### 2. 适当划分各个区域并明确标示边界和规则

室内是一个相对封闭的空间，但因为幼儿在室内的游戏活动类型不同，所以特点和所需的环境也各不相同。有的游戏需要安静的环境，如阅读、绘画；有的游戏一旦进行起来则比较喧闹，如角色游戏和大型积木游戏；有的游戏需要用到水，如浇花。如果在一个大的、不做分割的教室里，幼儿游戏场面就会显得混乱，幼儿间也会相互干扰。因此，教师要充分考虑班级环境的布局，考虑幼儿之间可以相互交流、共同合作又互不干扰，要将整个活动室进行区域划分。

教师可以遵循干湿分区和动静分区的原则，将活动室划分为 4 块不同性质的活动区域：需用水的闹区——自然区等；需用水的静区——沙水区、美工区等；不需用水的闹区——角色游戏区、表演游戏区等；不需用水的静区——图书区、益智区等。这种划分方式既保证了活动区动静分开、避免相互干扰，又满足了不同活动区域的特殊需要，如美工区需靠近水源，建构区需场地宽敞便于幼儿操作。

图4-14　建构区规则

划分区域之后，边界应当明显，便于幼儿明确游戏场地和游戏范围。幼儿园一般采用以柜子、架子进行隔断的方式。而且每个区域都要根据区域的实际情况，建立规则，用图形、符号或简单文字进行标示（见图 4-14）。幼儿以此约束自己的行为，这样利于游戏的进行。

#### 3. 兼顾固定游戏区和临时游戏区

室内活动区是幼儿室内游戏的主要区域，所以尤其要重视活动区的设置。设置活动区时可以根据室内空间大小、幼儿的年龄特点和课程、季节变化情况采用固定区域和临时区域相结合的方式。一般而言，每个班都会有固定的活动区。固定活动区的环境是相对稳定的，且活动区环境已经暗示幼儿此活动区的游戏主题，这对年龄较小的托班、小班幼儿而言是适用的。因为幼儿年龄小，在自主意识方面还有很大的发展空间，环境给幼儿一定的暗示，能较好地指导幼儿游戏。但是，随着幼儿年龄的增长、主动性和自主性的发展，他们的游戏主题更多地源自生活中的经验和兴趣，这时候固定活动区环境的暗示作用反而成了幼儿游戏行为的限制、束缚因素。因此，增加临时游戏区以适应幼儿自主意识的发展就显得很必要了。这样既为幼儿提供了稳定有序的游戏环境，又能满足幼儿临时生成游戏的需要，以便幼儿开展更高质量的游戏，从而促进幼儿更好发展。

#### 4. 合理规划通道和空置空间

设计室内的空间时可将活动室划分为 3 个基本结构区，又可细化为多个活动区域。幼儿需要穿梭于各个活动空间，因此需要室内通道。如果室内通道不通畅，就很容易造成幼儿行动的混乱和室内秩序的紊乱，因此室内环境创设要因地制宜，安排宽敞的、可延伸的、容易辨认的、行走顺畅的通道。适时配合必要的地面线条、图形等标识，辅助建立良好秩序。明确的通道能够使幼儿在教室里、区域间行走自如、活动便利。

拓展阅读：
教师的困惑

室内空置空间的设计是否合理，是评估活动空间的一个重要指标。一般来说，房间（庭院）的 1/3 至 1/2 的表面不应被覆盖，即应当留有通透之处，这样才能增进环境空间的效能。班级幼儿人数越多，需要的空置空间就越多。

## 二、幼儿园室外游戏环境

对幼儿而言，户外总是充满诱惑和刺激，户外能为幼儿从事自由探险活动提供很多机会，同时也是幼儿亲近大自然的活动场所，幼儿可以在其中探索、想象，并获得与室内截然不同的乐趣与欢悦。创设室外游戏环境的初衷是为了激发幼儿的想象、探索活动，满足幼儿室外运动和游戏的需要，促进幼儿身心全面发展。所以，室外游戏是幼儿生活中不可或缺的重要内容，幼儿园要重视规划室外游戏环境。

### （一）幼儿园室外游戏环境的构成

不同的室外游戏需要不同类型的游戏环境，包含游戏设施和游戏场地。不同的游戏设施和场地可以给幼儿带来不同的游戏乐趣和心理体验。

#### 1. 运动器械区

运动器械区主要是指放置攀登架、滑梯这样的大型组合玩具和秋千、跷跷板、旋转椅等中型器械的区域（见图 4-15、图 4-16）。这些设备主要引发幼儿的机能性游戏，幼儿可用来练习大肌肉动作。这种游戏场地容易维护，也较容易融入当地的建筑风格，不过设备功能单一，只能用于一些特定种类的游戏，无法满足幼儿的个别需要。而且，此类游戏设施所占空间较大，需要根据幼儿园室外空间场地的大小来安排它们的位置和布局，以达到既节约成本，又方便幼儿选择、便于教师观察指导的目的。

#### 2. 集体运动场

集体运动场主要用于全员做操或体育教学活动，要求空间宽敞、地面平坦（见图 4-17）。该空间可以开展集体游戏或小组游戏，可以开辟幼儿骑车和推车的车道，可以独立出小班的软游戏区，软游戏区的游戏地面可以适当软化，铺设人造草坪或者自然草坪或者纯天然的沙土地，也可以保留土质地面，不用水泥或砖块等硬化材料，这样可以避免出现安全事故。集体运动场地可以开展各种游戏活动，尤其是小型自制玩具的户外游戏，如沙包、轮胎、球类、绳类、圈类。四周可以种植高大乔木，保证夏季提供绿荫，方便避暑。

### 3. 种植区、养殖区和自然区

幼儿园可以以班级为单位开辟一块土地，用于种植和养殖（见图 4-18）。种植区提供给幼儿观察植物、体验播种、栽培、施肥、浇水等种植活动的机会，他们可以了解植物的生长过程、植物生长与外界环境的关系。养殖区是让幼儿通过照顾小动物了解动物的生活习性，提升对小动物、小生命的热爱之情。幼儿园也可以利用现有的场地，或利用瓶瓶罐罐进行种植养殖。室外游戏场地还可以有一块包括多种植物的自然区或绿地，为幼儿提供观察鸟类、昆虫等自然生物的机会。这样的游戏场地能激发幼儿的好奇心、探索的欲望，促进观察能力和动手操作能力的发展，还可以通过操作增强幼儿的责任感和爱心。

图4-15　滑梯

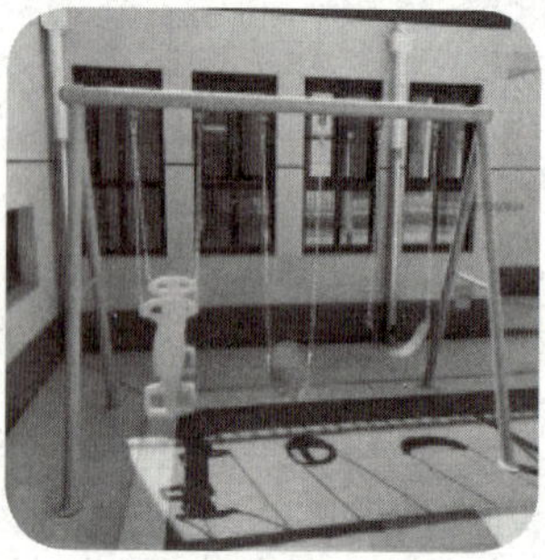

图4-16　秋千

图4-17　集体运动场

图4-18　种植区

### 4. 沙水区

沙、水都是常见的自然资源，也是幼儿喜欢的游戏材料。在玩沙区，幼儿可以通过玩沙来练习铲、挖、堆、叠、装等动作技能，还可以了解沙子的特性，同时促进想象力的发展，提高创造性表达和表现的水平（见图 4-19）。幼儿园可以为幼儿提供一些工具，如铲子、小桶、小筛子和小耙子等。沙池可以设在墙边或树荫下，位于幼儿园园舍的边缘地带，在周围用废旧汽车轮胎等进行软化处理。玩水区可以根据空间需要安排喷泉、游泳池、鱼池、瀑布等，让幼儿观察水的流动和状态，感受水流的速度和流量大小等变化（见图 4-20）。在保障安全的前提下，可以设计一块能让幼儿用手和脚感知的浅水区，水里可以养小鱼、蝌蚪或荷花等不同动植物，既可观赏，又便于幼儿玩耍。

图4-19 玩沙区

图4-20 玩水区

5. 游戏屋

教师可将室外的空置空间，如一座蘑菇亭或者一个简易的小屋，当成休闲的游戏屋。这里可以成为幼儿说话聊天、独自思考、捉迷藏、说悄悄话的地方。既可以促进幼儿的社会性交往，也可以供幼儿独自游戏使用。这会让幼儿的室外游戏充满趣味。游戏屋可以是幼儿园刻意设计的小城堡、小木屋，也可以利用帐篷、纸箱等为幼儿设计简易小屋，但是无论哪种，都需要有敞开的门或窗，便于幼儿在教师的视线范围内活动（见图 4-21、图 4-22）。

图4-21 城堡

图4-22 木屋

6. 山坡和山洞

爬土坡和钻山洞是幼儿很喜欢的游戏，这种自然环境下的钻钻爬爬甚至比精美的滑梯、秋千更吸引幼儿。所以，幼儿园可以利用地势，设计一些有坡度的地面，也可以挖一些弯弯曲曲的山洞。如果能让幼儿和泥土亲密接触，会给幼儿的室外游戏增添无穷的乐趣（见图 4-23）。

图4-23 山坡和山洞

7. 涂画墙

户外涂画墙的优点在于拥有观察自然的机会和条件，幼儿对在户外画画的兴趣远远大于室内在桌面上画画，幼儿可以自由地使用水彩笔、粉笔、刷子甚至直接用手进行绘画，这样酣畅淋漓的活动不仅有助于幼儿提升美术技能，也利于幼儿宣泄消极情绪。幼儿园也可以在户外为幼儿设计一面自由涂画墙，可以擦掉、重复使用，如黑板、易于擦洗的瓷砖。

## （二）幼儿园室外游戏环境创设的要点

### 1. 因地制宜，尊重原生态的自然风貌

室外活动环境是幼儿与自然、幼儿与自我、幼儿与幼儿相互交流、相互融通的生态场域，要体现人与自然环境的和谐统一，遵循因地制宜的原则，保存原有自然风貌并加以利用，例如，在围墙、栏杆旁种植爬蔓植物，利用户外的树木设置秋千、攀爬绳，利用自然的坡、沟设置游戏场。因地制宜，首先要注意与自然环境的和谐，沙、土等自然的、多功能材料的运用，可以增加游戏场地与材料的可变性和互动性。不要让拙劣的人造物掩盖或完全取代原来的自然环境风貌。为幼儿提供一个富有创造性的游戏场地，最经济的做法是保留其原始、自然的风貌，还可以据此创建具有本地生态特色的幼儿园环境。

### 2. 合理布局，综合考虑

环境创设，尤其是室外环境创设要综合考虑、合理布局。因为室外环境和场地的不易更改性，使得一旦设计完成便不能轻易改变，如运动器械区、沙坑、玩水区等区域的造型和面积。合理设置室外游戏区域，要保证既有集体活动的大空间，也有幼儿分散活动的中、小空间，甚至有属于个人的私密空间。各种游戏设施和游戏区域的分割既相对独立又相互连通；既有利于幼儿交往，又有利于教师观察指导。另外，规划室外游戏环境时还要考虑幼儿的发展需要，为幼儿提供能促进其发展、充满童趣的活动环境和设施，让幼儿在自然、快乐中感受、体验户外活动的乐趣。

### 3. 体现整体性和挑战性

室外游戏环境创设是为了促进幼儿全面和谐发展，要以能够促进幼儿身体、认知、社会性发展为目标来创设相应的环境，因而在规划中必须考虑整体性。既要有运动器械区、沙水区，还要有涂画墙和休闲游戏屋。另外，室外环境充满了刺激和挑战，而幼儿又有追求刺激的需要，因此，在保障幼儿安全的前提下，给幼儿创设一些具有挑战性的环境、设施，这不仅可以满足幼儿游戏和探索的需要，还符合幼儿的年龄特点和学习特点。幼儿在充满刺激和挑战的环境中，既提高了身体素质，又产生了好奇心和探索欲望，还习得了坚忍的意志和持之以恒的品质。

### 4. 注重安全性

安全性原则在本章第一节幼儿园游戏环境的要求中已经提及。但是，尤其要注意室外游戏场地是幼儿容易受伤和发生意外事故的地方，因此，在规划幼儿园室外游戏环境时，应尽可能地考虑任何会对幼儿安全造成影响的因素，尽可能地降低活动场地、游戏设施的危险性，使幼儿能安全、快乐地在室外环境中游戏、成长。例如，室外游戏场地所使用的材料应当耐用、无毒、经济，能牢固地固定和安装，便于养护和维护，无安全隐患，尽量

以木制品代替金属制品，对尖锐突出物进行安全处理；定期检修室外游戏设备，并做好检查记录，及时修护具有安全隐患的设施；铺地的材料使用无毒的橡胶地垫、人造草坪、硬沙土、自然草地，以减少摔倒造成的损伤；经常进行一些基本的安全自护常识教育活动，强化幼儿安全意识也是非常必要的。

拓展阅读：幼儿园环境的总体色彩设计

# 第三节 幼儿园游戏的心理环境

有效开展游戏活动，除了依赖良好的物质环境外，还需要和谐的心理环境。良好的心理环境，可以使幼儿积极、主动地投入游戏。因此，教师需要重视游戏心理氛围的创建，给幼儿营造一个开放、独立、自主的探索环境，从心理上支持幼儿的游戏行为。

## 一、幼儿园游戏的心理环境及其内容

心理环境的概念最早是由美国心理学家库尔特·勒温提出的，它是指影响个体现实心理活动的各种因素，包括现实作用于个体的刺激或信息及其系统和一个人自己的心理状态、意识倾向。心理环境一般由人际关系、文化观念等因素结合在一起从而形成一种氛围。这种氛围的性质决定着人的“自我”是否能被挖掘、发展和完善，决定着人的潜能是否能被最大化地激发出来，决定着人的创造能力、应变能力和操作能力等多种能力是否能有效形成。

幼儿园游戏的心理环境包括游戏中的个体的人际关系、情绪状态和游戏氛围，其中人际关系包括师幼关系、同伴关系等，是幼儿园游戏的重要组成部分。鉴于游戏是幼儿教育的基本活动形式，心理环境在很大程度上决定着幼儿能否健康成长。游戏的心理环境决定着幼儿在游戏中的情绪体验、自由程度，决定着幼儿在游戏中能否放飞自己的想象力，这3个方面几乎是游戏本质的核心内容。所以，良好的游戏心理环境能使幼儿在活动时产生积极愉悦的情绪，有助于幼儿形成乐观、自信的性格特点，有助于形成自主、自立的品质，有助于活跃幼儿思维、开发智力。

游戏的心理环境主要包括作为外因的和谐的人际关系和作为内因的幼儿的知识经验准备。和谐的人际关系主要包括师幼关系、同伴关系、教师与教师之间的关系和教师与家长之间的关系4个方面，其中师幼关系和同伴关系是主要的两个关系，是决定着游戏氛围的基础关系。

## 二、幼儿园游戏的心理环境创设的要点

良好的游戏心理环境对幼儿的发展起着巨大的促进作用，但是并不是所有心理环境的作用都是积极的。营造和谐、民主、平等、合作的游戏氛围是需要教师和幼儿共同努力的，

尤其是作为专业工作者的教师的努力。而且，不能将心理环境的创设孤立在游戏之外，而要放在游戏、幼儿教育这样的大环境、大系统中通盘考虑。例如，开放的游戏物质环境是良好游戏心理环境形成的基础。因此，幼儿园游戏心理环境的创设要把握以下要点：

### （一）建立和谐、民主、平等、合作的师幼关系

游戏中，教师和幼儿平等关系的建立与否会影响教师的言行、对待幼儿的态度以及幼儿在游戏中的言行和表现，进而影响幼儿游戏的开展。为了建立和谐、民主、平等、合作的师幼关系，教师要在游戏中支持、鼓励幼儿的游戏。教师除了在物质上为幼儿提供数量充足、有趣好玩的玩具材料外，更重要的是在游戏中从言、行两方面注意支持幼儿的游戏。首先，在游戏中，教师与幼儿交流时，要以协商、启发、建议等肯定、积极的语言，体现对幼儿的尊重和信任，这是形成和谐师幼关系的一个前提。教师肯定、积极性的语言，有利于幼儿自主性的发挥，有利于幼儿想象力的发展，这都是游戏顺利开展、进行的基础。教师肯定、积极的语言还包括眼神、手势等肢体动作。在游戏进行的关键时刻，教师一个鼓励探究的或者示范性、提示性的动作所给予的肯定与帮助对游戏的继续可能起着至关重要的作用。在游戏过程中，当老师的眼神、手势的鼓励和提醒不能对游戏发挥积极作用时，其行为上的支持就势在必行了，指导幼儿换一种游戏方式、提供新的材料支撑、甚至教师亲自加入游戏。直接指导的表现方式都是在行为上支持幼儿和幼儿游戏。

拓展阅读：孩子喜欢和不喜欢的幼儿园教师

### （二）帮助幼儿建立宽容、互助的同伴关系

幼儿与幼儿之间的同伴关系是幼儿心理成长与发展的一个重要社会性因素。同时，幼儿与同伴作为游戏共同的参与者，对游戏的开启、进行、深化起着非常重要的作用。在游戏中，同伴之间相互帮助、协商、交换玩具都为游戏顺利进行增加了可能性。良好的同伴关系可以促进幼儿游戏的主动性、积极性，也是幼儿游戏环境的重要内容之一。游戏中良好的同伴关系的形成需要两个方面的努力：一方面是教师的指导。幼儿以自我为中心的年龄特点，使得他们很少能理解别人的观点和感受，在同龄班中，幼儿之间达成较大程度的一致性的阻力是比较大的。这个时候，教师的指导就显得非常必要了。教师的指导首先体现在直接带领幼儿开展游戏、解决问题、达成一致，这是自上而下的解决方式，干脆有效，但是容易让幼儿形成过分依赖老师的习惯。所以教师可以通过细心观察、在班级中树立正面榜样，指导幼儿自己解决问题、达成共识。另一方面是教师要为幼儿提供合作游戏的机会，让幼儿在合作游戏中增强交往的意愿，体验合作游戏带来的乐趣。例如，教师可在角色游戏中让幼儿扮演各种不同的角色，以此来体验各种角色的思想感情、行为经验，并与同伴积极地交往。幼儿之间相互协商与宽容，这是在合作的实践中慢慢形成并发展的。

### （三）尊重差异

我国多数幼儿园采取年龄编班的方式。虽然同一年龄班的幼儿年龄相当，但是还是有一定差异的，并由此带来在发展水平上的差异性。此外，不同的幼儿在生理、心理上的成长也存在差异。因此，同一班级里面的幼儿，发展水平较高的幼儿已经会进行角色游戏，

而有的幼儿只是在旁观；有的已经能与同伴合作游戏，有的幼儿还处于平行游戏的阶段。此外，气质类型、个性及性别的不同都会影响幼儿的游戏水平、偏好的游戏类型等。《儿童的一百种语言》中提道："孩子有一百种语言，一百双手，一百个念头，一百种思考、游戏、说话的方式；还有一百种聆听的方式，惊讶和爱慕的方式……"这样的差异导致教师在游戏中的一句话、一个动作、一个眼神都会对幼儿产生暗示作用，或是积极的，或是消极的。幼儿心理尚未成熟，缺乏自主意识，行为更多受情绪控制，情感也稚嫩脆弱，因此需要成人的保护与关爱。这就要求教师在创设游戏心理环境时充分考虑到个体差异，并在游戏过程中观察幼儿，了解不同幼儿的游戏发展水平，尊重幼儿之间的差异，使处于不同游戏水平幼儿的游戏需要都能得到满足。

#### （四）重视幼儿知识经验的积累

幼儿自身知识经验的准备对幼儿游戏的进行意义重大，它能让幼儿在游戏的过程中利用相关的知识，这对游戏情境的创设、游戏情节的发展、整个游戏的深化和优化有着重要的作用。没有相关知识经验，游戏会成为无源之水、无本之木。幼儿知识经验的积累，需要教育者在日常生活中尽可能开阔幼儿的见识、丰富幼儿的知识。这可以通过带领幼儿走进自然、走进社会来实现。大自然是一本奇妙的教科书，是一座闪闪发光的知识宝库，可以教会幼儿很多自然知识，可以让幼儿获得相关的经历、体验和经验。例如，春暖花开的时候，带幼儿走进花园、走进田野，感受大自然的勃勃生机。大社会和大自然一样也是知识宝库，带幼儿亲身体验比教师的讲解要生动得多，效果更好。例如，在"小超市"的主题游戏之前，教师带领幼儿去超市亲身体验一下，请超市的工作人员讲解一番，会让幼儿获益匪浅，且对游戏的顺利开展大有裨益。而且，教师引导幼儿开展相关的游戏之前，在提供玩具材料时，必须考虑幼儿已有的知识与经验，这样才能促进幼儿在游戏中更好地运用和扩展。

## 第四节 玩具和游戏材料

游戏是幼儿最喜欢、最常见的活动之一，而玩具是游戏的工具，是游戏的物质支柱。每个人都有童年，每个童年的记忆中都有玩具的影子。可以说，玩具是幼儿亲密的伙伴，是幼儿基本的学习工具。游戏材料泛指幼儿游戏玩具、物品等，既可以是成人从商店里买来的玩具，也可以包括利用废旧材料自己制作的玩具，还可以是一种自然材料。对幼儿而言，能拿来进行游戏的物品都可以称作游戏材料。

### 一、玩具与幼儿、游戏的关系

#### （一）玩具与幼儿

玩具的历史几乎和人类、游戏的历史一样久远。因为幼儿的思维是具体形象的，所以游戏的展开需要各种物质条件来引发幼儿相应的行动和活动，幼儿借助玩具围绕以前经历过、体验过的事物展开联想和想象。皮亚杰的认知发展阶段理论强调让幼儿通过手的动作和操作来认识事物、发展认知，同时通过动作和语言来表现他们的思想、情感。

很多玩具都生动形象，有着鲜亮的颜色，有的还有音乐或音效，能吸引幼儿的注意力，并激发幼儿动手、动脑及活动身体各部位的积极性。幼儿对世界充满好奇，他们会探索身边的每一样东西，可能会将身边的每一样东西都变成他的玩具。幼儿在摆弄玩具的过程中，逐渐掌握不同事物的软硬、大小、凉热、颜色、光滑与粗糙等各种特性，并借此认识环境中各事物的性能、功用等属性，从而认识世界、适应世界。无论是福禄贝尔、皮亚杰，还是陶行知、陈鹤琴，关于玩具对幼儿发展的作用，他们都有所论述。人们一直把"寓教于乐"作为幼儿教育的指导思想，这也是对玩具在幼儿成长、游戏发展、幼儿教育中作用的肯定。幼儿身心发展的特点决定了他们不能通过长时间静坐听讲或观看成人演示的方式来学习，他们的发展有其自身的特点，是在与环境中人、事、物的互动过程中发展的，幼儿在摆弄、操作玩具的过程中，在玩耍的过程中达到学习、发展的目的。

### （二）玩具与游戏

前面已经提到，玩具是幼儿游戏的思维支撑物，是游戏的物质基础，游戏离不开玩具。

#### 1. 玩具激发幼儿游戏的动机

我国儿童教育家陈鹤琴先生曾经明确指出："小孩子玩，很少空着手玩的，必须许多的东西来帮助，才能玩起来，才能满足玩的欲望。"因为幼儿思维的具体形象性，在缺乏玩具的情境下，幼儿很难将已有的经验调动出来，游戏就很难开始。玩具具体、形象、生动有趣，可以刺激幼儿，使其产生联想，并将以往的生活经验迁移至游戏中，促使他们在不同情境下体验已有的经验。不同的玩具可以激发出幼儿不同的游戏动机。鲁滨研究发现，某些玩具素材可以同时鼓励不同认知层次的游戏，例如，鼓励团体游戏的玩具（"娃娃家"用品、衣物、娃娃及各种类型的车辆）可促进开展儿童戏剧游戏；颜料、粉笔、剪刀常常被用在建构游戏中；黏土、面团及沙、水等玩具也常常用于功能性游戏。玩具数量的多少也会激发儿童玩不同的游戏。当我们给幼儿提供不同的游戏材料时，幼儿会以自己的经验和能力玩出不同的游戏情节。而当缺乏玩具时，幼儿常常出现争抢玩具及无所事事的行为。帕顿等人的研究还发现，不同的玩具对幼儿的社会性游戏有影响。有些玩具，如"娃娃家"的游戏道具组合、各类交通运输工具容易激发幼儿的合作游戏，而建构玩具，如黏土、穿珠、拼图、积木较容易引起单独的、平行的游戏。

#### 2. 玩具支撑游戏开展，促进游戏水平的提高

玩具还能丰富游戏的内容，深化游戏情节，改变游戏的形式，从而推进游戏的进程。玩具具有开放性，使幼儿可以不同的方式来操作，赋予玩具不同的象征意义，使游戏内容更加丰富；幼儿在游戏中可以根据不同的玩具或相同玩具的不同象征意义，以及多元化目标不断变换游戏主题、内容，使游戏朝多元化方向不断转化，促进游戏情节的延伸与深化。

玩具是幼儿社会性发展的桥梁，是幼儿交往的媒介。相互间完全陌生的幼儿可能因为

玩具迅速熟悉起来；同样一个玩具由于人数的不同有不同的玩法，幼儿可以自己玩、和同伴一起玩、和成人玩；同一玩具的不同玩法会使幼儿获得不同的经验，学习与不同的人交往。通过玩具，幼儿在游戏中与周围的人和事物发生互动，获得发展。玩具作为中介，在游戏中促进幼儿游戏水平的提高。

#### 3. 玩具为幼儿提供练习某种技能的机会

游戏是幼儿在自己能力的基础上反映现实，不同游戏类型就是幼儿对现实的不同反映，而玩具则在游戏中为幼儿提供了练习某种技能的机会。在幼儿游戏中可以发现，幼儿在一段时间内总是选择同一类玩具，开展同一种游戏，对其他游戏的兴趣很低，这不是兴趣单一的表现，而是这种玩具、这种游戏为幼儿提供了练习、提高某种技能的机会。当幼儿练习的次数足够，具备这种能力后，他就会放弃这个玩具、这种游戏，转而选择其他游戏和玩具。例如，幼儿在摆弄串珠的过程中锻炼了小肌肉的灵活性、手眼协调能力。幼儿就是在操作玩具、进行游戏的过程中感知、学习、探索和创造，在练习过程中，不仅获得了知识经验，还促进了各种能力的发展。

拓展阅读：
玩具的作用

## 二、玩具的种类

玩具的种类繁多，分类的角度不同，类型也就不同。例如，根据制作玩具所使用的材料，可以把玩具分为金属玩具和非金属玩具；按照玩具的功能来分，可以分为智能玩具、声响玩具、形象玩具、装饰玩具、健身玩具和科教玩具。一般来讲，我们习惯按照玩具的用途和专门化程度，将玩具分为成型玩具和非成型玩具两大类。

### （一）成型玩具

成型玩具又称专门化玩具，是指结构程度高、功能比较固定且单一，通常只有一种操作方法的游戏材料，如小电话、跳绳。专门化玩具象征着实物，有逼真的形象、固定的功能和确定的意义，有幼儿熟悉的人、事或物，容易引起幼儿的兴趣和注意，能唤起他们以往的经验，并产生联想，因此很受幼儿的喜爱。尤其是年龄较小的幼儿，因为他们游戏的主动性还不够，需要玩具为他们的游戏指明方向，而成型玩具恰恰具备这一功能。由于成型玩具品种繁多，依据功能又可将其分为若干类。

#### 1. 模拟玩具

模拟玩具即模拟生活中的物体制作的玩具，如各种娃娃、各种汽车、飞机、炊具和各种小动物，这种玩具可供幼儿玩模仿成人世界的角色游戏时使用。

#### 2. 表演玩具

表演玩具即幼儿表演故事所用的玩具和物品，如各种服饰、头饰、布偶、木偶、皮影、桌面表演的形象玩具和其他表演用具。这类玩具不一定完全依靠购买，根据幼儿表演游戏的需要，也可以自己制作。

#### 3. 益智类玩具

益智玩具是指促进幼儿智力发展的多种多样的玩具，包括各种图片型、实物型智力游戏玩具；数概念操作类玩具；镶嵌、装、套等探索类玩具；各种棋类和竞赛型智力玩具，如飞行棋、迷宫；还有民间玩具，如七巧板、九连环。其中棋类玩具制作简单，有趣好玩，能训练幼儿思维、发展认知能力，深受幼儿的喜爱。

#### 4. 建构类玩具

建构类玩具是幼儿玩建构活动时需要的玩具，包括各种大中小型的拼插玩具，如积木、积塑；沙水玩具，如小桶、小铲子、模子；金属或塑料材质的拆装玩具。

#### 5. 体育类玩具

体育类玩具是幼儿进行体育游戏时所需要的材料设备，包括成型的体育游戏玩具，如滑梯、秋千、转椅和各种球；自制的体育游戏玩具及民间体育玩具，如毽子、空竹、陀螺。

#### 6. 音乐类玩具

音乐类玩具是幼儿玩音乐游戏时所用到的玩具与乐器，如儿童乐器电子琴、钢琴，打击乐器铃鼓、三角铁。

#### 7. 娱乐玩具

钓钩玩具、碰球、拨浪鼓、摇铃等玩具和一些人物、动物的滑稽造型玩具均属于娱乐玩具，这类玩具起到供幼儿娱乐、消遣的作用。

**课证融通**

下列玩具不是按功能角度分类的是（　　）。（2016 年下半年真题）

A. 运动性玩具　　B. 建构玩具　　C. 益智玩具　　D. 传统玩具

### （二）非成型玩具

非成型玩具又称非专门化玩具，是指玩具或材料的游戏功能未定型，结构程度低，有多种操作方法，游戏者可以根据自己的想法和想象自行操作的游戏材料。这类玩具结构简单，无明确规定的意义和用途，开放性强，幼儿可以根据材料某一方面的特点，按照自己的兴趣、需要，随意将其组合或变换用途，且由于能提供的信息多，加工使用的可能性也较大，可以一物多用而不受限制，从而发展幼儿的想象力，提高幼儿思维的概括性，促进抽象思维能力的萌芽。例如，一根棍子可以是马、刀、剑等任何幼儿需要的东西。非成型玩具可随意代替其他物品，具有灵活性、多功能性，且来源广泛、经济简便，是幼儿玩具的重要组成部分。非成型玩具一方面起着以物代物的作用；另一方面还为幼儿提供了自制玩具的条件，如各种瓶瓶罐罐可制作打击乐器，废纸箱可以做成房子。所以，幼儿园可以为幼儿收集废旧物品，如旧轮胎、纸箱、各种瓶子、木片、塑料品，前提要无毒、无污染。

这两类玩具都能吸引和激发幼儿的游戏兴趣，但是成型玩具在促进幼儿的想象和发散性思维方面的作用要逊于非成型玩具。

## 三、选择玩具与材料的要求

### （一）具有教育性

各种玩具虽然对幼儿发展的具体作用不同，但是都应在某种程度上促进幼儿某一方面的发展，如身体运动能力、想象力的发展，即玩具、材料要具有教育性。具有教育性的玩具和材料应能吸引幼儿的注意力，激发幼儿的好奇心，让幼儿在游戏中既动手又动脑，同时，发展幼儿的注意力、想象力、记忆力。幼儿更喜欢富于变化、多功能、多用途的玩具或材料。这样的玩具往往能让幼儿久玩不厌，幼儿在操作中探索、思考，在开发多种玩法的过程中获得启发，在游戏中得到发展。例如，沙子的变化多、耐玩，对幼儿有很大的启发性，因为沙子本身并没有固定的玩法，幼儿可以徒手操作，也可以用器械、工具等随意摆弄任意造型，所以几乎所有的幼儿都喜欢玩沙子。还有积木、橡皮泥、纸张等材料，虽然很普通，也很常见，但因为变化多，可一物多用，具有启发性，所以深受幼儿的喜爱。那些昂贵的电动玩具，虽然能引发幼儿的兴趣，但由于功能简单，待幼儿掌握其功能、玩法之后，很快就会遭到幼儿的冷落，并不一定长久地吸引幼儿的注意力。玩具的教育性，一方面取决于玩具本身，另一方面也取决于幼儿的年龄特征。

### （二）符合幼儿的年龄特征

处于不同年龄阶段的幼儿由于生理和心理发展水平的不同，其需要也会有所差别，对玩具和游戏材料的需求也是不同的，因此，教师要为幼儿提供与其年龄特点相符的玩具和游戏材料，以促进游戏活动的开展和幼儿的身心发展。

一般而言，2 周岁以后的幼儿正处于各种感觉器官迅速发展的重要时期，他们主要是通过看、听、摸、抓握等感觉运动来认识事物，所以应为他们提供促进感觉发展的玩具，例如，可以促进幼儿视觉发展的色彩鲜艳的彩球、彩带，有助于听觉发展的音乐盒、拨浪鼓，能抓握的软塑料玩具、橡胶制的小动物。这些玩具都具有结构简单、功能单一、零部件比较少、质地耐摔的特点。

3～4 周岁正是发展具体形象思维能力的时期，为幼儿选择的玩具，要形象生动且与他们的生活相关，如娃娃、餐具、动物玩具。如果玩具的某个部件可以活动且能拆装，会更符合幼儿直觉行动的思维特点。3～4 周岁幼儿独立性和运动能力进一步发展，所以很喜欢滑梯、秋千、转椅等运动性的玩具和材料。5～6 周岁幼儿的抽象思维开始萌芽，运动水平也更进一层，要为他们选择一些较复杂、活动性强、能组合的玩具，特别是智力活动成分较多的玩具，如各种拼图、拼装玩具。这些玩具可以发展幼儿的精细动作，还可以发展幼儿的思维能力、想象能力，提高创造意识。另外，那些一物多用的玩具，如积木、积塑、球类，有多种玩法，适合各个年龄阶段的幼儿。

### （三）符合安全卫生要求

从婴儿时期开始，幼儿就天天与玩具打交道了，提供给幼儿的玩具要十分慎重。玩具材料是否安全、卫生是选择玩具基本的标准。玩具与材料的安全卫生，一方面取决于玩具及游戏材料本身，另一方面取决于幼儿的发展水平和知识经验。首先，玩具材料的材质及其涂色、填充物要无毒无异味，且要定期消毒，因为幼儿习惯性地将玩具放在嘴里。给幼儿挑选的玩具，尽量选尺寸大于嘴巴、不带颜色的无毒玩具及游戏材料，以免发生气管异物。对于塑料、木质、金属玩具及游戏材料，一定要严格检查材料有无锋利的棱角，以防割伤幼儿。带毛的玩具及游戏材料一定要选择那些没有异味、对皮肤没有伤害的，并定期消毒清洗。带声响的玩具，声音要和谐悦耳，避免发出噪音，且幼儿玩之前要注意清洗。除了玩具本身的材质之外，还要注意看护幼儿正确地使用玩具。例如，过小的玩具不要给2周岁以下的幼儿玩，以免幼儿吞咽。

### （四）具有操作性

给幼儿的玩具应该是可以操作的，便于幼儿对玩具的主动控制，而不是被动适应。几乎所有年龄段的幼儿喜欢的玩具都有一个共同特点——可以让其参与其中。例如，积木之所以能吸引所有年龄段的幼儿，是因为幼儿可以根据自己的想象和操作，利用积木摆弄出各种造型。但让幼儿观看已经摆出的高楼大厦，幼儿的兴趣仅能维持很短的时间，之后就会将注意力转移到其他事物上。所以，幼儿刚拿到那些成型的、精美的、高科技的玩具时会兴致勃勃，一旦熟悉其功能和操作方法之后，其兴趣就会大大降低。而结构性低、开放性强的非成型玩具，例如，沙土、水因其具有多元化的可操作性，能吸引幼儿长时间沉浸在一连串充满想象的有趣探索之中，使幼儿有事可做而且能保持长久的兴趣。

### （五）经济适用

我们为幼儿选择玩具的主要依据应该是玩具的教育作用，玩具本身是否能为幼儿所理解、接受。并不是玩具的价格越贵越好，造型越漂亮越好，而是要秉承坚实耐玩、不易损坏的原则。那些一摔就散、一掰就断的精细玩具不适合动作发展尚未成熟的幼儿。而且利用自然资源和废旧物品自制玩具，也是幼儿玩具的重要来源之一。这些玩具可以充分发挥自然资源的特性，发挥玩具本身的趣味性，而不是成人费尽脑筋地设定玩具的玩法。在有限的经济条件下，教师应尽可能多给幼儿配备教育价值高的玩具，弥补因价格高而导致购买力的不足。越简单的玩具越有价值，那些自然之物和废旧物一般都是简单之物，因其具有可操作性，而深受幼儿的喜爱。

## 四、投放玩具与材料的要求

### （一）根据幼儿的性别和年龄特点投放游戏材料

幼儿在玩具和游戏材料的选择上表现出性别偏好和年龄差异。帕顿等人的研究发现，某些游戏材料更受男孩或女孩偏爱。例如，女孩喜欢玩洋娃娃和艺术材料，而且玩的时间较长，男孩则偏爱积木和带轮子的汽车。幼儿在玩具选择上所表现出的性别差异固然有生物因素的影响，但很大程度也受到社会文化因素的影响。例如，给女孩买娃娃时会毫不犹豫，但是男孩如果要娃娃，父母则会表现出犹豫，并会劝阻。新近的一些研究发现，男女幼儿在游戏材料选择上的偏好差异逐渐呈缩小趋势，即女孩对汽车、飞机等活动材料的偏好增加，男孩向女孩偏爱的游戏活动和材料倾斜。

幼儿的发展有着明显的年龄阶段性特点，教师要根据幼儿的年龄特点投放适宜的游戏材料。针对小班幼儿喜爱模仿的特点，要多提供成品玩具和结构性较强的材料。例如，各种小动物娃娃能引起幼儿回忆生活经验的玩具，且数量要充足，因为小班幼儿正处于平行游戏的水平。中大班幼儿的想象能力和动手操作能力有了一定程度的发展，玩具种类过多会限制幼儿的想象，因此可增加半成品和废旧材料，满足幼儿根据想象和动手操作的需要，鼓励幼儿在游戏中以物代物，发展自主性和创造性。中大班幼儿已经达到可以进行联合游戏和合作游戏的水平，因此投放材料时可注意在玩具数量上进行适当的控制，以促进幼儿游戏水平的提高。

### （二）注意材料投放的动态变化

材料本身是静止的，但是教师提供的游戏材料不能是一成不变的，要根据幼儿的游戏兴趣和教育目标，定期或不定期地进行添加、补充、回收。首先，游戏材料的调整不是盲目的、随心所欲的，而是建立在充分了解幼儿以及观察幼儿游戏的基础上。一般而言，幼儿对幼儿材料的态度有一个变化周期：见到新的游戏材料的新鲜感；在新鲜感的指引下，对游戏材料和操作方法的摸索期；经过摸索，幼儿开始对游戏材料运用自如；充分练习后，幼儿对游戏材料的兴趣开始慢慢下降，这时候就需要对原有的材料进行调整，回收旧的游戏材料、添加新的游戏材料和重新组合原有材料，都是保持游戏材料动态性的方法，促进形成新的刺激点，可以提高游戏材料对幼儿的挑战性。

### （三）注意游戏材料投放的丰富性和层次性

幼儿与幼儿之间，在个性特征、游戏喜好、操作水平等方面都存在差异，所以游戏材料的投放要注意材料的丰富性和操作、要求的层次性。游戏材料投放的丰富程度直接关系到幼儿参与游戏的积极性，进而影响游戏的质量。如果游戏材料太单一，肯定会影响幼儿游戏的积极性。但是丰富投放材料并不等于游戏材料越多越好。对于小班幼儿而言，种类过多的游戏材料，会让幼儿分心，不能专一地进行活动，因此游戏材料的丰富性也要考虑幼儿的年龄特点和游戏水平。

游戏材料的层次性体现在要为不同发展水平的幼儿提供不同难度的材料。首先，从材料的加工程度来讲，同一种材料，可以分别提供原材料、半成品和成品，以满足幼儿多样化的游戏需要。例如，某教师投放戏剧脸谱的游戏材料时，提供了完全空白的、完成一半的、完成大部分的脸谱和已完全涂好的色彩鲜丽、角色明确的脸谱供幼儿选择使用。其次，游戏材料的层次性，还体现在为实现同一教育目标，提供操作难度不同的游戏材料上。例如，教师为锻炼幼儿手部的精细动作，投放了筷子夹黄豆的游戏材料，但是经过几天的观察，教师发现只有一部分幼儿去玩。后来，教师增加了更粗的光滑木棍当筷子和较大的纸团当黄豆，甚至增加了勺子用来舀“黄豆”后，很多幼儿都会来参与游戏。原来是最初的游戏材料的难度太大，使得一部分幼儿“望而却步”了。

### （四）游戏数量和材料的搭配

游戏材料的数量和品种搭配对幼儿游戏均有影响，这一点在本书第一章第二节中已有论述，这里就不再赘述了。

### （五）把大自然的、大社会的材料引进游戏中

微课：游戏材料投放的误区

幼儿游戏时喜欢可活动、可操作的玩具，这是一种沉浸游戏过程的体验，它满足了幼儿好奇、好探索、好动的特点。根据幼儿的游戏兴趣，教师可以给他们提供自然物品，例如，一抔泥土、一堆石头、一池沙子、一汪水流，这些会给幼儿带去意想不到的乐趣和收获。教师还可以带领幼儿去附近的理发店、邮局，让幼儿在真实的社会生活中获取不同于想象游戏的感受和经验。因此，教师可以把视线投向所生存的自然、社会，让幼儿在游戏中，与大自然、大社会生活中的元素对话，让幼儿学会生存、学会学习、学会创造。例如，在硕果累累的秋天，带领幼儿去户外捡一些颜色不一、形状各异的树叶，一起将这些树叶投放到益智区，让幼儿观察树叶的形状、颜色，对其进行比较、归类，或将树叶和拓印活动结合起来，可以给幼儿带来不同的游戏体验和感受，以及新奇的知识经验。

## 五、自制玩具

任何物品，只要对幼儿而言是安全的，幼儿愿意玩，都能成为他们的玩具，自制玩具也是其中的一种。自制玩具是使用各种原材料、半成品材料或自然材料、废旧材料，通过手工制作，供幼儿在各种活动中使用的玩具。《幼儿园教育指导纲要（试行）》指出，要指导幼儿利用身边的物品或废旧材料制作玩具、手工艺品等来美化自己的生活或开展其他活动。大自然、大社会中的材料是可以成为幼儿游戏的材料的，这些材料可以是自然资源，也可以是废旧物品；这些材料中有的可以直接当作玩具，有的经过教师和幼儿的加工可以成为玩具。废旧塑料瓶、报纸、纸杯、轮胎，这些在生活中所处可见的物品，把它们带到游戏中，就会成为玩具。幼儿也喜欢用这些废旧物品制作玩具，例如，用过的冰糕棍画上表情，就成为棍式娃娃；生日蛋糕的纸盘，可以画画、做装饰，还可以摆成各种各样的图案。幼儿自制玩具不仅发展了他们自身的想象力和创造力，而且渗透了节约意识和环保意识。

### （一）幼儿园自制玩具的意义

#### 1. 有助于幼儿的全面发展

首先，自制玩具有助于幼儿认知的发展。幼儿在自制玩教具之前要先观察材料，比如它的形状、大小、气味、结构，然后根据生活经验，经过想象加工，用双手将其制作成玩具。幼儿在自制玩具的过程中锻炼了观察、记忆、想象、思维、动手制作的能力，在不知不觉中促进认知发展。例如，大班的幼儿利用各种各样的扣子，通过绘画、穿线、粘贴的方式制作了人偶玩具。虽然他们的制作方法简单，做出的人偶玩具粗略，但是幼儿还是根据自己的想法，赋予人偶娃娃表情、动作，这一活动过程大大激发了幼儿动手操作的兴趣和积极性，使幼儿的双手得到了解放。其次，幼儿自制玩具时，由于认知水平和操作水平有限，很多时候需要与家长、同伴合作完成。这不仅有利于幼儿专心、细心、耐心等品质的发展，还有利于幼儿团结协作水平的提高。最后，幼儿制作玩具的过程，也是幼儿感受美、表现美和创造美的过程。所以幼儿自己制作玩具有利于知识经验的增加和积累，有利于各种能力的提高与发展。

2. 促进教师的专业化发展

自制玩具，仅靠幼儿是不可能实现的，在这个过程中教师起着至关重要的作用。玩具是促进幼儿发展的媒介，教师要研究玩具，了解各种玩具的作用、功能、玩法和使用规则，以便充分发挥玩具的学习价值，激发幼儿发展潜能。幼儿自制玩具是在教师指导下完成的。教师要根据幼儿的游戏和发展的需要、幼儿的认知和动手水平，选择适合幼儿制作的玩具，并提供相应的材料，带领幼儿一起完成。制作的过程中，教师要鼓励幼儿积极想象，发散思维，制作出玩具成品。制作的过程并不是一帆风顺的，需要教师鼓励幼儿勇于克服困难，指导幼儿解决制作过程中出现的种种问题。玩具制作成功之后，教师还要指导幼儿使用这些玩具展开游戏，所有的这些都需要教师具备深厚的理论基础和专业技能。无论教师自己利用废旧材料制作玩教具，还是指导幼儿自制玩具，都可以促进教师的专业化发展。

3. 弥补成品玩具的不足，节约幼儿园经费

玩具要符合幼儿的年龄特点和需要。有些玩具不一定能在市场上买到，买到的成品玩具不一定能让幼儿喜欢，并保持长久的兴趣。自制玩具可以满足幼儿的兴趣需要和个性需求，弥补成品玩具的不足，也为幼儿的游戏和学习提供便利的条件。而且，不是所有的幼儿园都有雄厚的经济实力买到合适的玩具，而幼儿的游戏、教师的教学需要玩具，所以只能用自制玩具的方法来满足幼儿游戏的需要和教师教学的需要。实际上，自制玩具也往往源自游戏、教学实践的需要，很多的自制玩具比市场上购买的玩具更符合特定的教育目标和教育内容。在很多幼儿园，自制玩具已经成为传统和特色。因此，自制玩具不仅弥补了成品玩具的不足，还帮助幼儿园节约了经费。

### （二）自制玩具的指导要点

1. 鼓励幼儿广泛地收集材料

材料是玩具制作的物质基础，只有具备数量充足、种类丰富、适合幼儿选用的材料，玩具的制作才能顺利进行。材料的收集仅靠教师是远远不够的，所以教师要鼓励幼儿收集各种材料，这样不仅能培养幼儿的自主意识和独立能力，也可以在收集资料的过程中发展幼儿细心观察、分析判断、选择材料的能力。例如，幼儿日常生活中的牛奶盒子、饮料瓶、卡片、纸板、糖纸都可以作为玩具材料来收集。教师可以指导幼儿收集家中废弃的纽扣、毛线头、碎布头等材料，还可以组织幼儿走出教室，走进公园捡树叶、拾石子。教师可以在活动室的角落里设置专门储存玩具材料的区域，以便幼儿在需要时随时取用。

2. 鼓励幼儿大胆想象，支持幼儿的想法

在自制玩具的过程中，需要幼儿发挥想象，创造出不同造型、不同用途的玩具，这就需要教师给幼儿创设一个温馨、安全的班级氛围，鼓励幼儿大胆想象，清楚地表达出自己的想法，并支持幼儿运用自己的经验，用手边的材料制作属于自己的玩具。在这个过程中，教师要充分相信幼儿，不要否定幼儿的想法，也不要因为幼儿表达不清楚自己的想法而嘲笑幼儿，更不能因为幼儿操作能力、水平有限，制作出的玩具不完美，而否定幼儿的努力和成果。幼儿需要鼓励、肯定、享受成功的喜悦，唯有如此，自制玩具才能成为促进幼儿发展的活动，自制玩具才能成为将想象变成现实的活动，自制玩具才能成为幼儿将来发明创造的基石。

### 3. 适当地提高幼儿制作技能

幼儿不缺乏天马行空的想象，缺乏的是根据想象制作玩具的制作技能。所以，首先教师要引导幼儿观察教师的制作过程，这不仅能激发幼儿制作玩具的兴趣，也能为幼儿提供示范；其次教师要教授幼儿制作的技能。制作技能包括 3 个方面：

（1）选择和使用材料的技能。不同的玩具需要不同的材料，教师应帮助幼儿辨别和区分各种材料的性能及用途，恰到好处地利用废旧物品和自然材料，使自制玩具更真实化、生活化。

（2）使用工具的技能。自制玩具时需要使用一定的工具，如剪刀、针、线、胶水、胶带，幼儿在使用这些工具之前，教师一定要把使用工具的要领以及注意事项向幼儿详细地说明，并组织幼儿试用这些工具。

（3）制作的构造技能。自制玩具时，还需要运用一定的构造技能才能将材料变成玩具。玩具的构造技能有很多，包括层叠、插排、穿编等。这些技能应当由教师传授给幼儿，使幼儿能顺利地完成玩具的制作。使用工具和构造技能的具体指导方法有两种：一是在幼儿制作过程中给予个别示范；二是在幼儿制作之前有目的、有计划地指导。

## 思考与练习

### 一、名词解释

1. 游戏环境
2. 幼儿园游戏的心理环境

### 二、简答题

1. 简述良好的幼儿园游戏环境的价值。
2. 简述幼儿园游戏环境的要求。
3. 简述幼儿园室内游戏环境规划的内容。
4. 简述幼儿园室内游戏环境创设的要点。
5. 简述幼儿园室外游戏环境的构成。
6. 简述幼儿园室外游戏环境创设的要点。
7. 简述幼儿园游戏心理环境的内容。
8. 简述幼儿园游戏的心理环境创设的要点。
9. 简述玩具与游戏的关系。
10. 简述选择玩具与材料的要求。
11. 简述投放玩具与材料的要求。
12. 简述幼儿园自制玩具的意义。
13. 简述自制玩具的指导要点。

### 三、论述题

1. 联系见习、实习见闻，论述幼儿园游戏环境的价值。
2. 联系幼儿园教育实践，论述玩具与材料的投放要求。

# 第五章 幼儿园游戏的指导策略

【学习目标】

√ 理解教师指导幼儿游戏的重要性

√ 明确教师在幼儿游戏中的角色定位

√ 初步掌握教师在幼儿游戏中的指导策略

【素质目标】

√ 初步树立尊重幼儿游戏主体地位的幼儿游戏指导观，强化学生的职业认同感

## 案例导入

某教师在语言活动“小乌龟开店”的基础上，组织了一次表演游戏。教师一一出示早已准备好的道具，介绍完道具，配班教师带领全班幼儿“开火车”离开活动室去“剧场”看表演。教师忙着在活动室里布置场景：一家花店、一家书店、一家气球店。场地布置好了，幼儿由配班老师带领进“剧场”。主班教师提问：“谁愿意上来表演？”“哗！”几十只小手举了起来。教师挑了5个没有举手、上次语言活动表现不好的幼儿上来表演。表演时，教师不停地提示幼儿对话、做动作。第二轮，教师请了5个“做得好”的孩子上来表演，5个幼儿表演同一个角色。教师还是不时地按照故事情节规范幼儿的语言，纠正动作。好多幼儿忙着摆弄有趣的道具，忘了表演，教师又不停地提醒……

资料来源：曹中平，韦丹，蔡铭烨. 幼儿园游戏指导［M］. 北京：北京理工大学出版社，2018：174.

**分析：**上述游戏中，教师为了开展游戏，准备道具、布置场景，并有目的地选择幼

儿进行表演游戏。游戏过程中，教师非常忙碌，不停地提示、规范幼儿在游戏中的语言和动作。幼儿在其中享受到了游戏的愉悦和自主吗？教师在游戏过程中的指导合适吗？为什么？教师应该如何指导幼儿游戏才能最大程度地发挥幼儿游戏对幼儿发展的积极作用呢？

# 第一节　教师在幼儿游戏中的作用

## 一、教师指导幼儿游戏的必要性

### （一）幼儿游戏是否需要教师的指导

幼儿游戏是否需要教师的指导？这个问题一直存在颇多争议。20 世纪 60 年代以前，有些西方学者认为幼儿游戏不需要指导，这是当时精神分析学派的观点。精神分析学派的心理学家认为，教师作为幼儿成长过程中的“重要他人”，应该是一个让幼儿信任的人，因此，他们应该无条件地接纳幼儿的各种行为。而指导则代表排斥、否定或试图改变幼儿的某种行为。同时，游戏是幼儿情感宣泄的重要途径，教师应该为幼儿营造一个无负担、安全的心理氛围，幼儿才能宣泄真实的自我情绪，才能真正解决情绪情感上的问题。根据这样的观点，幼儿游戏时，教师只需要在一旁观察、记录即可，而不应该干扰幼儿的游戏。另一方面，当时也有学者认为，就游戏起源的已有研究来说，游戏是幼儿的天性，是幼儿自然、自发的活动。因此，无论有没有外在的指导，幼儿都会进行各种各样的游戏。

60 年代以后，由于受到皮亚杰、维果茨基等人游戏理论的影响，人们开始从注重游戏的情绪宣泄功能转向注重游戏促进幼儿认知和社会性发展功能。有了这样的指导思想，并随着人们对游戏研究的深度和广度的增加，更多的研究者认识到教师指导对幼儿游戏的作用，例如，成人对幼儿游戏的有效指导能促进幼儿游戏的开展，并促进幼儿的认知、社会性的发展。美国幼儿教育协会（NAEYC）在谈到关于“发展适宜性教育”时指出，幼儿发起的、教师支持的游戏是发展适宜性教育的基本构成因素，儿童的游戏和自主选择的活动在许多方面可以是一种有价值的经验。但是如果没有计划、变化、兴趣或成人的支持，游戏对于学习与发展的价值就会受到严重影响。

在我国也有这样的观点，例如，《幼儿园教育指导纲要（试行）》的第三部分“组织与实施”中就明确指出，教师应成为幼儿学习活动的支持者、合作者和引导者。而游戏作为幼儿园的基本活动，要发挥促进幼儿身心全面和谐发展的教育价值，更是幼儿学习活动的重要载体。想要最大化发挥游戏的教育价值，就需要教师在考虑幼儿的年龄特点的前提下，有针对性地规划幼儿游戏，并对幼儿游戏进行必要的指导。因此，游戏一旦进入公共教育机构，就不可避免地被烙上“教育”印记。

### （二）教师指导幼儿游戏的重要性

教师是幼儿成长过程中的“重要他人”，所谓“重要他人”是指教师、家长和同伴等对儿童身心发展具有重要影响的个人或群体，他们是儿童成长环境中重要的组成部分，同时也是推动儿童发展最具动力的因素之一，因而在个体的生存与发展中具有关键性意义。由于教师的专业性、权威性，使得教师在幼儿游戏中发挥着不同于家长和同伴的作用，且不可替代，其在幼儿发展、幼儿游戏中所起的作用是全方位的，并且影响深远。

重视教师指导幼儿游戏与幼儿游戏的自发自愿之间并不矛盾，因为两者都立足于促进幼儿最大化发展这一出发点。

首先，教师指导幼儿游戏能提高幼儿游戏的安全性。游戏是幼儿自发、自愿的活动，有着较大的不可预知性。例如，游戏内容是否适合幼儿？游戏材料安全吗？游戏过程中不可避免地会发生冲突，这些冲突是否会对幼儿造成伤害？由于幼儿身心发展的不完善，其安全、自护方面的意识还是比较薄弱的，自护能力需要提高，因此，教师对幼儿游戏的关注、指导就显得非常必要且重要。教师是幼儿安全游戏的保护者，承担着为幼儿安全游戏保驾护航的使命。教师要从游戏的内容、场地、材料和游戏过程等多个方面考虑，密切关注幼儿游戏，同时在管理时注意定期检查和随时检查相结合、专人检查和教师即时检查相结合，最大限度地降低幼儿游戏中的安全隐患。同时，教师也要有意识地在游戏过程中，培养幼儿的自护意识和能力，激发幼儿主动自护的安全意识，提高幼儿自我防范的能力。

其次，教师指导幼儿游戏可以提高幼儿游戏的水平。哥伦比亚大学心理学教授布赖恩·萨顿-史密斯等人比较了“游戏—教导”和“技巧—教导”两组儿童的差异。结果表明，两组儿童和特定儿童接触的总次数间没有显著差异，在一般语言和认知能力方面的进步分数差不多，但“游戏—教导”组的儿童在自由游戏时间的想象活动，以及角色代替偏好上的表现，比“技巧—教导”组的儿童好。教师介入幼儿游戏，传达教师对幼儿正在进行的游戏的积极态度，能够让幼儿感受到自己进行的活动是有价值的，从而增加了幼儿对游戏的兴趣、专注力和持续性。也有研究通过观察发现，教师与幼儿一起玩时，幼儿会玩得比较持久。

维果茨基认为，教师指导幼儿游戏能够帮助他们创造一个“最近发展区”，可以让幼儿开展一些他们自己无法开展的活动，帮助幼儿参与更高水平的社会性游戏和结构游戏，从而提高游戏的水平。因此，在教师有目的、有意识创设的游戏环境中，当幼儿与教师投放的游戏材料发生互动，互动的过程又能得到教师指导时，幼儿游戏的能力和水平可以得到提升。

综上所述，教师在幼儿游戏中起着十分重要的指导作用，那教师在幼儿游戏中的作用具体体现在哪些方面？教师在幼儿游戏中扮演什么样的角色呢？

## 二、教师在幼儿游戏中的角色

根据教师在游戏中介入程度的高低，约翰逊在综合众多研究的基础上，将教师的角色分为不参与者、旁观者、舞台管理者、共同游戏者、游戏带头人、导演这 6 种角色（见图 5-1）。

（1）不参与者。不参与者是指教师对游戏不予关注。

（2）旁观者。旁观者是指教师旁观幼儿的游戏。

（3）舞台管理者。舞台管理者是指教师帮助幼儿为游戏做准备，并在游戏过程中给予支持。

（4）共同游戏者。共同游戏者是指教师参与游戏并成为游戏同伴。

（5）游戏带头人。游戏带头人是指教师参与游戏并积极地丰富和延伸游戏。

（6）导演。导演是指教师控制游戏，并告诉儿童应该怎样做，或重新引导幼儿关注教育性事宜。

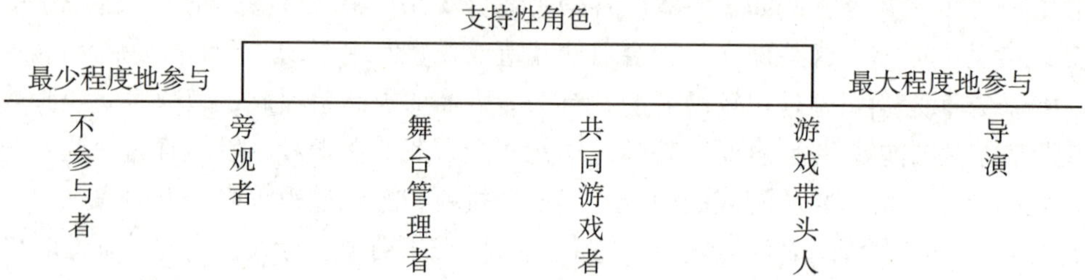


图5-1　教师在幼儿游戏中的角色

在上图中，处于两端的教师会对游戏产生负面影响，因为扮演这两种角色的教师对幼儿游戏要么漠不关心，要么关心过度，完全忽视幼儿及其在游戏中的主体性。《幼儿园教育指导纲要（试行）》要求“教师应成为幼儿学习活动的支持者、合作者和引导者”，在游戏中亦是如此。因此，教师要把握好教师、幼儿与游戏之间的度，最大限度地发挥幼儿在游戏中的主体性，这是教师扮演各种角色、发挥重要作用的指导思想。教师在游戏中的角色定位主要体现以下 3 个方面：

### （一）教师是幼儿游戏环境的创设者

教师将教育意图有机地渗透在游戏环境中，游戏环境对幼儿产生暗示和隐性指导，从而刺激幼儿的游戏兴趣和欲望，引发幼儿的想象和创造。因此，创设一个良好的游戏环境对幼儿的成长非常重要，也是教师在幼儿游戏中发挥指导作用的重要体现。

#### 1. 保证幼儿的游戏时间，提供适宜的游戏空间

幼儿游戏的计划和完成都是需要时间的，特别是建构性游戏和角色游戏，需要花费大量的时间。例如，角色游戏的展开需要寻找玩伴、协商角色、计划游戏情节，商定游戏规则、实施游戏，这些工作的进行都需要耗费大量的时间。如果游戏时间太短，准备工作刚刚完毕，游戏开始不久就不得不停下来，收拾玩具，结束游戏，整理材料，有时候甚至准备工作完成之前就不得不放弃这个游戏。如果这样的情况多次出现，幼儿就会产生挫败感，甚至对抗情绪。因此，要保证幼儿有足够的游戏时间，特别是年龄小的幼儿。

幼儿游戏需要空间，游戏空间以及空间的类型和安排方式会对幼儿的游戏产生影响，这在本书第一章已经有所论述。因此，教师要根据幼儿的年龄特点、教育意图，给幼儿安排合适的游戏空间，这样有利于幼儿游戏的开展，并能提高幼儿游戏的品质。例如，幼儿园游戏空间的布局，不仅要考虑为幼儿设计一个开放的、互动的游戏场地，同时也要适当提供隐蔽的空间，以供幼儿独处；还要综合考虑幼儿的游戏兴趣和经验，在游戏中可以留

出一两块空间作为自由区或备用区，供幼儿根据自己的兴趣和需要自由选择，以满足不同幼儿的经验水平及其需要。

#### 2. 提供幼儿所需的玩具材料

幼儿游戏的进行离不开玩具材料。玩具材料是幼儿现实世界和想象世界之间的桥梁，它能引发幼儿游戏的愿望，提供学习的机会，因此，玩具材料在幼儿游戏中具有举足轻重的作用。由于幼儿的知识经验与能力发展水平有限，他们在游戏中常常会受到玩具材料自身功能的制约和暗示。如果教师提供的玩具材料功能单一，幼儿的游戏情节就会单调、乏味。因此，在游戏中，根据幼儿的年龄特点为他们提供多种材料，有利于他们通过对多种材料的探索，获得各种感官刺激。幼儿感受不同材料的多种特征，充分发挥想象，完成游戏；利用与多种材料的互动，在解决问题的过程中发展发散性思维。关于玩具材料与幼儿游戏的关系，在第四章已有论述。

### （二）教师是幼儿游戏的观察者

游戏环境的创设，为幼儿游戏的开展做好准备。自游戏开始，就需要教师的指导，但是在指导之前，需要教师认真地观察游戏，只有建立在观察的基础上，教师的指导才能是有的放矢的，才能对幼儿游戏产生促进作用，才能真正地帮助幼儿获得发展。蒙台梭利认为，观察是了解儿童的主要途径之一，是教师进行有效指导的前提。教师观察幼儿和幼儿游戏，发现幼儿游戏的兴趣、需要、游戏经验和水平，了解幼儿游戏的现状和存在的问题，并据此及时调整游戏时间、场地和玩具材料的投放，适时介入、参与幼儿的游戏，并做出适宜的指导。教师通过“观察—思考—观察”的循环过程，全面地了解幼儿的特点和游戏需要，并对观察所得的信息，及时整理、反思，从而获得有关幼儿游戏的规律性的认识。因此，观察游戏不仅能帮助教师制定游戏计划，也能使教师有效地指导幼儿游戏。教师在幼儿游戏中要有观察的意识，并具备较强的观察能力，成为游戏过程中拨草瞻风的观察者。有关教师在幼儿游戏中如何观察，在第十章有更深入、更详细的介绍。

拓展阅读：
教师在幼儿游戏中的观察作用

### （三）教师是幼儿游戏的指导者

由于幼儿年龄小，知识经验有限，运动能力和动手操作能力正在发展，他们在游戏中不可避免地会遇到一些问题，这时就需要教师提供帮助，发挥游戏进程中指导者的角色。但是这个指导者和幼儿游戏的关系要根据游戏的具体情况不断变化。前面所提到的根据教师在游戏中的介入程度所划分的 6 种教师角色，排除掉两端的不参与者和导演角色，中间还有 4 种角色：旁观者、舞台管理者、共同游戏者和游戏带头人。

#### 1. 旁观者

旁观者是欣赏幼儿游戏活动的观众，在一旁观察幼儿游戏，并用言语或非言语信号，如点头、微笑来表示对幼儿游戏的关注。旁观者和不参与者的教师角色不同，这是一种积极的角色，教师在旁边观察以表明对幼儿游戏的关注，让幼儿感受到教师对游戏的肯定。同时，教师作为旁观者进行观察，目的是了解幼儿的游戏兴趣、意愿、偏好、水平和游戏的具体情况，从而判断什么时候介入、如何介入游戏。

案例研读

有一次指导全班幼儿搭积木，偶然间，我注意到一个幼儿手握一块积木迟疑地望了我一眼，我立刻发出一个赞赏的眼神和微笑，因为一瞬间我的判断是他缺乏勇气，需要鼓励。果然，这个幼儿从我的反应中似乎得到了肯定和信心，他笑了一下便开始将手中的积木小心翼翼地放在已搭成的“塔”的顶上。“啊，成功了！”幼儿高兴地叫起来。我迅速走过去，摸摸他的头说：“再试试，你还能搭得更高的。”

分析：案例中的老师没有直接参与游戏，但是她通过“赞赏的眼神和微笑”这种非言语的方式来表达对幼儿、幼儿游戏的关注，幼儿从中感受到教师的鼓励，从而很好地完成了自己的游戏活动。

2. 舞台管理者

舞台管理者仍处于游戏的边缘位置，不参与游戏，但是教师会积极地帮助幼儿为游戏做准备，并随时为正在进行的游戏提供帮助。例如，教师发现某种玩具材料不够了，及时添加；当游戏过程中出现问题时，提出适当的建议，以便于幼儿游戏的继续进行。

案例研读

冬冬和明明在尝试利用印模做糕点，倒出时糕点总是黏在模上不能成型，几次失败后，他俩脸上露出了难色。见此情景，教师找出食用油和干面粉，放在他们的操作台上，并退到一旁观察。只见冬冬首先拿起干面粉搓搓自己黏着面粉的手，发现手心变干了，就顺手抓一些放在印模里，这次印出来的饼虽然完整但饼上有干粉，显得不干净。明明受到启发，在印模里倒入食用油，经过比较，他们发现使用食用油加面粉做出的糕点最漂亮。

资料来源：白燕梅，刘丽丹，焦娇．幼儿游戏设计与指导［M］．北京：北京理工大学出版社，2019：76.

分析：在上述案例中，刚开始教师是作为旁观者，观察幼儿制作糕点的情况。当教师发现幼儿的操作屡次失败时，悄悄地在操作台上放置了制作糕点可能会用到的面粉和食用油。整个过程中，教师没有给游戏中的幼儿任何语言上的指导或者直接参与游戏，而是根据游戏情况提供材料，通过材料给幼儿暗示。幼儿通过多次尝试，终于找到了制作糕点的最佳方法，从而使游戏得以顺利地进行。

3. 共同游戏者

共同游戏者是教师以游戏参与者的身份积极参与幼儿正在进行的游戏，但是在其中扮演小角色，遵循游戏的原有进程，幼儿继续扮演主要角色，控制游戏的进程。教师参与游戏是通过使用一些策略，如角色扮演、游戏同伴互动以及平行游戏示范等进行暗示，间接地影响幼儿及游戏。

**案例研读**

小班的康康小朋友在用积木搭“大高楼”，但他把小块积木放在下面，大块积木放上面，因此“大高楼”总也搭不高、站不稳。教师看在眼中，于是坐到他身边，也拿一堆积木搭“高楼”，一边搭一边说：“我把大积木放在下面，小积木放在上面，这样我的大高楼就能搭得很高。”康康看到老师的做法，听到老师的提示，很快也搭建起一个“大高楼”。

分析：在上述案例中，教师作为旁观者观察到幼儿的游戏遇到困难，没有直接打断幼儿的游戏，而是以共同游戏者的身份参与游戏，通过进行相同的操作、直接的技能示范，既帮助幼儿掌握了搭高楼的技巧，又没有打断幼儿原有的游戏进程，将共同游戏者的作用以“润物细无声”的方式发挥得淋漓尽致。

#### 4. 游戏带头人

游戏带头人是教师积极地参与幼儿游戏，对游戏施加更多、更深的影响，有意地采取一些措施来丰富和延伸游戏情节。例如，教师提出新的游戏主题，加入新的游戏材料或情节元素以扩展原有的游戏内容。通常，在幼儿自己很难开展游戏或者当下游戏难以进行下去时，教师就要扮演游戏带头人的角色了。

**案例研读**

游戏开始好一会儿了，教师发现“超市”里的3个“营业员”站在“超市”门口无所事事，眼睛看着“娃娃家”，手里一直无意识地拨弄着小玩具，而“超市”里的物品倒是琳琅满目，于是教师走进了“超市”。

教师问：“营业员，你们站在门口看什么呀？”

幼儿回答说：“娃娃家很热闹，我们这里没人来，不好玩。”

教师又问：“怎么会没人来呢？”

幼儿回答说：“爸爸妈妈都不来买东西，他们大概太忙了。”

教师说：“哦，原来是这样。那要是他们的娃娃吃完牛奶怎么办呢？”

幼儿说：“我们送货上门好了。”

教师说：“送货？不错。怎么送？”

3个幼儿热烈地讨论起来。不一会儿，一名幼儿找来一辆手推车，装上货物就出发了，他一边走一边喊：“我给娃娃送牛奶来了。”

分析：在上述案例中，幼儿的游戏明显出现了问题，甚至难以进行下去了。教师没有打断或叫停幼儿的游戏，而是引导幼儿发现新的游戏思路，改变“超市”游戏原有的操作模式，带动幼儿采用新的运作方式，将“超市被动等人光顾”，转变为“主动送货上门”，使游戏得以顺利地进行。

通过以上论述可以发现，虽然上述4种角色是根据教师在游戏中的介入程度进行划分，但是在实践中，有经验的教师总是在仔细观察幼儿游戏的基础上，灵活地选择适合当前幼儿的游戏兴趣、游戏类型的指导方式，他们会根据游戏中的幼儿以及游戏本身的特征，不断地、灵活地转变角色，从而推动幼儿游戏的发展。

## 第二节　教师在幼儿游戏中的指导策略

教师有指导游戏的必要，并需要在幼儿游戏中扮演不同的角色。那么，教师的指导就一定会带来积极的效果吗？答案当然是否定的，就如本章案例导入中的案例，教师的行为就打扰了游戏中的幼儿。有学者指出，成人在游戏中会过度行使权力，将游戏过度结构化，从而抑制了幼儿按自己的意愿进行游戏的能力，并减少了幼儿在游戏中探索发现、解决问题、承担风险以及进行同伴交往的机会。因此，教师在指导幼儿游戏时，不能随心所欲，而应在认真观察幼儿游戏的基础上，在合适的时机，采用适当的方式指导幼儿游戏，以最大限度地对幼儿游戏产生积极的影响。

### 一、做好指导游戏的准备

教师想要成功地扮演幼儿游戏中的角色，成为幼儿游戏的支持者、合作者和引导者，就必须在游戏之前，在理念和行动上做好充分的准备。

#### （一）教师要树立正确的幼儿游戏观

虽然教师要指导幼儿游戏，但是游戏毕竟还是幼儿的游戏，游戏能否真正成为幼儿的活动，取决于教师对幼儿游戏的观点和态度。爱玩是孩子天性，游戏是幼儿的“生命”游戏，对幼儿有着独特的意义和价值。

树立正确的幼儿游戏观，就要尊重幼儿游戏的权利。具体做法是，尊重幼儿在游戏中的主体地位，给予幼儿自主发挥的空间。幼儿是根据自己的需要和愿望来玩游戏的而不是在教师的导演下表演，不是在游戏中执行成人愿望。教师要站在幼儿的立场上看待游戏，用心体会和理解幼儿及其游戏，这样才能理解幼儿的所作所为，满足幼儿的各种需要。既要实现游戏的教育目的，又要保证游戏的本质。因此教师要尊重幼儿在游戏中的自主权，让幼儿真正成为游戏的主人，让幼儿自己选择游戏，主动控制活动进程，自主决定活动的方式方法。教师要通过各种途径提高幼儿的游戏能力，使幼儿能驾驭各种游戏活动。这是教师指导幼儿游戏的前提和关键。

#### （二）教师要重视游戏计划的制定

重视幼儿游戏计划是真正将幼儿游戏纳入有目的的教育活动的关键，同时也是提高教师游戏组织能力、实现有效指导游戏的目的的良好手段。幼儿游戏要有计划、有组织，但这并不是要否定幼儿游戏的娱乐性和自主性，而是强调将游戏的目的性、游戏时间、游戏的场所、游戏的组织与指导纳入幼儿园整体的管理之中，使游戏真正成为幼儿园教育的基本活动，使游戏真正成为幼儿的主要活动。因此，幼儿园管理者和教师应当从幼儿园全园的教育计划出发，根据幼儿的年龄特点、发展水平、兴趣需要和幼儿园的游戏场地、材料等实际情况，从全园到各年龄班制定合理可行的、不同时间跨度（学年、学期、月、周、日）和不同层级（园所、年级、班级、具体游戏活动）的游戏计划。

### （三）教师要对幼儿游戏的指导方法进行考量和反思

幼儿园游戏作为幼儿园教育的基本活动，是有目标和计划的，但不是要求教师硬性安排幼儿的游戏，例如，规定幼儿玩什么、和谁玩、怎么玩，否则游戏就会失去意义，变成教师的游戏。因此，教师对幼儿游戏的组织与指导是教师深思熟虑的结果，是教师决策的结果。教师需要明白自己为什么要指导（目的和必要性），什么时候指导（时机）以及如何指导（方法），才能实现游戏对于幼儿发展的最大价值。随心所欲或者即兴指导幼儿游戏是非常危险的，其结果有可能是幼儿游戏的异化，这样的指导是不必要的，甚至是有害的。

同时，教师对幼儿的指导也是教师进行自我反思的过程。幼儿在游戏过程中，会以各种方式将教师指导的结果反馈给教师。教师从这些反馈中了解和认识自己的指导行为是否适宜，并据此对自己的指导方法加以适当的调整。教师要重视幼儿在游戏中的反馈，以及反馈所隐含的意义。教师收到幼儿的反馈，并根据反馈进行思考和选择，不断调整自己的行为，这个过程本身就是教师专业化发展道路上的一个推进器，将大大有益于教师的发展。教师专业化水平提高了，又会促进幼儿的发展。

## 二、选择合适的指导时机

教师做好指导幼儿游戏的准备后，就要开始真正的游戏指导了，但是什么时候指导，即游戏指导的时机成为摆在教师面前的首要问题。良好的指导效果依赖于恰当的时机。但是在瞬息万变的游戏实践中确定干预的时机往往是一件很困难的事情。选择适宜的时机和指导的方式是教育的艺术。在教师将指导付诸实践前，一定要先了解清楚以下问题：幼儿当前在干什么？有必要指导吗？我的指导会影响幼儿的游戏吗？如果会影响，这个影响是丰富了他们的游戏体验还是限制了他们的独立探索？教师在认真思考这些问题并衡量采取行动的利弊后，再决定是否介入幼儿的游戏，以何种方式介入幼儿的游戏。

游戏对于幼儿来说，是其与环境的互动。游戏过程，是幼儿探索环境，并获得发展的过程。当幼儿和同伴结成游戏小组时，他们需要时间和空间去探索，和同伴互动、协调。教师在幼儿探索的过程中要学会等待，在等待中观察幼儿，并思考上述问题，判断要不要介入幼儿的游戏。但是一定不要急于表达自己的想法，不要用成人的标准要求幼儿，更不能代替幼儿探索、思考与创造。等待是幼儿游戏时教师必须学会的事情，教师要学会在等待中抓住指导的时机。

一般而言，教师指导幼儿的游戏取决于两个因素：一是成人的期待，主要是指成人期望在游戏中看到幼儿不断发展的游戏水平、专注投入的态度和积极的情绪体验；二是幼儿的需要，主要是指幼儿的游戏进程是否顺利，有没有被帮助的需求。当幼儿游戏过程中出现以下几种情形时，教师就需要介入了：

（1）当幼儿游戏处于低潮、遇到困难或想要放弃时。

（2）当幼儿缺少游戏材料，使游戏难以进行时。

（3）当游戏中出现不安全因素时。

（4）当游戏中出现过激行为或消极负面内容时。

（5）当幼儿获得成功想要与教师分享时。

美国学者萨顿-史密斯建议，教师在自身状态不佳的情况下，最好不要介入幼儿的游戏。他认为的状态不佳主要包括 3 种情况：第一，教师主观上不想与幼儿玩游戏，觉得自己的介入会干扰幼儿的游戏时；第二，教师认为自己介入幼儿游戏仅仅是一种责任，不能从中享受乐趣时；第三，教师感到自己身心疲惫时。萨顿的观点表明，教师所认为的指导时机不仅是幼儿游戏的客观状态，还包括教师指导幼儿游戏时的主观心态。

因此，教师为达到预期的积极效果而介入幼儿游戏，即教师指导游戏的最佳时机，应该具备两个条件：一是幼儿游戏需要教师的介入和帮助；二是教师具备指导幼儿游戏的满腔热情和精力。

另外，当教师的指导达到预期的效果，或者有效果但是不是很理想时，教师有必要及时退出游戏。因为过多的指导不仅不能对幼儿游戏有所帮助，还有可能会阻碍幼儿自主、自愿地活动。一定要明悉，教师指导幼儿游戏的目的是要激发幼儿开展积极主动的探索活动，并努力自己解决问题，而不是代替幼儿思考和探索。

## 三、采用适宜的指导方式

教师确定指导幼儿游戏的最佳时机后，就要根据具体情况介入幼儿游戏了。教师介入游戏的方式可以分为两种：直接介入和间接介入。

### （一）直接介入

直接介入是指教师在指导游戏时，不直接参与游戏，而是以局外人的角色干预幼儿游戏行为。直接介入的优点是教师行为立即影响幼儿的游戏行为，是一种立竿见影的指导方式。某些特殊的情况下，直接介入的效果很不错。首先，幼儿在游戏过程中主动寻求帮助时，例如，幼儿所需要的游戏材料数量不够或者幼儿不会操作时，幼儿提出问题并寻求教师解答。其次，游戏中存在安全隐患时，例如，幼儿在舞台上游戏，个别幼儿距离舞台边缘很近，或者游戏场地中有障碍物，有可能绊倒幼儿。这些情况下，教师要立即有所行动，以便于游戏顺利进行，或者必要时直接打断幼儿游戏。直接介入的不足之处是会破坏游戏氛围，影响幼儿对游戏的热情和兴趣，所以教师在使用时要谨慎。另外，游戏前，做准备时，要全方位地考虑游戏中幼儿的安全问题，尽可能地减少安全隐患。

**案例研读**

小班的自由游戏时间到了，小宇想玩小木马，可是小木马已经有人玩了，于是向我求助。我带着他到小宁和小林的小木马旁，征求他们的意见。小宁不同意，他认为小木马是他先坐上去的。小宇求助小林，小林将小木马让给了小宇。有了小木马，小宇很开心，他邀请小洁一起玩。小宁看见了，也想和人一起玩。于是，我让他动动脑筋，邀请小洁和他一起玩，他扭回头说："小洁，你们两个都胖，小木马太挤了，我瘦，来我的小木马上玩。"小洁听了就走过来，和小宁坐到一个小木马上。尽管小木马上坐两个人很挤，但他们还是玩得特别开心。

资料来源：幼儿园游戏案例分析，见亲亲园丁网.

**分析：**案例中小宇向教师求助，由于小宇是小班幼儿，解决问题的能力还有很大的进步空间，教师没有拒绝他，而是直接带着他到小宁和小林面前，询问能不能让小宇玩，给幼儿提供解决问题的范例。后来，小宁也向教师求助了，教师也直接告诉小宁，可以邀请小洁一起玩。整个游戏过程中，教师的两次直接指导都是在向幼儿示范，遇到这样的情况应该怎么做，效果还是非常好的，幼儿玩得很愉悦。当然，如果游戏中是中班或者大班的幼儿，教师就要考虑其他的指导方式了。

### （二）间接介入

间接介入是指教师以游戏角色的身份出现，并根据幼儿游戏情节的变化和需要参与幼儿游戏。这种介入方式如果使用得当，会有利于建立良好的师幼关系，丰富幼儿的游戏经验，深化幼儿的游戏内容，提升幼儿的游戏水平。但是，这种介入方式对教师的要求比直接介入要高。首先，教师要有童心，真心实意地愿意和幼儿一起玩游戏。虽然幼儿教师的职业素养要求教师要热爱幼儿，拥有童心，但教师毕竟是成年人，以和幼儿相当的水平参与幼儿游戏，这不是人人都能轻而易举做到的。其次，教师参与幼儿游戏，但不能完全沉浸其中，要时不时地游离于游戏之外，观察游戏的发展和幼儿的需要，及时引导幼儿朝着有利于其成长的方向发展。

**案例研读**

在大班自主游戏时间，教师发现"医院"的一位"医生"正忙着用听诊器给一位"病人"听心率，两位"护士"在帮一位"病人"打针，"护士站"有一位"工作人员"很悠闲，还有两位"病人"站在一旁等候，于是说："哎呀，今天来看病的人挺多的呀！"幼儿甲："嗯！我们忙不过来。"教师："那我们在这里站着等会更不舒服啊。"护士站的幼儿乙："哦，你们到这边来坐着等吧！"教师一脸难受地说："你们谁来帮我量下体温呢？我有点发烧了。"幼儿丙："我来给你量吧。"于是拿来温度计给教师量了体温，然后又陆续给另外两位"病人"量了体温并跑去和"医生"汇报情况，"医生"也开始关注其他"病人"的病情。

资料来源：曹中平，韦丹，蔡铭烨. 幼儿园游戏指导［M］. 北京：北京理工大学出版社，2018：107-108.

分析：案例中的教师发现“医院”游戏中有“病人”无人照看，有“工作人员”无事可做的情况后，就扮演“病人”进入幼儿的游戏活动，从“病人”的角度向幼儿指出游戏中的问题，并提出解决问题的方法，丰富了游戏的内容，推动了游戏情节的发展。

其实，这两种介入游戏的方式没有好坏之分，二者适用的范围和具体情况不同，所发挥的效果也有所差异。因此，教师指导幼儿游戏时，要遵循“幼儿是游戏的主体”这一指导思想，根据幼儿游戏过程中的具体情况，恰当地选择介入幼儿游戏的方式。

## 四、运用恰当的指导方法

教师采取直接或间接的方式介入幼儿游戏后，要让幼儿明白教师的真正意图，切实地对幼儿游戏产生影响，具体方法有两种，一种是言语指导，一种是非言语指导。

### （一）言语指导

言语是教师指导、影响幼儿的重要手段，具体的操作方法有建议、描述、询问、提问、重述、讨论。

#### 1. 建议

当幼儿的游戏出现问题，教师可以直接或间接的方式提出解决问题的方法或建议。教师建议的时候，要注意用试探、协商的语气和态度，而不是直接命令。幼儿可以采纳这种建议，也可以在教师的启发下想出新的方法。建议的时机一般在游戏之初，提出游戏主题、分配游戏角色时；在游戏进行到一定阶段，需要游戏情节和内容时。例如，“瑶瑶想到了一个办法，我觉得还挺好的，你们不妨试一试。”“我刚看到明明是这样玩的，你们要不要试一下？”“娃娃是不是饿了？做饭了吗？”通过试探或协商的方式要求或暗示幼儿去做什么或如何做，可以为幼儿的游戏提供一种新思路，使幼儿的游戏顺利进行下去或者转变一下方向，提高游戏的水平。

#### 2. 描述

教师将幼儿在游戏活动中的行为、情绪或表现用语言生动地叙述出来，使幼儿明确意识到自己的行为或情绪，同时向幼儿传递教师的关注和理解。使用语言描述的方法指导游戏的基础是对幼儿游戏行为的细致观察和准确判断，切忌缺乏观察与了解而主观臆测。

**案例研读**

一个男孩在用纸盒子做书包。他先用蓝纸把盒子整个包起来，然后对它进行装饰。他从图片上剪下来一只卡通狗，把它贴到盒子上去，但是贴的位置偏向左边。他把卡通狗小心翼翼地揭了下来，对准中间位置黏好。教师一直在关注着这个男孩的行动。这时，教师走过去说：“哦，你发现贴歪了，偏在了左边，所以你又揭下来了，重新贴，把卡通狗放在正中间，这样左右两边就对称了，更好看了。对吧？”

分析：案例中的教师关注到了幼儿的行为，并通过语言描述向幼儿传递了这种关注，让幼儿明确意识到自己的行为和行为所带来的效果。

3. 询问

询问是指教师针对幼儿游戏中的活动或所发生的事情提出问题，并鼓励幼儿用自己的语言将所做的事情或看到的情况表达出来。询问的作用有两个：一是帮助教师了解幼儿的游戏情况，例如，了解幼儿正在做出的游戏行为和他们的想法；二是教师所提出的问题的答案能帮助幼儿梳理思路，明确自己的行为。例如：“这是怎么回事？”“你画的是什么？”

案例研读

“娃娃家”里面乱七八糟，玩具扔了一地。只见“客人”阳阳正埋头一个劲地往洗衣机里塞东西，“爸爸”恩之则在炉灶旁一边做菜一边自己吃着。“妈妈”文文则把娃娃扔到地上，自己躺在小床上。

文文喊道：“妈妈，我饿了，你喂我吃饭。”正在洗衣服的阳阳马上跑到床边，给她穿上鞋子带她坐到桌子旁边。我走了进去，说：“你们好，这里谁是妈妈呀？我来你们家做客好吗？”只见文文和阳阳同时举起了小手，抢着说：“我是妈妈。”我又问：“那我能看看你们的宝宝吗？”阳阳看了一眼文文说：“她是我的宝宝。”我转头问文文：“你是妈妈还是宝宝呀？”文文想了一会儿说：“她是妈妈，我是宝宝。”她又看了一下自己的胸牌，举起来说：“你看，我这个是妈妈。”

我拍了一下头，做恍然大悟状说：“我知道了，你是妈妈又是宝宝对吗？”文文听了马上点点头。“那她是你的妈妈，就是奶奶了是吗？”两个人都点点头。“你看你们家还有一个小宝宝呢！”我抱起地上的娃娃对文文说，“她是你的宝宝吧！”文文一听马上点点头，把娃娃从我手上抱过去对阳阳说：“妈妈，这是我的宝宝。”我说：“妈妈饿了，宝宝也饿了，怎么办呢？”一听这话，阳阳马上又拿出一个小碗和调羹给文文，文文拿着调羹一口一口喂着娃娃，阳阳又一口一口地喂着文文。

分析：案例中的游戏有些乱，是因为游戏比较复杂，孩子们没有完全理清人物关系，文文既是“妈妈”，又是“宝宝”。教师通过询问，不但自己了解了幼儿的游戏情况，又帮助幼儿梳理清楚游戏中的角色关系。通过建议的方法指导幼儿，使得游戏能顺利地继续进行，并改善了之前乱糟糟的情况。

4. 提问

提问是指教师以提出问题的形式，鼓励、引导幼儿思考、探索与表达。教师提的问题应尽量是开放性问题、没有标准答案的问题，这样便于幼儿认真思考，并调动自己的知识经验，发表自己的见解和看法。例如：“粉色的超轻黏土没有了，怎么办呢？”“怎么才能知道这个积木哪条边更长呢？”

#### 5. 重述

重述是指教师在与幼儿交谈的过程中，在理解幼儿表达内容的基础上，变换说法重新表述幼儿说过的话。重述可以提示幼儿正确的句子结构或不同的句型，使幼儿了解表达同一件事情时，可以用不同的表述方式。重述还具有纠正幼儿错误表达和示范规范语言的作用，可以避免伤害幼儿的自尊心和表达的积极性。例如，一个男孩在“娃娃家”玩，老师走过去问他：“你在做什么呢？”男孩回答：“我煮它吃过了。”老师重述：“哦，你把饭煮好，还喂娃娃吃过了。”

#### 6. 讨论

幼儿在游戏活动中遇到问题的时候，教师可以向全体幼儿提出问题，引导幼儿以小组或以集体为单位进行讨论，即在幼儿中间展开“头脑风暴”，教师不必在意幼儿所说内容的对与错，在于让幼儿畅所欲言地表达。幼儿参与讨论的时候，可以产生新的想法、新的观点。同时，讨论的过程也是幼儿理解问题的过程，幼儿也能从中有所收获。幼儿一起讨论所得的结论和做法更容易引起幼儿的共鸣和认同，执行力度也更大。

#### 案例研读

为了筹备“超市”的开张，我们已经做了很多工作：教室里上柜的六大类商品、丰富的广告宣传的环境布置。但是到了开张的那一天，全班幼儿都该做些什么呢？谁是顾客呢？买卖关系如何形成呢？我们决定还是把这些“难题”抛给幼儿。于是再一次将幼儿引向集体讨论：“超市要开张了，我们怎么安排这个超市呢？小朋友们该做些什么工作呢？”幼儿纷纷出谋划策：“正门是进口，后门是出口。”“还需要收银台。”“收银台就放在出口吧。”教师问道：“收银台谁来负责呢？”幼儿回答：“是收银员。”“价格还是标在每个商品上。”教师询问：“那我用什么钱来买商品呢？”幼儿回答：“就用我们角色游戏的钱（银行的练功券）吧。”教师询问：“经理要做些什么事情？”幼儿答：“经理是管位子的。”“经理是管人的，还要管很多的东西。”“管很乱的货物。”……

资料来源：丁海东. 幼儿园游戏组织与指导［M］. 3版. 长沙：湖南大学出版社，2019：107-108.

**分析：**讨论的时间很长，幼儿并没有因此而厌倦，整个半天都在激烈讨论和讲述，每个幼儿都在积极地动脑筋，若是想法得到大家的肯定，他们就会很兴奋，在下一个话题中，他们仍会情绪高涨，点子也一个一个地冒出来。大家都在脑海中预想“超市”开张时的样子：顾客上门，我们要说什么？我们怎么介绍？送货要及时，理货要整齐……因为有谈话的准备，我们和幼儿心里渐渐有了底。

### （二）非言语指导

教师在指导幼儿游戏活动的时候，还可以用非言语的方式，例如，通过面部表情、眼神、手势、动作向幼儿传递某种信息，与幼儿互动，支持与指导幼儿在游戏中的学习和发展。例如，当幼儿用油画棒非常细心、态度认真地涂完一副小狗的画时，教师用手轻抚她的头，并通过点头、微笑表达对幼儿的肯定时，会给幼儿以莫大的信心与鼓励。

非言语的方法除了上面提到的面部表情、眼神、手势之外，还有注意和不注意、动作示范和提供材料等。例如，有的幼儿在游戏中会做出一些浮夸、多余的行为或动作来吸引教师的注意，此时教师如果“如幼儿所愿”，会让他变本加厉，而教师刻意的忽视会让他明白自己的行为不合时宜。再如，小班的幼儿因为玩具数量不够发生争执，教师端来一筐同样的玩具，要比千言万语都有效。

幼儿游戏是在真实情境中发生的，且形式灵活多变，同样教师的指导也具有情境性和灵活性，教师应当根据实际情况，灵活地、综合地运用言语和非言语的方法指导幼儿游戏。

## 五、制定游戏常规

游戏毕竟是幼儿的游戏，教师指导游戏的最高境界就是教师“无用武之地”，幼儿自己完全可以应付游戏及游戏中发生的各种意外状况。而实现该目标的重要前提就是幼儿养成良好的游戏常规。

游戏常规是指为了确保游戏活动的顺利开展，在游戏前师幼共同约定的某些要求，这些要求对适宜的行为表示允许，不适宜行为表示禁止。游戏常规是对日常游戏活动的规定，不是针对某个游戏中的某个情节或行为，是适用于很多游戏的规定。例如，游戏结束后，要整理游戏材料，并将其放回原处。

游戏常规在幼儿游戏的发起、过程中是不可或缺的，它发挥着非常重要的作用。首先，制定游戏常规的目的是保障游戏活动有序开展。例如，玩滑梯时要排队，滑过一次的幼儿要回到队尾重新排队，不能连续地玩。如果一个幼儿连续地玩，其他幼儿就无法游戏了，冲突必然发生。其次，制定游戏常规也是为了保护幼儿的身心安全。最后，游戏常规的制定有利于幼儿社会性的发展。例如，制定游戏常规的过程中，同伴之间要相互协商，不能独断专行，在协商的过程中幼儿逐渐克服自我中心，并习得社会交往的技能和技巧。因此，游戏常规对幼儿游戏、幼儿发展都是非常必要且重要的。

教师引导幼儿建立游戏常规是为了培养幼儿良好的游戏行为习惯，保证游戏活动的顺利进行，但绝不是对幼儿游戏行为的限制和约束。因此，建立游戏常规要考虑幼儿的年龄特点。例如，小班幼儿的认知具有自我中心的特点，这就要求教师不能对小班的幼儿提出与同伴合作的游戏常规。而且，建立游戏常规是为了满足幼儿游戏活动的需要，幼儿是游戏的主体，因此，游戏常规的制定也要发挥幼儿的自主性，培养他们发现问题和解决问题的能力，引导幼儿逐步从参与制定常规到自己制定常规。游戏常规制定出来之后，要让幼儿在游戏中体会游戏常规带来的方便与乐趣，逐渐将游戏常规内化为幼儿内心的需求，真正发挥游戏常规的价值。

游戏常规包含的内容是比较广泛的，可以是指向具体动作的要求，也可以是指向人际交往行为的要求。一般而言，合理的游戏常规主要包括以下几个方面的内容：

微课：
幼儿游戏常规

### （一）爱护玩具，不随便毁坏玩具

教师要让幼儿明白，幼儿园的玩具是大家共同拥有和使用的，因此，每个幼儿都要爱护玩具，不能随意丢失、损坏。教师可以通过对比新旧玩具、干净和不干净的玩具，让幼儿明白玩玩具时，要小心，轻拿轻放。如果有的玩具轻微损坏，教师整理或修理时，可以让幼儿旁观，或者让幼儿帮忙拿工具。幼儿自己修补过的玩具，会格外爱惜。

### （二）玩具共享，不能独占或抢夺

既然玩具是大家的，就要让幼儿学会共享玩具。幼儿要认识到，游戏中需要什么玩具，就取用什么玩具，不能一个人独占一堆玩具；自己想玩别人手中的玩具，不能直接抢夺，而要学会等待或用语言协商，征得他人的同意后才能取用；当某种玩具数量有限，而自己又非常想玩，或者游戏中必须使用时，要学会轮流、等待或拿自己手中的玩具交换；不要让幼儿养成私自将自己喜欢的玩具带回家的习惯。

### （三）学会整理玩具，不能随处乱丢或乱放

游戏刚结束时，教师要带领幼儿一起整理、收拾玩具，并逐渐放手让幼儿学会自己收拾玩具，逐渐养成用完送还原处或分类放入玩具筐的习惯。不能放任幼儿将玩具随便乱丢、乱放或散落一地。一般而言，如果是小班幼儿，教师要请幼儿一起来收拾整理；中班阶段，应以幼儿自主收拾整理为主；大班阶段，要让幼儿养成独立、自觉收拾整理的习惯。

### （四）友好合作共处，不干扰他人

对于中大班幼儿而言，在联合游戏和合作游戏中，特别是需要幼儿通力协作的角色游戏中，幼儿要在共同设计主题和分配角色时，学会和同伴交流、协商，而不是只考虑个人的意愿，懂得轮流担任主要角色，能够做到相互谦让，使大家都有锻炼和表现自己的机会。在进行相对独立的小组游戏和个人游戏时，幼儿可以相互建议、协商，但不能强行干涉别人的想法，要尊重别人正在进行的游戏。对同伴的游戏成果要珍惜，不要肆意毁坏。教师要迅速有效地制止幼儿随意损害别人游戏成果的行为，并加以教导。

### （五）活动时认真积极，不三心二意

幼儿在游戏中要细心认真、全神贯注。幼儿要能够积极主动地参与游戏，不随便中断活动，注意游戏的持续性、目的性。这既是幼儿游戏时的常规，也是幼儿游戏水平的集中体现。

上述 5 个方面只是游戏常规的一般性内容。在教育实践中，教师帮助幼儿建立游戏常规时要注意把握幼儿游戏的本质与特征，针对性质不同的游戏活动，在考虑幼儿年龄特点的基础上，联系幼儿已有的知识经验，逐渐建立合理的游戏常规。幼儿在游戏常规的指引下，自由、自主地游戏，在游戏中健康快乐地成长、进步。

## 思考与练习

### 一、简答题

1. 简述教师指导幼儿游戏的重要性。

2. 简述教师在幼儿游戏中的角色。
3. 简述教师指导幼儿游戏的准备工作。
4. 简述教师指导幼儿游戏的合适时机。
5. 简述教师指导幼儿游戏的方式和方法。
6. 列举合理的游戏常规。

## 二、论述题

结合幼儿园教育实践，论述教师在幼儿游戏中的指导策略。

## 三、案例分析

### 课证融通

李老师发现大班“理发店”的“顾客”很少，“顾客”对理发店不感兴趣，于是李老师带幼儿到理发店参观各种设施。幼儿在理发店里看到顾客躺着洗头、梳理发型，李老师鼓励幼儿向理发师咨询问题，并记录下幼儿的问题，还拍下照片。回到幼儿园，李老师组织幼儿讨论“如何开好理发店”，并利用照片给孩子回顾，有的幼儿反映没有躺椅，有的反映没有发型梳，李老师则启发幼儿自己用积木做躺椅，自己画发型。之后，“理发店”的生意又红火起来。(2012 年下半年真题)

**分析：**案例中教师采用了哪些策略来支持幼儿的游戏活动?

# 第六章　幼儿园角色游戏

【学习目标】

√　了解角色游戏的产生与发展

√　理解角色游戏的概念、特征和作用

√　初步掌握角色游戏的结构和指导要点

【素质目标】

√　初步树立立足于当前我国幼儿园角色游戏现状的游戏指导观

## 案例导入

“娃娃家”：冉冉对依涵说：“你抱娃娃吧，我给她喂饭。”依涵点头接受了冉冉的安排，接过娃娃抱起来，冉冉拿着调羹和小碗像模像样地一口一口喂起了娃娃……

“超市”：超市里的物品琳琅满目，3个“营业员”各司其职。牛牛在整理货物架上的各种物品，小文在招呼一位顾客，小刚在准备着给忙不过来的“娃娃家”送娃娃的食物——牛奶……

分析：上述案例中，幼儿正和同伴一起玩角色游戏。幼儿对自己生活中接触的成人及他们的言行非常感兴趣，并在角色游戏中，以自己的方式将成人的一言一行重现出来，在这样的情况下，游戏如火如荼地开展起来。角色游戏的特征是什么？教师如何指导角色游戏？本章就和大家一起来认识幼儿园角色游戏。

# 第一节　幼儿园角色游戏概述

角色游戏是幼儿期典型的象征性游戏，也是幼儿非常喜欢的游戏之一，对幼儿的发展有着不容忽视的价值。在角色游戏中，幼儿通过想象，扮演各种各样的社会角色，创造性地反映个人生活经验，幼儿各方面的能力得到不同程度的发展。

## 一、角色游戏的概念和特征

### （一）角色游戏的概念

角色游戏是幼儿按照自己的兴趣和意愿，借助真实或替代的物品，运用模仿和想象，通过扮演角色，创造性地再现周围社会生活的游戏。

角色游戏是幼儿自然游戏中的一种，是幼儿成长过程中一项必要的活动，也是幼儿发展过程中必经的一个重要阶段。角色游戏在幼儿两三周岁时产生，学前晚期达到高峰，是幼儿期特有的最典型的游戏之一，也是幼儿游戏中常见的一种游戏类型。

### （二）角色游戏的特征

#### 1. 自主性

角色游戏是幼儿独立自主的游戏，是随着幼儿自身的发展、知识经验的丰富和对周围环境认识的积累而自发产生的。幼儿对成人世界的羡慕和渴望，是幼儿角色游戏产生的动机，这可以说是幼儿的一种本能，是与生俱来的愿望。一旦幼儿的认知达到一定的水平，幼儿就会将模仿成人世界的愿望转化为积极的行动，根本不需要成人的引导和激发。

角色游戏是幼儿独立自主进行的活动，这表现为游戏主题的选择、游戏角色的安排、游戏情节的开启和发展都是幼儿自己决定的。这里所说的独立自主并不是说幼儿角色游戏不需要教师和家长的指导，而是说角色游戏从开始到结束，是幼儿自发的活动，整个游戏过程中的自主权都掌握在幼儿手中，而不是成人。角色游戏是幼儿大显身手的机会和活动，幼儿自发地将自己的生活经验和兴趣反映到游戏中，幼儿的自主意识和能力在其中得到充分的展示和发展。幼儿的角色游戏是由幼儿的内部动机引起的，它不追求游戏的结果，快乐地享受游戏过程，并在游戏过程中获得发展。教师指导幼儿的角色游戏，要充分地尊重和守护幼儿的自主权，不能过度干预，甚至包办代替。

#### 2. 社会性

角色游戏与幼儿的社会生活联系紧密，幼儿的生活经验是角色游戏的基础。角色游戏的过程是幼儿对自己的社会生活经验的主动再现和积极体验的过程。例如，幼儿把自己逛超市的经历再现在“小超市”的游戏中，将父母在生活中对自己的照料再现在“娃娃家”的游戏中，将自己生病、去诊所或去医院看病的生活经验再现在“小医院”的游戏中。这说明幼儿角色游戏的内容源于幼儿的社会生活。幼儿角色游戏不仅再现幼儿的社会生活，还真实地模拟幼儿周围现实生活中的人际关系。例如，“娃娃家”中，幼儿模拟的是家庭中成员的亲子关系，尤其是父母与孩子之间的关系；“超市”“商场”的游戏中，幼儿模拟的是买方与卖方的人际交往方式与关系，体现物品与金钱交易的社会规则和经验。幼儿还在角色游戏中表达自己对成人生活的某种期待。例如，女孩希望成为妈妈那样的大人，做妈妈做的事情如做饭、洗衣，穿漂亮衣服，照顾自己的孩子；男孩希望像警察那样抓坏人，像超人那样打怪兽，维护世界和平，做一个勇敢、能干的“男子汉”，所以经常玩“抓小偷”“打怪兽”的游戏。角色游戏是反映幼儿社会生活经验的游戏。

#### 3. 表征性

角色游戏是幼儿的一种以想象为特征，具有自主性和创造性的游戏，是对成人的社会生活的反映，但不是成人生活的真实再现，是幼儿在游戏角色、动作、情境等方面进行想象并表征出来的活动，是幼儿表征能力发展到一定阶段的产物。假想是角色游戏的基本特征之一，角色游戏的启动与展开需要幼儿充分地展开想象，对游戏环境、游戏角色、游戏材料和游戏情节进行再造、创造想象。在游戏中，幼儿采用“以人代人”“以物代物”“以物代人”“以人代物”等方式巧妙地脱离具体事物的限制，将想象活动与现实活动创造性地结合起来，将假想和真实糅合在一起，彰显角色游戏特有的魅力和特色。而“以人代人”“以物代物”正是角色游戏的表征行为。角色游戏的表征行为主要表现在以下两个方面：

（1）“以人代人”，即以扮演的角色代替真实角色。例如，幼儿在“娃娃家”中扮演爸爸妈妈，在“我是解放军”游戏中扮演解放军战士。

（2）“以物代物”，即用一种物品代替幼儿现实生活中不在眼前的物品。例如，用木棍代替骏马。

表征的实质是幼儿用语言、动作、物体等抽象符号替代、表现出头脑中的实体形象。在游戏中，幼儿将这些假想活动当作真实的活动来经历，并从中获得真实的体验，这正是角色游戏的价值所在。

**课证融通**

幼儿园的娃娃家游戏属于（　　）。（2012 年上半年真题）

A. 结构游戏　　B. 表演游戏　　C. 角色游戏　　D. 智力游戏

## 二、角色游戏的产生和发展

### （一）角色游戏的产生

角色游戏是幼儿对现实生活的积极再现，但并不是幼儿生来就会的，它是幼儿心理发展到一定阶段的产物。幼儿在 2 周岁之前，处于感觉运动阶段，寻求并满足于感觉与运动器官的机能性快乐，如扔东西、反复摆弄物体、摇木马。2 周岁以后，由于模仿和想象能力的发展，幼儿开始出现延迟模仿，使他们能够在自己假想的情境中再现自己曾经见过、经历过的生活情境。于是，角色游戏开始了。角色游戏是 3 ～ 5 周岁幼儿最典型的游戏之一。这一时期的幼儿普遍热衷于角色游戏，细心的家长和教师会发现，幼儿会很自然地扮演他们生活中常见的成人角色，如父母、医生、警察。6 ～ 7 周岁以后，幼儿的规则意识发展到一定阶段之后，角色游戏才开始逐渐减少，规则游戏逐渐占据主导位置。可以说，角色游戏是幼儿游戏发展的必经阶段，幼儿通过体验角色游戏来促进情感、认知和社会性等方面的发展。

### （二）角色游戏的发展

虽然说角色游戏是幼儿游戏发展的必经阶段，但并不是经由感觉运动游戏阶段后直接横入幼儿的生活，而是伴随着幼儿的认知、表征能力水平的提高，逐渐渗入幼儿的生活，并慢慢占据主导地位的。角色游戏的发展可以从角色扮演水平的发展、游戏内容的扩展与丰富、玩具材料与替代物的使用等方面来分析。

#### 1. 角色扮演水平的发展

幼儿角色扮演水平的发展趋势是从摆弄、操作实物的行为，发展到能够明确角色间的关系，遵守较复杂的游戏规则，真实而概括地反映主要社会角色的典型行为。具体可以分为以下 4 个阶段：

第一阶段，单纯摆弄、操作实物的行动。幼儿不能意识到自己所扮演的角色，而是满足于摆弄物体和反复做同样的动作。例如，幼儿反复“喂”娃娃、不停地“切”菜，却没有意识到自己是在扮演妈妈。

第二阶段，担任角色，但未能按照角色要求行动，且随时会因为环境的变化而改变自己的游戏。例如，“妈妈”在“喂”宝宝时，忽然听到有人喊自己或看到别的游戏材料，丢下宝宝就走，离开自己所扮演的角色情境。

第三阶段，角色意识明确，能够按照角色要求行动，但还不能与其他角色进行有效的配合。例如，扮演妈妈的幼儿始终在忙着自己的事情，一会儿给宝宝“喂奶”，一会儿“做饭”，但一直没有注意旁边的“爸爸”，没有和“爸爸”之间的沟通。

第四阶段，角色意识明确而且能够协调角色间关系，角色行为相互配合，产生互动，满足共同游戏的需要。例如，扮演妈妈，不仅能照顾好宝宝，兼顾家务，而且能很好地和“爸爸”配合，安排各项事务，嘱咐“爸爸”下班早点回家，路上注意安全。

#### 2. 游戏内容的扩展与丰富

角色游戏的内容包括游戏主题和游戏情节两个方面。

游戏主题是指游戏中所反映的社会现象的范围，涉及家庭、社会的方方面面，如“娃娃家”“医院”“理发店”“银行”“超市”。游戏情节是指主题的展开以及游戏中的具体活动过程。幼儿游戏中，往往会出现主题相同，但是游戏情节不同的现象。

幼儿选择何种游戏主题，主要由以下几方面决定：第一，是否有幼儿亲身经历、留下深刻印象的内容；第二，是否有幼儿愿意扮演的角色；第三，是否有吸引幼儿的游戏材料或游戏情境。

幼儿游戏主题的范围随着幼儿生活范围的扩展，由他们熟悉的家庭或幼儿园的生活，逐渐扩展到社会生活，如“邮局”“医院”“公园”。主题的性质由简单的、自由的、松散的逐渐过渡到比较复杂的、符合社会规则要求的内容。

刚开始，游戏情节是幼儿生活中的某个片段，表现为幼儿自己生活片段的零散出现，没有规律可言，例如，“妈妈喂宝宝吃饭”。随着幼儿认知能力的发展，游戏由生活片段逐渐扩大到幼儿生活中的一段情节，如“妈妈起床做饭”“喂宝宝”“打扫房间”，游戏情节出现系列化，并越来越丰富，且富有创造性。

#### 3. 玩具材料与替代物的使用

在角色游戏中，幼儿使用玩具材料和替代物的能力发展情况可以从以下几个阶段来看：

第一阶段，幼儿主要表现为模仿别人。往往是别人玩什么，自己就跟着玩什么，所以很容易出现争抢玩具的现象。由于表征能力有限，幼儿开始用实物做出相应的动作，例如，用真的梳子假装梳头、用真的杯子假装喝水。

第二阶段，幼儿不再只模仿别人，而是能够根据自己的兴趣、意愿使用材料。通常这些材料形象性比较强，如“娃娃家”的炊具——炉灶、锅碗。此时替代物越逼真，越能引起幼儿的游戏行为。

第三阶段，幼儿能够按照角色要求，使用与自己所需物体具有相似外形的替代物，如用木棍代替注射器、用扫把当马骑。

第四阶段，幼儿能够不拘泥于材料外形上的相似性，替代物品呈多样化，实现一物多用。幼儿能够使用的替代物的范围越来越广，甚至可以用随手拈来的东西代替自己需要的物品。

第五阶段，幼儿能够借助想象用语言和动作来进行抽象性替代。例如，吃饭不一定要有模拟的碗或替代的碗，做一个“吃”的动作就可以实现他们的愿望、达到他们的要求。买东西、付钱、给娃娃穿衣服等全部可以转化为这样的语言活动，配合动作来实现。

## 三、角色游戏的要素

角色游戏主要包括游戏主题、角色扮演、假想和内隐的游戏规则。

### （一）游戏主题

游戏主题是角色游戏的核心要素，它统筹、影响角色游戏中的其他要素。游戏主题不仅包括游戏名称，还有游戏内容，是幼儿在游戏中所反映的成人的社会生活，以及活动中的情节、动作和关系。在角色游戏中幼儿扮演的角色、所需要的玩具材料和游戏规则等都要围绕游戏主题。这些要素共同构成角色游戏的基本框架。所以，角色游戏必须有适宜的游戏主题。游戏主题决定角色游戏的社会性特点，因为幼儿角色游戏的主题来自幼儿的日常生活经验，往往从幼儿熟悉的家庭或幼儿园的生活，逐渐扩展到社会生活。

### （二）角色扮演

角色是角色游戏中最基本的构成要素之一。在游戏中，幼儿扮演一个或多个与主题相关的角色，这些角色通常是幼儿经常接触的，自认为很重要的，或能引起强烈情感体验的人物，如“娃娃家”中的爸爸妈妈、“医院”中的医生和病人、“商场”中的服务员。在游戏中，幼儿借助语言、动作和表情创造性地表达、展现自己对这些社会角色的认知和理解。

角色游戏中，幼儿扮演的角色从其性质出发可以划分为 3 类。

第一类：机能性角色。这是通过表现模仿范例（模仿对象）的一两个富有特色的典型动作，来表示他所模仿的对象。例如，通过转动方向盘的动作来扮演司机，通过打针动作来扮演护士。

第二类：互补性角色。幼儿所扮演的角色是以角色关系中另一方的存在为条件的。例如，幼儿扮演妈妈是以孩子的存在为前提条件，扮演教师是以学生的存在为前提条件。这些角色主要来源于幼儿的日常生活，是他们亲身体验过的，或者是非常熟悉的人际关系的再现。在这种关系中，幼儿往往喜欢扮演占有主动地位的一方，如亲子关系中的爸爸妈妈、理发师与顾客关系中的理发师、师幼关系中的老师。

第三类：想象性或虚幻性角色。此类角色往往是现实生活中不存在的，主要来源于幼儿所熟悉的故事、童话、电影、动画片等文艺作品，但并不是所有的角色都会出现在游戏中，而是幼儿扮演其中的部分角色，这些角色要么是他们非常喜欢的，要么是令他们印象深刻的，所以幼儿将其迁移到现实生活中，如《喜羊羊与灰太狼》中的喜羊羊、《熊出没》中的光头强,《奥特曼》中的奥特曼。

幼儿对于角色的扮演是有选择性的。从以上 3 种角色类型来看，幼儿喜欢扮演职业角色，如警察、解放军、医生、理发师、收银员；如果是文艺作品中的人物，幼儿更喜欢正面的英雄角色，如孙悟空、黑猫警长。精神分析学派认为，幼儿的许多游戏背后都隐藏着深刻的情绪因素。基于这种情绪因素，幼儿对 3 种角色的扮演产生了偏好：第一是幼儿比较崇拜和尊敬的人，往往是成人，如父母、老师；第二是会让他们产生恐惧害怕情绪的人或事物，如医生、警察；第三是在身份地位上不同或低于他们的角色，如小猫、小狗。幼儿对这些角色的选择除了受到自身情绪情感的作用外，还会受到自身性别和生活经验的影响。例如，警察、解放军的角色更容易受到男孩的青睐，妈妈、医生、护士则是女孩子游戏时倾向选择的角色。幼儿选择的角色往往是他们熟悉的、生活经验里出现过的角色。例如，没有接触过记者采访的幼儿，游戏时几乎不会选择小记者这样的角色，亲身体验过或见过记者的幼儿，才会选择类似的游戏角色。

### （三）假想

假想既是角色游戏的重要特质，又是贯穿整个角色游戏始终的重要的构成要素。可以说，没有假想就没有角色游戏。角色游戏中的假想主要包括对游戏材料的假想和对游戏动作与情境的假想。

游戏中，幼儿对物品的假想，即“以物代物”受到具体形象思维的制约。幼儿的“以物代物”不是盲目的，替代物和被替代物的外形有一定的相似性，能够引发幼儿的想象。为什么游戏中的“以物代物”，要以物品外形上的相似性作为基础呢？这可以通过图6-1来说明。

角色游戏的开展离不开游戏材料的辅助和支撑，更离不开幼儿对游戏材料和物品的假想。幼儿对物品的选择和假想，是由幼儿的思维发展水平决定的。例如，在“小厨房”游戏中，幼儿将撕成条的纸当成面条，把海绵当成面包。不同的幼儿对同一物品产生的想象也有可能是不同的，因此，在游戏中，幼儿需要借助语言将自己的想象表达出来，使同伴能够理解和接受。例如，用手摆出手枪的姿势，并发出“砰砰”的声音，告诉同伴这是手枪。游戏中，大家对材料和物品的假想达成共识和统一，游戏才能顺利进行。

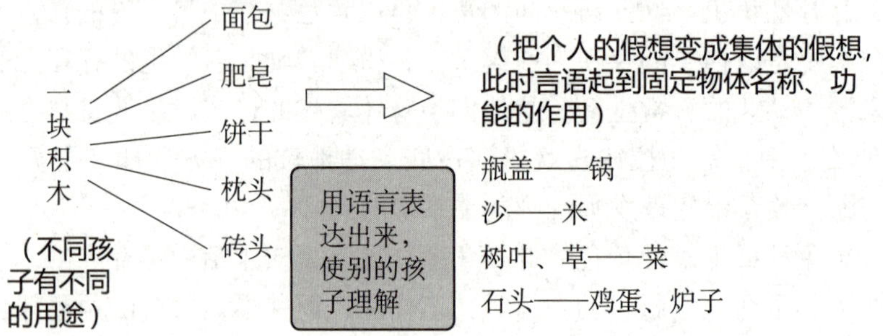


图6-1　游戏中“以物代物”象征方式的建构

在角色游戏中，幼儿不是单纯地玩玩具，而是通过玩具的使用来表现假想的游戏情节。例如，拿着拼插出来的玩具手枪打怪兽，用听诊器给病人看病。幼儿还会把游戏动作的假想放在一定的假想情境之中来表达自己的愿望、想法和情感。例如，拿着电话假装和妈妈打电话，拿着一根棒子假想自己是正在救人的“小魔仙”。

游戏中，幼儿的动作和情境假想具有概括性，它是对现实生活中某一类动作或情境的概括，而不是指某人在某情境下的具体的动作。例如，司机转动方向盘开车，给病人打针的护士，这是对司机、护士动作的概括，因为幼儿认为，大多数司机和护士都是这样的。游戏的动作、情境具有一定的概括性，这为幼儿发挥想象提供了广阔的空间，使不同的幼儿在不同的情境中都可以使用，游戏得以顺利地进行。

### （四）内隐的游戏规则

游戏中的规则是必需的，它制约着游戏参与者的行为，是每个游戏参与者必须遵守的行为准则。角色游戏中的规则和其他游戏的规则不完全一样。角色游戏的规则是为了游戏的实际开展而由大家共同制定的。例如，在“老鹰捉小鸡”的游戏中，小鸡必须躲在鸡妈妈的身后，老鹰不能去捉没有掉队的小鸡，这些规则可以预设，也可以在游戏进行中根据需要生成，具有不可预测性和多方向性。这些规则是外置于游戏的，在获取所有游戏参与者的同意后，是可以修改的。

角色游戏的规则是受角色制约的，需正确地反映现实生活中每个人物应有的动作及先后顺序、人们的态度以及相互间的关系。因此，游戏规则是由游戏者根据所扮演角色在社会生活中的行为方式制定的，不可以随意更改，这表现出角色游戏规则的内隐性。例如，到医院看病，必须先挂号，然后找医生看病，再由护士给病人打针，这个顺序是不能随意变动的。虽然幼儿知道自己是在游戏，是假装的，但是他们总是尽可能准确地再现他们观察和体验到的现实生活中的动作和情境。幼儿在角色游戏中追求效果逼真的扮演。如果某个幼儿的行为不符合角色要求，就会受到其他幼儿的“指责”，甚至被“开除”。因此，角色游戏的内隐规则既可以约束和规范幼儿的游戏行为，还可以保证游戏的顺利进行。

## 四、角色游戏的教育作用

角色游戏作为幼儿期典型的象征性游戏，是幼儿发展的必经阶段，且在幼儿发展中具有极其重要且深远的教育价值，主要表现在以下几个方面：

### （一）有助于幼儿的社会性发展

社会性是社会成员为适应社会生活所表现出来的心理和行为。幼儿的社会性是在幼儿同外界环境相互作用的过程中逐渐发展起来的。作为再现幼儿社会生活的角色游戏，可以帮助幼儿认识和了解社会生活中各种社会角色，在游戏中体验社会角色之间的沟通互动，了解所扮演的社会角色的行为方式。在这个过程中，幼儿的社会交往能力和团结协作能力得到锻炼和提升，社会角色意识得以强化，这会促进幼儿自我意识、社会积极性、独立性和主动性的发展。因此，角色游戏是幼儿实现社会化的一个重要途径。

#### 1. 促进幼儿发展正确的自我意识，摆脱自我中心

自我意识是人的社会性发展的基础，发展正确的自我意识是人的社会性发展的第一步。学前期，幼儿的自我意识刚开始发展，自我中心是其主要的认知特点，他们往往只从自己的角度考虑问题，理解周围的人和物，而不能理解他人的想法、情感和意愿。

角色游戏能促进幼儿自我意识的发展，逐渐摆脱自我为中心。因为在角色游戏中，幼儿出于扮演角色的需要，总是以别人的身份和角色形象出现，角色游戏的内隐性规则要求幼儿必须采取所扮演的角色的行为方式。在游戏中，幼儿体验角色的行为过程，自然地学习从别人的角度看待问题，体验游戏角色的行为方式所带来的情感和体会，逐渐克服自我中心，发展正确的自我意识，在个体社会化的道路上前进。例如，在奥特曼打怪兽的游戏中，幼儿都想扮演奥特曼，那就缺少战斗的另一方——被打的怪兽。于是，为了双方共同的目的——玩打仗的游戏，就必须有一个幼儿做出让步，选择他不喜欢的怪兽的角色，这样游戏才能得以开展，然后商定角色轮换的规则。在这个过程中，幼儿不断地尝试摆脱自我中心，为同伴考虑、为游戏着想，逐步推进自己社会性发展。

### 2. 促进幼儿与同伴交往

同伴交往是幼儿社会性发展的重要途径，也是幼儿提高社会交往水平的途径之一。角色游戏为幼儿的同伴交往提供机会。角色游戏必须有两个以上的幼儿共同参加，扮演角色。为了游戏的顺利启动，幼儿必须针对游戏主题、游戏内容、游戏情节和角色分配等问题进行沟通与交流。在沟通与交流的过程中，促进幼儿语言的发展、同伴关系的发展，并在游戏中促进幼儿亲密协作。而且，开展角色游戏，还需要角色之间相互交往，学习表达角色的情感和愿望，理解其他角色的态度及行为，并做出相应的、适宜的反应。因此，在角色游戏中，幼儿建立了两种交往关系：一种是现实的同伴关系，一种是游戏中的角色关系。这两种关系的建立与发展都能促进幼儿的社会性发展。

角色游戏为幼儿提供同伴交往的环境和必要条件，也为幼儿交往能力的提升和发展提供了可能性。幼儿角色游戏的水平越高，游戏中角色的交往就越密切，对角色间的配合要求就越高，对幼儿交往的积极性、主动性和交往能力的要求也就越高。而要达到这样的要求，幼儿付出的努力就越多，相应的，获得的进步和提升就越大。因此，在游戏中，幼儿需要适当妥协和让步，学会通过协商、轮流、分享、交换等方式，使自己的愿望在游戏中得以实现。这样，在游戏中幼儿与同伴发生联系，有时候甚至是冲突，在联系、冲突中，幼儿的同伴关系得到巩固和发展，幼儿的社会交往技能逐渐得到提升。

### 3. 帮助幼儿认识社会角色，学习遵守社会规则

角色游戏是幼儿对自己周围的社会生活的再现活动，凡是幼儿能够接触到的社会场域，如家庭、邮局、超市、商场、银行、公交车，都可能在幼儿的游戏中出现。因此，角色游戏可以帮助幼儿了解各种社会角色的行为活动。在游戏中，幼儿可以将自己在现实生活中获得的关于各种社会情境、社会角色的知识经验以符合社会角色规则的形式进行多次演练，从而加深理解和体验。

每个人在社会生活中都担任着多种角色。例如，一个人既是孩子的父母，又是公司的员工，还是周围人的同伴和好朋友，他们在不同的情境中扮演不同的角色，实践着不同的行为方式。因此，每种角色都有自己特定的任务与行为规范，这些角色是人们在社会生活中逐渐习得的，是社会赋予的。对幼儿而言，扮演角色正是学习和实践社会角色的机会和过程，他们在这个过程中习得社会规则。在游戏中，每个幼儿扮演不同的角色，不仅可以通过学习和模仿角色的行为，从中理解不同的角色关系，了解角色的义务、责任和权利，还能通过学习和模仿角色的态度和情感，从中学习角色具有的优秀品质，并体会积极的思想感情，进而学习、遵守社会生活中的行为准则，这对幼儿的社会性发展会有良好的促进作用。

### 4. 有助于幼儿发展积极的情感

角色游戏既是幼儿发展积极情感，调整消极情感的途径，又是表达和发泄情感的通道。在角色游戏中，幼儿拥有高度的独立自主性，充分地享受参与游戏所带来的自由、愉悦的体验。这是游戏本身带给幼儿的情绪体验，是任何一种游戏都能做到的。在角色游戏中，幼儿可以跟随游戏角色体验各种情感，如快乐、愉悦、生气、愤怒、对别人的同情和成功的喜悦，又可以根据角色要求尝试控制、调节这些情绪。在游戏中，幼儿全身心地投入角色扮演，较少地受到外界的、现实的约束，他们喜悦、满足、愤怒和生气的情绪都能

通过游戏表露和抒发出来。这样，一方面能提高幼儿控制外部影响因素的能力，使其获得成功的满足感和成就感，增强自信心；另一方面为幼儿提供了表达、宣泄消极情绪的途径。精神分析学派的创始人弗洛伊德提出，游戏可以帮助人们宣泄消极情绪。现代心理咨询也提倡游戏疗法，尤其是儿童游戏疗法。在生活中，幼儿不可避免地产生愤怒、生气、恐惧等消极情绪。例如，幼儿想买玩具，被家人拒绝后，会产生愤怒的情绪，幼儿可以通过游戏将其宣泄出来，或者通过角色游戏带来的愉悦体验将这种消极情绪化解。另外，角色游戏还为幼儿提供了体验他人情感和帮助他人的机会。例如，通过扮演医生、老师等角色，增强了幼儿的同情心和责任感。

**课证融通**

在角色游戏中，教师观察幼儿能否主动协商处理玩伴关系，主要考察的是（　　）。

（2018 年上半年真题）

A. 幼儿的情绪表达能力　　B. 幼儿的社会交往能力

C. 幼儿的规则意识　　D. 幼儿的思维发展水平

### （二）促进幼儿认知的发展

角色游戏是以幼儿为主体的游戏活动。在角色游戏中，幼儿要自觉、积极地追忆自己生活中的社会角色，概括其主要的行为特征，并自由地发挥自己的想象力和创造力再现自己周围的生活。整个游戏过程中，幼儿需要最大限度地调动自己的兴趣，全身心地投入角色游戏的扮演，这样的过程可以极大地促进幼儿认知的发展。以记忆水平为例，研究表明，幼儿在角色游戏中的记忆的数量和质量都比在一般实验室条件下测试的效果好（见表 6-1）。

**表 6-1　不同学习条件下各年龄幼儿识记词的平均数**　　单位：个

| 年龄 | 在实验室条件下 | 在商店游戏条件下 |
|---|---|---|
| 3 ~ 4 周岁 | 0.6 | 1.0 |
| 4 ~ 5 周岁 | 1.5 | 3.0 |
| 5 ~ 6 周岁 | 2.0 | 3.3 |
| 6 ~ 7 周岁 | 2.3 | 3.8 |

在角色游戏中，幼儿的认知发展分为两个方面：一是社会性认知的发展。例如，在“医院”游戏中，幼儿会尽力地调动在医院看病的社会生活经验，按照他所认知的在医院看病这一事件里的主要职能角色来分配游戏角色：医生、护士和病人，并展开想象对各个角色的行为内容重新地组合、再现，自此，幼儿对在医院看病这一生活事件有了更深入的认识与理解。二是对环境中替代物的认知的发展。“以物代物”是幼儿角色游戏的基本特

征。幼儿“以物代物”不是毫无限制的，而是取决于替代物本身的某些特征。“以物代物”的关键是幼儿能否用一个物体的名称取代另一物体名称，如果幼儿做不到这一点，就无法实现“以物代物”。为了游戏的顺利进行，幼儿要在角色游戏中创造性地利用手头的材料，这就需要幼儿充分了解并挖掘手头材料的基本性能，如形状、性质、功能。幼儿充分认识材料的过程也是促进幼儿认知发展的过程。

#### （三）有助于培养幼儿的主动性、创造性

角色游戏是幼儿主动发起的游戏，是由幼儿共同的兴趣确定的游戏主体。幼儿通过协商扮演角色，并由他们自己设计游戏情节，所以角色游戏可以充分表达幼儿的个人意愿，满足幼儿渴望参与成人的社会生活的需要和愿望。因此，幼儿是角色游戏的主体，占据着绝对的主动性。如果幼儿想参与游戏，就需要按照游戏的主题、情节、角色的内在要求去控制自己的行为，更要积极、独立地完成自己的游戏角色的任务，与周围环境相互作用。同时，游戏本身对于幼儿而言是一个挑战，幼儿要积极地认真思考、充分地发挥想象，不断地和同伴共同解决游戏过程中遇到的种种困难，进行创造性的活动。这种游戏的主动性和游戏过程中的创造性是幼儿认知、情感、个性发展的基础，是幼儿健康成长的重要条件。

## 第二节　幼儿园角色游戏的指导

角色游戏是幼儿自己主动开启并占据主体地位的游戏，普遍地存在于幼儿的游戏生活。只有幼儿的游戏可能会比较简单，内容和情节比较单一。为了发挥角色游戏更大的教育价值，教师的指导就显得非常重要。角色游戏的指导工作按照游戏的进程划分为角色游戏前、游戏过程中和游戏结束后 3 个阶段。

### 一、角色游戏前的准备

角色游戏前的准备工作主要是指教师为幼儿创设游戏环境、提供开展游戏所需要的各种条件，这是幼儿开展角色游戏的前提和物质基础，主要包括以下 3 个方面：

#### （一）丰富幼儿的生活经验

角色游戏是幼儿对自己的现实生活的反映，幼儿的生活范围越广、生活经验越丰富，游戏的内容就越充实，并能时常更新，游戏水平就有可能提高。如果幼儿的生活经验相对欠缺，教师付出再大的努力，幼儿的游戏水平也不会有很大的变化。

幼儿的生活经验主要来自家庭、幼儿园、他所能接触到的社会环境、图书和大众媒体。教师应该有意识地通过各种教育活动引导幼儿观察和感受周围生活、拓展幼儿的视野，丰富他们关于周围社会的生活经验。例如，教师可以带幼儿走出幼儿园，走进社区去走访养老中心、参观当地的名胜古迹、领略自然风光。只有在生活中观察得细致、体验得深刻，感性经验才会越来越丰富，反映在游戏中才能越真实、精彩、有趣。同时，教师应

该和家长沟通配合，请家长重视幼儿园外生活的丰富性及其对幼儿发展的价值，建议家长经常带孩子散步、参观、参与社会实践活动，带他们看电影或外出旅游，拓展幼儿的生活范围、扩大幼儿的眼界。幼儿的见多识广是角色游戏开展的基础。

案例研读

小班的“开汽车”游戏，经常会出现两辆车相撞、司机为此争吵的现象，怎样解决？教师不用急于评判谁是谁非，而应该利用幼儿户外散步的机会，把他们带到马路边观察马路上来来往往的车辆，让幼儿观察马路上的汽车是如何行驶的，从而领悟开车时司机一定要小心驾驶，遵守交通规则，一旦发生事故要拨 110，找警察。这样，幼儿游戏的内容增加了，游戏的兴趣更浓了，还获得了新的生活常识。

**分析：**案例中的教师发现幼儿游戏出现的问题后，没有苦口婆心地讲解，而是引导幼儿观察现实生活中的实际情境，让幼儿有了直接的感性经验，从而对比自己游戏中出现的问题，并提出解决问题的方法，使游戏得以顺利进行，游戏水平有所提高。

值得注意的是，在丰富幼儿的生活经验时，应该引导幼儿重点关注社会中各行各业的人，以及他们的行为和活动，因为幼儿在游戏中再现的是他们生活中的人的动作和行为。只有在观察的基础上，幼儿了解了各种角色人物的活动及其价值，才会有兴致想象和扮演。

### （二）提供适合的场所和丰富的游戏材料

游戏场地为幼儿开展角色游戏提供空间，为游戏情节的产生和变换创造环境条件。玩具和材料是开展角色游戏的物质条件，它能激发幼儿的游戏愿望和兴趣，发展幼儿的想象力。

首先，要为幼儿提供相对固定的游戏场所和设备。固定的游戏场地和设备能吸引幼儿进行游戏，也便于幼儿开展游戏。例如，幼儿看到听诊器，就会自然而然地想起自己去医院的经历，从而产生游戏的意愿。有条件的幼儿园可以设置专门的游戏室，场地有限的幼儿园要充分开发教育资源，想办法在活动室的一角或班级走廊设置角色游戏区，为幼儿的角色游戏提供空间保障。设置游戏区时，同一年龄段不同班级的角色区的主题应尽量不同，各班的资源可以共享，促进班级之间的交流和互动。例如，一个班级设置“医院”，相邻班级设置“小超市”，可以共享，也可合作，拓展游戏情节，幼儿去“医院”看病人，需要去“超市”购买营养品。当然，这些主题的确定要将幼儿自身特征、幼儿的兴趣考虑在内，最好是和幼儿协商，或者引导他们自己确定。

其次，要为幼儿提供丰富多样的玩具和材料。丰富、适宜的游戏材料能引发幼儿的游戏兴趣，满足幼儿游戏的需要。教师可以为幼儿提供一些形象逼真的玩具，如炊具、娃娃、听诊器；随着幼儿年龄的增长、动手能力的提高，教师可以和幼儿共同搜集与游戏主题相关的材料、废旧物品，也可以让幼儿亲自动手制作玩具。让幼儿参与游戏材料的准备工作，不仅可以根据幼儿的游戏需求及时更新游戏材料，丰富玩具的种类和数量，锻炼幼儿的动手能力，还可以充分发展幼儿的主动性和创造性。

### （三）保证充足的游戏时间

充足的游戏时间，是幼儿深入、充分地享受角色游戏的必要条件。角色游戏和其他种类的游戏相比，对游戏时间的要求会更长一些，每次游戏时间尽量不少于 30 分钟。因为在角色游戏中，幼儿需要做的准备工作比较多，如确定游戏主题、商量游戏情节、分配游戏角色、准备游戏材料。如果游戏时间太短，有可能准备工作还没有完成，也有可能刚刚完成准备工作，真正的游戏情节还没有展开，或者时间紧迫，影响游戏情节的充分展开，这势必会影响游戏结果和幼儿的游戏体验，进而影响幼儿继续开展角色游戏的兴趣。如果这样，角色游戏就难以达到它应有的教育效果。

## 二、角色游戏过程中的指导

游戏过程中，教师要扮演游戏的引导者、观察者、支持者、合作者的角色，主要任务是引导幼儿自主确定游戏主题，引导幼儿选择和分配游戏角色，观察幼儿游戏、适时指导游戏。

### （一）引导幼儿自主确定游戏主题

自主性是角色游戏的基本特点之一。角色游戏是幼儿自主自愿的游戏，游戏主题应该来源于幼儿的兴趣与需要，教师不能硬性规定和分配游戏主题。只有游戏主题是幼儿需要的，他们才会积极主动、全身心地投入其中，角色游戏的教育价值才能最大化。

教师要相信幼儿，相信幼儿可以自主确定游戏主题，并展开游戏。教师只有充分相信幼儿，才会真正尊重幼儿，给予幼儿充分的游戏自主权。同时教师要认真观察幼儿，善于发现幼儿的兴趣和游戏需要，适当地引发幼儿的游戏动机，采用提问、建议等方法鼓励幼儿自主提出并确定游戏主题。在角色游戏的过程中，幼儿根据自己的经验、兴趣和需要，自由选择游戏的主题、内容、情节、材料和同伴，自主开展游戏，自发交流、讨论、协商，这样才能真正实现角色游戏的价值。教师不应该是角色游戏的设计者和实施者，而应该是幼儿游戏的引导者、观察者和支持者。另外，不同年龄的幼儿有着不同的特点、发展水平和知识经验，教师要根据幼儿的年龄特点有针对性地进行指导与引领。

**案例研读**

"娃娃家"是我们班创设的第一个活动区。孩子们在玩"娃娃家"时发现"娃娃家"里缺少东西，如宝宝吃的奶粉和家里要用的日用品。于是在老师的启发、引导下，他们又增加了"超市"的游戏。但是，孩子们还是觉得不满足，因为买东西的时候需要钱，于是在孩子们的提议下又开设了"小银行"，在游戏情节的不断发展下，他们又开设了"理发店""麦当劳"等。孩子们在这些角色游戏区里玩得十分投入。

资料来源：李章琼. 学前儿童游戏指导［M］. 镇江：江苏大学出版社，2013：19-20.

**分析：**案例中关于幼儿游戏主题的确定，老师没有独断专行，而是引导幼儿根据生活经验自己确定游戏主题，并发展游戏情节，使幼儿真正成为游戏的主人。

### （二）引导幼儿选择和分配游戏角色

幼儿非常喜欢角色游戏的一个重要原因是幼儿在角色游戏中能够扮演自己感兴趣的、熟悉的各种社会角色。但是由于自身发展水平有限，在分配角色环节，幼儿往往过多地考虑自己的意愿而不善于妥协、协调，因此会出现为争抢扮演同一个角色而发生矛盾的事情。为了保证游戏的顺利进行，教师应该教幼儿一些分配角色的方法，如报名、猜拳、推选、轮流。

教师应在了解每个幼儿的个性特点、能力及水平的基础上认真观察，在幼儿分配角色时进行有针对性的引导，让每个幼儿都能选择与自己个性、能力相匹配的角色。在幼儿群体中，性格外向、主动、能力较强的幼儿往往能争取到主要角色，而性格内向、能力相对较弱的幼儿常常为了能参与游戏而不得不妥协，接受自己不太喜欢的角色。因此，教师除了考虑幼儿的个性、能力与游戏角色相匹配外，也要考虑游戏机会的公平性，尽量让每个幼儿都有机会担任自己喜欢的、主要的游戏角色。另外，可以建议性格安静、内向的幼儿尝试去扮演活泼、主动性较强的角色，引导外向的、活动性较强的幼儿去扮演一些相对安静的、需要耐心的角色，这样有利于幼儿的身心全面、平衡发展，而避免造成幼儿优势的方面发展得越来越好，需要改进的地方却停滞不前。

**案例研读**

一天，我班个子小小的健健与高高大大的佐君都想当爸爸。佐君说："你个子那么小，怎么当爸爸呀？"健健反驳道："那我今天还穿新皮鞋呢！"两人都想当爸爸，这可怎么办呢？我请其他小朋友帮忙想办法。有人说，今天你当，明天他当；有人提议，佐君个子高，像爸爸，佐君当。我给小朋友出了个主意：请小朋友来选爸爸。先请两个想当爸爸的小朋友说一说自己的想法：你想在"娃娃家"做什么？你怎么当爸爸？让两个爸爸开展竞赛，小朋友认为哪个爸爸好，就让哪个小朋友当爸爸。佐君说："我先给孩子包饺子，等大家都吃饱了，我们再一起去看木偶戏。"结果，小朋友推选了佐君，今天他当了爸爸。

资料来源：李章琼. 学前儿童游戏指导［M］. 镇江：江苏大学出版社，2013：20.

**分析：**案例中两个幼儿出现了争抢"爸爸"游戏角色的事情，老师让幼儿自己想办法解决，但是没有达成意见上的统一。于是老师相提出了"竞争上岗"的建议，最终佐君凭借着对"爸爸"这个角色更好的理解而最终胜出。整个问题解决的过程中，教师扮演了幼儿游戏的支持者、引导者的角色，既保证了幼儿在游戏中的主体地位，又引导幼儿学会了一个今后解决因游戏角色产生冲突的办法，是值得我们深思并学习的。

### （三）观察幼儿游戏，适时指导游戏

幼儿开始游戏后，教师要认真、细致地观察幼儿游戏的过程，敏锐地捕捉游戏中出现的问题，并选择最佳的介入时机，提供适宜的指导和帮助。教师的目的是使幼儿游戏具有

丰富的游戏内容和情节，游戏角色的合作水平日益提高，从而使得幼儿在游戏中获得最大的发展。

教师对角色游戏的观察是对幼儿角色游戏进行有效、合理指导的基础，应该贯穿游戏的始终。教师在幼儿游戏进行得很顺利的时候，即使出现些小问题，也不要急于介入，应该学会等待，相信幼儿自己能处理、解决游戏中出现的问题。如果教师没有详细了解幼儿游戏及游戏行为背后的原因，就主观、武断地强行介入幼儿的游戏，不仅会打扰幼儿游戏，还可能会使幼儿错失成长的机会。这不利于幼儿角色游戏水平的提高，更不利于幼儿的成长与发展。一般来说，当幼儿的角色游戏出现以下几种情况时，教师应及时地介入引导：

#### 1. 当游戏出现安全隐患时

当幼儿进行的游戏活动具有安全隐患时，教师必须及时、果断地制止游戏。对于这类情况，教师一般都是以游戏旁观者、局外者的身份来干预游戏，以此来保证幼儿的身心安全。

#### 2. 当角色游戏主题单一，影响角色游戏进一步开展时

角色游戏并不是一盘散沙，它是围绕着一个主题进行的。不同年龄幼儿的生活范围不同，知识经验也有一定的差异，因此游戏主题应随着幼儿的成长而不断更新、变化和丰富。当角色游戏的主题长时间停留在同一内容时，肯定会影响幼儿的游戏兴趣和积极性。这时，教师应该适时介入，可以“以问题为中心”，来帮助幼儿丰富和拓展游戏主题。教师可以采用间接支持与引导的方法，例如，以游戏者的身份参与幼儿的游戏，引导幼儿发现问题，并集思广益，提出解决问题的办法，选择新的游戏主题，或者加入新的主题元素。

#### 3. 当幼儿缺乏角色扮演意识时

当幼儿由于各种原因，缺乏角色扮演意识时，这意味着游戏不能开展下去了。教师可以以游戏者的身份参与幼儿的角色游戏，巧妙设问，引导幼儿明确自己所扮演的角色，了解与角色相符合的行为活动。例如，一个3周岁幼儿在“娃娃家”里不断重复地摆弄着手中的玩具娃娃，教师可以以邻居的身份介入游戏，“娃娃是不是生病了？”“娃娃的妈妈在哪里呢？”“她的爸爸怎么没在家呀？”以提问来引导幼儿明确自己所扮演的角色，帮助幼儿顺利地将游戏进行下去。

**案例研读**

游戏时间到了，李小刚端起自己的小椅子到了“娃娃家”。李小刚在“娃娃家”里摆弄餐具，又来了一男一女两位小朋友，和他一起摆弄餐具、开始烧饭。小女孩把烧好的饭给李小刚，他假装吃了两口，就放在桌上，去“超市”买东西。他在“超市”停留了约5分钟的时间，不时摆弄“超市”里的商品，最后什么也没买就走了。

**分析：**案例中的李小刚参与了两个角色游戏，但是在每个游戏中都是做了一些很简单的游戏动作就离开了。他在游戏中的表现是因为他没有明确自己在所参与的游戏中的角色，所以只是流于表面地参与游戏，而无法真正地融入游戏，从而无法享受游戏的快乐。

### 4. 当幼儿缺乏相关生活经验时

角色游戏是幼儿对周围现实生活的反映。幼儿有无相关的社会生活经验，以及其经验的丰富程度直接影响幼儿能否进行某种角色游戏，影响他们的角色游戏的水平。如果幼儿缺乏与主题相关的社会生活经验，游戏就可能会流于表面，甚至无法进行。例如，在以“银行”为主题的游戏中，幼儿如果不知道银行柜员的职责，以及柜员与顾客的关系，幼儿的游戏就无法开展下去，教师应及时给予帮助。当然，这里所说的“及时的帮助”，不是现场“手把手”地教幼儿如何游戏，因为即使教师这样做了，也收效甚微。正确的做法应该是教师在游戏结束时，将观察发现的问题呈现出来，大家一起讨论该如何解决；通过查阅资料、观看视频、请银行工作人员来幼儿园进行现场示范等方式拓展幼儿相应的生活经验；也可以组织幼儿参加一些课外活动或者和家长沟通，请家长周末带幼儿去银行实地考察，扩展幼儿的实际生活体验。

### 5. 当玩具材料不足时

玩具材料是角色游戏开展的物质支撑，玩具材料不足，必定影响游戏质量。教师应及时投放、补充与更新。

**案例研读**

一天，辉辉来当公交车司机，他想要一个方向盘，于是到处向别人借圆形的东西，终于在老师的帮助下，他找到了一个圆形的板。拿到“方向盘”的辉辉可高兴了，时而按按喇叭，时而左右转弯，开得有模有样。还有一次，阳阳在“公交车”上捡到一个饼干盒，在询问了一圈之后没有人要，他拿着饼干盒看了半天，之后向乘客们说道：“来，刷交通卡呀！我这个是刷卡机！”之后，乘客们上前乘车，阳阳就会模仿刷卡机的声音“滴”一声，大家刷得有模有样的，“公交车”上又热闹了起来。

资料来源：大班角色游戏中的材料提供，见百度文库.

**分析：**角色游戏“公交车”中的两个幼儿都是因为有了相应的物质材料的支撑而拓展了游戏的情节和内容。所以，当玩具材料不足以支撑幼儿的游戏时，教师要及时提供帮助和支持。

### 6. 当角色游戏出现低水平重复时

当角色游戏出现低水平重复时，教师应参与游戏，通过扮演角色来促进角色游戏情节的发展。教师参与游戏，一方面，可以提高幼儿的游戏兴趣，调动他们活动的积极主动性和创造性；另一方面，教师应针对低水平重复的问题进行干预。例如，在“娃娃家”游戏里，“妈妈”要么给娃娃梳辫子，要么给娃娃喂饭。这时，教师可以以游戏者的身份出现，给“妈妈”提出一些建议，例如，“娃娃的衣服坏了，我们来给娃娃重新做一件衣服吧”，来拓展游戏的情节。

### 7. 当幼儿违反游戏规则时

角色游戏的规则包括外部的游戏常规和角色游戏的内隐性规则。有些游戏常规是教师为了大家能顺利地进行游戏而制定的一般性的游戏规则，如不能争抢玩具；有些游戏常规是大家为了保证游戏顺利开展而共同协商制定，约定大家都要遵守的规则，这是外部的游戏规则，如不能以现实中的身份去干扰他人的游戏。角色游戏的内隐性规则是游戏角色本身的职责以及角色之间的关系，例如，“医生”应该先给“病人”把脉、听诊，然后才能打针拿药，不能随便给人打针吃药。

当幼儿违反外部规则时，教师应该立即制止，让幼儿回归游戏者的身份。当幼儿违反角色游戏的内隐性规则时，教师应该观察分析，了解幼儿违反规则的原因，然后分别采取不同的应对措施。如果是因为幼儿不理解角色的职责或角色间的关系，或因缺乏社会生活经验造成的问题，就要想办法丰富幼儿的生活经验，让幼儿明确角色职责；如果是幼儿故意违反游戏规则，教师就要喊停游戏，重申游戏规则，也可以对违反规则的幼儿进行个别指导。

**案例研读**

佳佳和红红在一起玩“狼和小羊”的游戏，两人都想扮演小羊。最后经过协商，两人同意玩两遍游戏，轮流扮演小羊。第一遍游戏结束，该红红扮演小羊了，但佳佳不愿把小羊头饰给红红，红红一把抢过佳佳的头饰，头饰被抢坏了，佳佳急了，一把就抓在红红的脸上，红红边哭边和佳佳扭打在一起。老师急忙过去终止游戏，询问原因后请佳佳坐到活动室的一边，反思自己的行为。等她情绪平静，认识到自己的错误行为并向红红道歉后，再请她回去继续参加游戏。

**分析：**案例中的佳佳和红红商定好游戏规则后，为了自己喜欢的游戏角色，而违反了游戏规则，教师在了解原因后禁止她参加游戏并令其反思的做法，一是为了让她平静情绪，二也是让她知道违反规则的后果。

总之，教师在介入幼儿游戏时，要针对不同的违规原因采取不同的措施与方法。

当幼儿游戏需要时，教师要适时介入；当老师完成指导使命后，就要适时退出，毕竟幼儿才是游戏的主体，教师介入和退出游戏都要认真对待。

## 三、角色游戏结束后的延续与整理

### （一）愉快地结束游戏，保持幼儿长久的游戏兴趣

在轻松愉快的氛围中结束游戏能使幼儿保持下次继续游戏的积极性，因此，使幼儿愉快地结束游戏是教师组织、指导幼儿角色游戏的重要环节。为此，教师要把握好结束游戏的时机和结束游戏的方法。

结束游戏的时机可以从两个方面考虑：一是游戏的时间。虽然要保证幼儿有充分的游戏时间，但是时间也不能无限制地延长，而要根据幼儿园一日活动时间安排的计划，事先计划好游戏时间，在游戏快要结束时，提前提醒幼儿，让幼儿做好游戏结束的心理准备。二是根据幼儿游戏的实际情况选择适时结束游戏。此方面也有两种情况需要考虑。一种是游戏情节开展得比较顺利，游戏已经充分展开，在幼儿情绪尚未低落时结束游戏。这样可

以让幼儿有种意犹未尽的感觉，对下次游戏充满期盼。第二种是游戏情节已经告一段落，再往下发展会有一定的困难，这时应该提醒幼儿结束游戏，以免产生倦怠感。相对来说，根据游戏时间结束游戏操作起来会比较简单，较适用于比较成熟的角色游戏；根据幼儿游戏的实际情况来结束游戏对教师的要求比较高，教师要随时关注幼儿的游戏状态，选择恰当的结束时机，既让幼儿享受了游戏的愉悦，又避免产生倦怠感，较适用于幼儿新确定的游戏主题和游戏情节，更具有针对性和适用性。

把握好结束游戏的时机，还要考虑结束游戏的方法。结束游戏的方法有很多，教师可以根据游戏的内容和情节的发展来灵活运用。可以以教师的身份提醒幼儿，也可以以游戏角色的身份提醒。例如，教师说："现在火车到站了，请下车。""医院下班的时间到了。""娃娃困了，该睡觉了。"以游戏角色的身份提醒幼儿结束游戏，更容易让幼儿接受，也便于幼儿自然而然地收拾玩具，结束游戏。结束游戏时，教师可以集体提醒，也可以个别提醒。另外要注意，有的游戏材料和玩具比较多，需要较长的时间来整理场地、收拾玩具，就可以先提醒他们结束游戏。

### （二）引导幼儿做好游戏后的整理工作

提醒幼儿结束游戏之后，要引导幼儿收拾玩具、整理场地。这既是本次角色游戏的必要内容之一，又为顺利开展下次游戏提供所需的基础和条件，同时还可以培养幼儿独立自理、善始善终的良好习惯。所以这个环节既不能省，教师更不能包办代替。教师引导不同年龄班的幼儿做游戏后的整理工作时，应注意年龄差异性：对小班幼儿来说，主要培养他们整理游戏材料的意识，以教师整理为主，但是可以请幼儿帮忙收放玩具、整理场地；对于中班幼儿来说，主要锻炼他们收拾玩具的能力，教师在必要时提供适当的帮助；对于大班幼儿来说，教师要求他们独自收拾玩具、整理场地，并给予一定的督导即可。

### （三）评价游戏、总结经验

对角色游戏进行评价、总结也是组织、指导游戏的重要环节。高质量的讲评对于发展游戏情节、巩固幼儿在游戏中的情绪感受、提高游戏的水平和质量都有着直接的影响。当然，并不是每次游戏后都要开展游戏评价，教师要根据幼儿游戏的具体情况区别对待，有时可以在游戏进行的过程中进行评价。例如，游戏进行一段时间后，幼儿开始三心二意、注意力不集中时；或者在幼儿发生矛盾，而他们自己无法独立解决时；或者在幼儿出现违规现象时。

#### 1. 讲评内容要点

（1）就游戏情节进行评价。在幼儿游戏的过程中，教师应随时发现和捕捉一些典型的情节，把握凸显幼儿想象力、创造力的良好时机或幼儿无意间展示出的某些精彩表现并进行讲评。教师及时肯定的游戏表现，会成为幼儿今后努力的方向。

（2）就游戏材料的制作与使用进行讲评。当缺少游戏所需的玩具时，有些幼儿会急中生智地寻找替代物，实现"一物多用"；有的幼儿会自己动手，现场赶制一些玩具。这些操作会使幼儿的想象力、动手能力和解决问题的能力得到提升和发展。教师应该捕捉到，并给予充分的肯定，以鼓励幼儿更好发挥自身创造力。

（3）就幼儿的游戏行为进行讲评。幼儿的游戏行为各式各样，有的会为保证游戏的顺利进行，做出谦让的行为；有的在游戏过程中提出切实可行的解决问题的办法；有的不遵守游戏规则，妨碍游戏的进行；有的将玩具扔得满地都是……教师要选择一些幼儿能辨清是非的现象，组织幼儿讨论，使幼儿明白哪些行为值得学习，哪些行为需改正以及如何改正。

#### 2. 讲评形式

（1）讨论。即教师引导幼儿一起讨论游戏中存在的问题，通过各抒己见、交换意见的方式形成共同的认识。这种形式可以丰富幼儿的游戏经验，提供幼儿提出问题、理解问题、解决问题的机会。教师引导幼儿讨论时要注意两点：一是要选择能引起全体幼儿共鸣的问题进行讨论，只是部分幼儿的讨论是不合适的；二是讨论时应该鼓励幼儿充分地发表意见，不要急于否定某些幼儿的说法，让幼儿在争论中发展思维和语言表达能力。

（2）现场讲评。侧重树立正向、典型事例。有的游戏开展得很好，为了总结经验，教师可以保留游戏场地，组织现场评议。例如，“娃娃家”打破了传统的只有父母和孩子的角色限制，加入了修煤气管道的工人，送生日蛋糕的外卖员等游戏角色，使得游戏情节丰富而饱满。游戏结束后，老师可以先提出观点看法，还可以让“娃娃家”的游戏参与者讲一讲活动情况，然后让其他幼儿发表意见，这可以让幼儿继续处在游戏之中，感受游戏的欢乐，并为幼儿打开更广阔的游戏思路提供了范例和指导。

（3）汇报。游戏结束后，组织各组幼儿派出代表讲讲他们玩的是什么、是怎么玩的。教师应该有重点地抓住某些主题进行评议，并和今后的游戏联系起来。

教师在评价活动时要注意以幼儿评价为主，同时评价要具体、准确，不要过于笼统，要明确提出幼儿表现好的行为，并讲清楚好在哪里。评价活动应该指向幼儿再次游戏的方向。另外，评价时间不宜过长。关于评价的内容将在本书第十章进行详细论述。

**微课：**幼儿园角色游戏组织与指导中存在的问题

## 四、各年龄班角色游戏的特点与指导要点

处于不同的年龄阶段的幼儿，由于生活经验和能力水平的不同，其角色游戏的层次和水平也各不相同。只有在认识幼儿园角色游戏特征的基础上，依据不同年龄段幼儿角色游戏发展的个性特点，才能有效地引导幼儿进行角色游戏，充分发挥其价值和教育作用。

### （一）小班幼儿角色游戏的特点及指导要点

#### 1. 小班幼儿角色游戏的特点

（1）小班是幼儿独自游戏和平行游戏的高峰期。小班幼儿喜欢模仿，经常和同伴玩相同或相似的游戏，但同伴之间互动较少，偶尔会向同伴借玩具或相互评论。

（2）小班幼儿的游戏依赖于玩具材料，通常是有什么玩具就玩什么游戏，离开玩具，游戏也就停止了。

（3）小班幼儿的角色游戏没有明确的主题，如果有主题也比较单一，游戏情节简单。

通常表现为看到别人玩什么，就放开自己手中的玩具，去模仿同伴游戏。

（4）小班幼儿的游戏内容主要是重复操作，如模仿妈妈给娃娃反复穿脱衣服。

（5）小班幼儿的角色意识不强，更多的是对熟悉的成人的部分动作的模仿。

#### 2. 小班幼儿角色游戏的指导要点

（1）根据幼儿的生活经验为幼儿提供种类少、数量多且形状相似的玩具，以保证每个幼儿都有玩具，避免争抢玩具情况的发生，保证游戏的顺利进行。玩具以成型玩具为主，形象逼真，以激发幼儿对角色游戏的兴趣。

（2）教师以平行游戏法指导幼儿游戏。教师以角色游戏参与者的身份出现在幼儿身边，以自己的角色语言和游戏动作为幼儿做示范，以游戏口吻指导幼儿的游戏，引导幼儿把自己的动作和角色本身联系起来，逐渐产生角色意识，提升幼儿角色扮演的水平，启发幼儿的游戏。

（3）注意游戏常规的培养。在幼儿游戏的过程中，教师引导幼儿逐渐建立良好的游戏常规，并在此基础上，注意规则意识的培养，使幼儿能逐渐学会独立游戏。

#### 课证融通

当教师以“病人”身份进入“医院”时，有6位“小医生”同时上来询问病情，每个孩子都积极地为教师“看病”“打针”，忙得不亦乐乎。结果教师一共被打了6针，对小班幼儿这种游戏行为最恰当的理解是（　　）。（2012年上半年真题）

A. 过于重视教师的身份　　B. 角色游戏呈现合作游戏的特点

C. 在游戏角色的定位中出现混乱　　D. 角色游戏呈现平行游戏的特点

### （二）中班幼儿角色游戏的特点及指导要点

#### 1. 中班幼儿角色游戏的特点

（1）中班幼儿处于联合游戏的阶段，他们有同伴交往的愿望，但是人际交往的水平还比较低，因此同伴冲突时有发生。

（2）游戏主题不稳定，在游戏中幼儿会频繁换场，虽然游戏情节比较简单，但是较小班已经丰富多了。

（3）中班幼儿的游戏内容要比小班丰富，持续的时间也更长。随着幼儿生活范围的扩大、生活经验的丰富，中班幼儿角色游戏的内容也越来越丰富。

（4）中班幼儿的角色意识增强，对角色产生了归属感。幼儿会给自己找到一个游戏角色，并按照自己对角色的初步理解去履行角色的职责，并据此采取行动。

#### 2. 中班幼儿角色游戏的指导要点

（1）为中班幼儿提供的玩具，应根据游戏主题，在提供成型玩具的基础上，增加半成品以及废旧材料，鼓励幼儿玩多种主题或相同主题的游戏，以满足幼儿想象力和创造力发展的需要。

（2）在游戏中，教师要引导幼儿拓展游戏主题，丰富游戏情节，尝试自己分配角色，并加深对角色的认识和理解。例如，教师引导幼儿了解“娃娃家”的游戏中不仅包括带孩子、做家务，还可以和邻居交往；知道妈妈不仅要照顾孩子、做家务，还要上班，且妈妈也会生病，需要被照顾、看医生。

（3）在游戏中，教师要注意观察幼儿的游戏内容和情节，了解与同伴发生冲突的原因，以平行游戏或合作游戏的方式引导幼儿学习解决简单冲突的方法，逐渐掌握社会规则，并提高社会交往的水平，帮助幼儿与同伴友好相处。

（4）教师组织幼儿就游戏中出现的问题展开讨论，分析产生问题的原因所在，并集思广益，提出解决问题的办法，逐步学会发现问题、解决问题，发挥自身积极性和主动性。

### （三）大班幼儿角色游戏的特点及指导要点

#### 1. 大班幼儿角色游戏的特点

（1）大班幼儿处于合作游戏阶段，喜欢和同伴一起游戏，并有较好的合作游戏的水平和能力。

（2）游戏主题新颖、内容丰富多样，游戏情节富于变化，能反映较为复杂的人际关系。大班幼儿生活经验已经相当丰富，并能主动在游戏中反映多姿多彩的生活经验。

（3）大班幼儿游戏的计划性、合作性和独立性都有所增强。大班幼儿的角色游戏具有较强的目的性和计划性，能够按照自己的意愿主动选择并计划游戏，也能独立设计和发展游戏情节。

（4）大班幼儿的角色意识、规则意识增强。在游戏中，幼儿扮演的角色形象逼真，能根据角色的主要职责，采取适宜的行为动作，反映角色之间的复杂关系。

#### 2. 大班幼儿角色游戏的指导要点

（1）根据大班幼儿角色游戏的特点，教师多采用语言的方式指导幼儿的游戏，重点是培养幼儿独立开展游戏的能力。例如，引导幼儿共同协商开展新的游戏主题，设计游戏情节，一起准备游戏的材料和场地，共同讨论解决游戏中出现的困难和冲突，现场自制玩具。

（2）教师多观察幼儿游戏的意图，并分析、判断幼儿在游戏中的需要，为幼儿开展游戏创造更多的机会，并提供必要的帮助。

（3）教师要关注幼儿在游戏中的交往、合作，经常引导幼儿进行深入的沟通交流，进一步提升幼儿的社会交往技能，以反映现实生活中更复杂的社会关系。

（4）教师应允许并鼓励幼儿在游戏中的独特想法、努力尝试和创造。重视游戏讲评环节，引导幼儿充分讨论游戏中的问题、分享经验，鼓励幼儿进行新的尝试与探索，学习取长补短，拓展思路，不断在尝试中提高角色游戏的水平。

拓展阅读：
幼儿角色游戏评价标准

## 思考与练习

### 一、名词解释

角色游戏

### 二、简答题

1. 简述角色游戏的特征。
2. 简述角色游戏的产生和发展。
3. 简述角色游戏的要素。
4. 简述角色游戏的教育作用。
5. 简述角色游戏开始前的准备工作。
6. 简述角色游戏过程中的指导要点。
7. 简述角色游戏结束后的延续与整理。

### 三、案例分析

#### 课证融通

小班幼儿在角色游戏区活动，文文在“邮局”里摆弄一个称重器。在此之前，孩子们没有关于“邮局”角色游戏的经验。教师看到这种情况，拿了一个盒子走过去，对文文说：“我想把这个寄到‘超市’去（旁边有超市游戏区），你能帮我称一下吗？”文文马上接过盒子，放在称重器上，看了一下，说：“100克！”教师问：“多少钱？”“10块钱。”教师假装付了钱，文文立刻把盒子送到了隔壁的“超市”。接着，有几个小朋友也学着教师的样子将一些东西寄到旁边的“医院”“美容院”“娃娃家”，“邮局”变得热闹起来。（2012年上半年真题）

分析：教师是如何干预幼儿的角色游戏的？

# 第七章 幼儿园结构游戏

【学习目标】

√ 了解结构游戏的发展阶段、分类

√ 理解结构游戏的概念、特征、作用

√ 熟悉幼儿建构能力的发展阶段

√ 初步掌握结构游戏的构成要素和指导要点

【素质目标】

√ 初步树立能联系当前我国幼儿园结构游戏现状的游戏指导观

## 案例导入

建构区里大部分都是男孩子，他们设定的主题是开元寺。除了建构已学过的东西塔、大雄宝殿外，幼儿还联想到在开元寺里看过的古船，于是一伙人都兴致勃勃地参与古船建构，毛毛与航航都选择小星星积塑，相互配合拼起了船底，而较晚入区的佳佳看到已经有很多小朋友在玩小星星积塑，就和毛毛商量："能不能和我一起玩？"航航忙说："我们的人数已经够了，快没玩具了，你到其他地方去吧！"佳佳不愿意去其他区。伟伟在一旁拿出小花片约佳佳："那我们拼一些小船好了。"但佳佳还是不愿意，我介入，启发幼儿想想："船上可以有些什么样的摆设装饰一下？"他们回答了好多种："亭子、椅子、船桨、大炮、旗子……""那这些小装饰就可以用小花片模拟建构，再与大船组合起来。"这时，许斌像是获得某种灵感，兴奋地拉着江海一起用小花片装饰古船。最后，这群小伙伴还一起用围墙划分了开元寺的古船展、东西塔、假山等不同景物。

**分析：**上述案例中，幼儿玩的是结构游戏，他们合作搭建曾经去过的开元寺以及寺中的建筑。游戏中，教师的提示促使更多幼儿参与进来，共同努力将搭建的古船、塔等建筑物装饰得更加美观。什么是结构游戏？结构游戏的特征是什么？案例中教师的指导合适吗？教师在指导结构游戏时要如何做呢？本章就和大家一起讨论结构游戏。

# 第一节 幼儿园结构游戏概述

结构游戏的材料多种多样、玩法简单多变、形式变化无穷、开放性强，因此深受幼儿喜爱，在幼儿园的运用也非常广泛，对幼儿动手操作能力、想象力等方面的发展都有很大的促进作用。

## 一、结构游戏的概念及特征

### （一）结构游戏的概念

结构游戏，又称建构游戏，是幼儿按照自己的兴趣和需要，利用各种不同的结构玩具或材料，构造物体形象，反映现实生活的一种游戏（见图 7-1、图 7-2）。

图7-1 结构游戏（1）

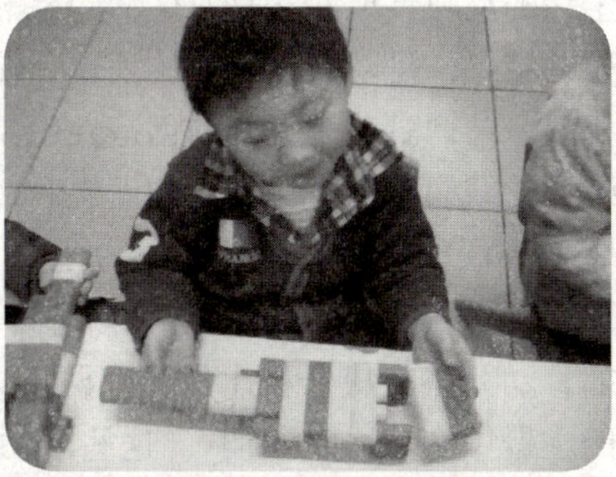

图7-2 结构游戏（2）

早期的结构游戏是用小木棍、小木块、泥巴、沙土等生活中常见的材料进行拼搭的建筑游戏。随着社会经济文化的飞速发展，结构游戏在材料、玩法和建构造型上都有了巨大的变化和发展。例如，出现了塑料、金属等材质的玩具，也衍生了镶嵌、黏合和螺旋等多种操作方式，建构材料也从生活中的常见物品，扩展到科技型产品，甚至是幼儿想象出来的形象。

幼儿的结构游戏始于 3 周岁左右，一般从简单的积木游戏开始，例如，搭建常见的房屋、桥梁。随着年龄的增长、认知水平的提高、精细动作的发展，结构游戏也趋向多样化、复杂化，在结构游戏中，幼儿表现出的结构技能和结构主题也越来越丰富，幼儿拼接出的各种结构物逐渐成为幼儿角色游戏、表演游戏的道具和材料。

## （二）结构游戏的特征

结构游戏既是幼儿自主的创造性游戏活动，又是一种造型技巧的练习活动，它主要有以下3个特征：

### 1. 操作性

结构游戏是借助于多种多样的结构材料和玩具进行的操作活动，并贯穿游戏活动始终。结构游戏中，幼儿利用各种材料按照自己的意愿和想象去动手操作、构造，以此认识事物，发展想象力和创造力。离开对玩具材料的操作，结构游戏就失去了依据。在结构游戏中，幼儿通过动手操作，将大量的无意义结构元件构造成有意义的各种物体形象来反映自己对周围生活的印象。例如，经典的积木游戏，幼儿动手把长方形、正方形、圆柱形、拱形等各种形状的积木块通过拼、搭、垒等方式排列、组合，建构成自己在生活中见过的高楼、桥梁、小狗等各种物体造型，以此来反映自己周围的社会生活。无论是对结构材料的选择利用，还是对结构技能、方法的运用，都是幼儿的操作活动；也正是这种亲手操作的构造活动使幼儿获得了愉悦的情绪体验和满足。所以说幼儿对结构材料的操作和造型是结构游戏的支柱。

### 2. 创造性

结构玩具是一种素材玩具，它与成型玩具不同的是，单独的一个结构元件并没有意义。只有幼儿发挥想象力，并将这些结构元件组合成一个具体形象的结构物时，其价值才能体现出来。例如，幼儿用雪花片拼插出一把手枪，这看似简单的一个拼插活动，是幼儿对现实生活的反映，但并非是对生活印象的简单的复制，而是幼儿根据自己的意愿、兴趣构思建构的结果，是幼儿创造性的表现。在结构游戏中，幼儿常常是边想边做，想象与操作相辅相成。结构游戏为幼儿的创造性想象提供广阔的空间。在游戏中，幼儿运用与结构元件相匹配的结构技能表达自己的设想和造型构思。对于同样的材料和造型，不同的幼儿会赋予它们不同的主题；即使是同一主题、运用同一材料，幼儿也可以创造出不同的造型；当玩具材料不够时，幼儿也不会消极、沮丧，而是创造性地选用其他材料组合、替代。例如，幼儿将一块长积木搭建在两块短积木上，变成一座“桥”，一转身，它可能就在另外的主题中变成一扇“门”。这些活动、游戏都是幼儿无与伦比的创造力的体现。所以，结构游戏是一种以创造想象为特征的游戏活动。

### 3. 艺术性

结构游戏与绘画一样，是一种造型艺术活动，是一种以结构材料为素材的造型艺术活动。在幼儿建构的过程中，不仅反映了幼儿的美术欣赏能力，也需要幼儿展开大胆、合理的想象与构思，同时还需要幼儿掌握关于艺术造型的简单知识与技能，包括构图与设计技能、色彩感悟力、对称、平衡、大小比例的合理把握等。绘画是平面的，结构造型是立体的。幼儿通过建构生动、形象的结构造型，反映他们对美的感受和对美的创造。结构游戏具有不可估量的审美价值。幼儿在操作、摆弄结构材料时的专注、认真、创造与想象，就像艺术家在工作。他们通过自己双手的摆弄表达自己对这个世界的认识、理解与体验。开放性的结构元件在幼儿手中，成为艺术表现和创造的材料和基础。幼儿生动、形象的结构造型，既是对成人世界“对称、和谐”等传统审美的理解与继承，也是自己独特的审美体验与追求的表现和释放。

## 二、幼儿建构能力的发展

由于受到思维发展水平、精细动作发展水平的影响，幼儿运用建构材料进行建构的能力是逐步发展起来。幼儿建构能力的发展历程表现为以下 6 个阶段：

第一阶段：搬弄——这通常是 2 周岁以下幼儿的典型行为，他们只是把积木拿来拿去。例如，把积木从盒子里拿出来，再放进去，或者单纯地用手摆弄积木。幼儿并不搭建什么具体的物体，主要是感知积木的特性。例如，幼儿触摸积木获得触感，感知其大小和重量，或试图发现哪一块积木能用一只手抓起，一只手可以抓住几块积木。

第二阶段：重复——幼儿刚开始搭积木时，喜欢将积木不断垒高或平铺。幼儿只是简单地把积木一块一块地往上垒起来，或者一块一块地平铺成一列。他们往往并不注意积木排列或垒得是否整齐，只注意垒的房子或宝塔有多高、铺的公路有多长，当高楼倒塌后，再重复往上垒。在多次重复的垒高和平铺的过程中，他们越来越细心地垒和排列，开始关注积木大小，并能将这两种形式结合起来玩。

第三阶段：搭建——幼儿在 3 周岁左右开始探索用一块积木把其他两块积木连接起来。例如，两块积木直立，再用一个长条积木放在这两块积木的顶端，搭成一扇“门”或一座“桥”。简单技能的逐渐发展，为以后学习更复杂的连接技能奠定了基础，并可以搭建更为具体的物体。

第四阶段：围封——幼儿多次操作积木，逐渐发现积木可以首尾相接，围封形成一个封闭的空间。于是“公园”“动物园”“车库”就出现了在幼儿的游戏中。

第五阶段：模型——幼儿自己发现并利用对称和平衡的原理来建造模型。他们建造出来的模型越来越复杂，并且他们兴致不断地利用先前的经验来改进模型，使之逐渐具有美感。

第六阶段：再现——幼儿建造模型之前在大脑中已经有了预先的计划，并为自己建造的物体命名，使之成为现实世界中某种事物的象征性代表。例如，“我要建造一个‘动物园’，并在‘动物园’中放置各种‘小动物’，并请小朋友们来逛‘动物园’。”这是结构物功能的实现，是一个完整的结构游戏的重要组成部分，也有可能成为角色游戏的材料之一。复杂的结构游戏可能会涉及多个幼儿共同的合作，这使得结构游戏中出现社会性交往活动。

## 三、结构游戏的构成要素

幼儿的结构游戏是随着幼儿生活范围的扩展、知识经验的不断积累、精细动作能力的发展而逐渐发展、完善的。在幼儿园游戏指导中，有必要了解、把握幼儿结构游戏的构成要素，并根据幼儿身心发展的特点和水平，进行适时、适当的指导。

一般而言，结构游戏的构成要素包括以下 3 个方面：

### （一）结构材料

结构材料是结构游戏顺利开展的保障和物质基础，是丰富结构游戏内容、发展幼儿动手能力和创造能力的必要条件。幼儿园常用的结构材料是多种多样的，根据材料的结构性，可以将结构材料分为低结构材料和无结构材料。

结构游戏的材料大多是指低结构的材料，结构简单、功能多元、操作性强，幼儿可以根据自己的意愿任意将其组合。幼儿园的低结构材料有很多种，并且种类还在不断增加，总结起来，主要包括积木、积塑、拼图和废旧材料。无结构材料是指没有定型，但是又能随意操作的经济实用且随意灵活的结构材料，如泥、沙、雪。这些是自然材料，但是幼儿可以用来构成各种物体形象，例如，用沙堆造桥梁、城堡、长城、山洞，用雪堆雪人、打雪仗。

### （二）结构技能

幼儿具备一定的结构技能是结构游戏得以顺利开展的重要前提和条件。结构游戏所需的结构技能根据材料和指导方法的不同有所差异。结构技能有很多种，常见的包括排列、组合、接插、镶嵌、穿编、泥塑、黏合和螺旋，具体的技能如下：

排列、组合是积木游戏的结构技能，包括铺平、延长、对称、加宽、加高、围合、盖顶、搭台阶等技能。

接插、镶嵌是积塑游戏的基本技能。接插连接又包括整体连接、端点连接、交叉连接、围合连接。

穿编是指用线穿过各种小环、细管、珠子、纸板上的孔，把大小、形状、颜色不同的元件用连续穿或交替、间隔穿等方法组合，或用纸条、布条、草条、绳线等材料交织成结构物的技能。

泥塑是指通过捏、搓、拍、压等动作将橡胶泥、黏土等结构材料塑造成各种结构造型的技能。

黏合是指用糨糊、胶水等黏合物将各种纸质、木质、竹质甚至各种自然物、废旧物等黏合、组成结构造型物体的技能。

螺旋这一技能主要用在金属结构游戏或一些需要螺丝连接的结构游戏中，包括使用螺丝刀旋转螺丝的技能和使用锤子、扳手等工具的技能。

幼儿在结构游戏中的结构技能水平往往受到结构材料的性质、活动时间的长短、幼儿动手操作水平和幼儿生活经验等因素的影响。

### （三）表征与想象

幼儿对结构材料和建构出的成品的表征与想象是结构游戏顺利进行的必要条件。幼儿通过表征与想象赋予结构物新的内涵与意义，使得建构过程成为游戏。随着结构技能水平的提高与发展，幼儿根据自己的意愿和兴趣建构物体的能力逐渐增强，利用结构物的表征开展象征性游戏的现象也越来越多。例如，幼儿将积木想象成“凳子”“房屋”。这是幼儿想象的萌芽，是利用结构材料进行“以物代物”的想象。随着幼儿想象力的发展，幼儿开始出现组合结构想象和主题结构想象。组合结构想象，是幼儿借助结构材料，将其组合，构成新的物体，并将其想象为自己熟悉的物体。例如，幼儿将积木垒高，并认为是一座高楼；用雪花片插出一把手枪，并说这是一把能发射激光的手枪。主题结构想象是幼儿根据自己的认知水平、已有的结构技能和对平面图纸的模拟建构经验，预先提出建构主题或在教师的引导启发下提出主题，并依据主题进行有目的的建构。有的是单一主题的建构，如一把手枪、一只小狗；有的是综合主题建构，如一个动物园、一条高速公路。

拓展阅读：最早的建构玩具及其来源

## 四、结构游戏的分类

前面已经提到，幼儿园结构游戏的材料是多种多样的。一般而言，结构游戏的种类是根据结构游戏中运用的材料来确定的，当然，结构游戏中所用到的结构材料可能有多种，因此，也不能过于绝对化。

根据幼儿在结构游戏中使用的材料和结构的形式，我们可以将结构游戏分为以下几大类：

### （一）积木建构游戏

积木建构游戏是利用各种积木或其他代用品，应用围合、铺平、垒高等基本技能建造房屋、桥梁、交通工具和各种动物造型的游戏活动，深受幼儿的喜爱。积木是一种常见的结构材料，样式丰富，大小不一，有空心的也有实心的，有原色积木也有彩色积木，还有贴各种贴纸的积木等（见图 7-3、图 7-4）。

图7-3　原色积木

图7-4　彩色积木

### （二）积塑建构游戏

积塑建构游戏是用塑料制作的各种形状，如片、块、粒、棒等元件，通过接插、镶嵌组合成各种物体或建筑物模型。积塑品种繁多，轻便耐用，便于清洁消毒，能充分发挥幼儿的想象力和动手动脑操作能力。因此，积塑建构游戏是幼儿园常见的结构游戏，深受幼儿的喜爱（见图 7-5、图 7-6、图 7-7）。

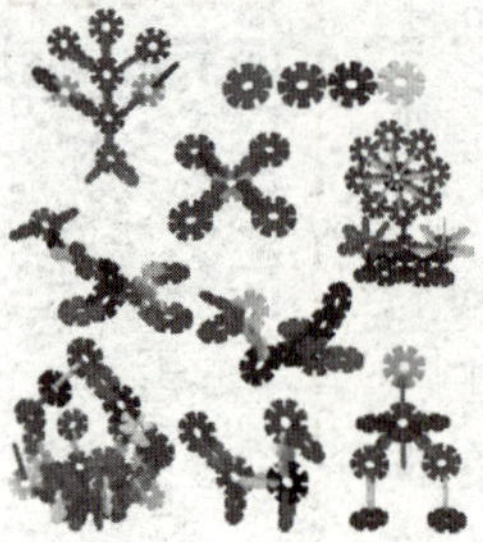
图7-5　雪花片

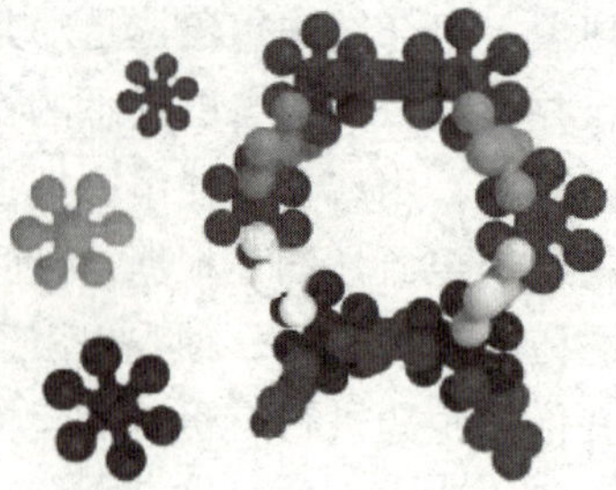
图7-6　小葡萄积塑

图7-7　齿轮积塑

### （三）拼图游戏

用木板、纸板、塑料等材料制成不同形状的薄片，并按照既定方法进行拼摆，可建构各种物体、图画（见图 7-8）。传统的七巧板就是一种拼图（见图 7-9）。

图7-8　故事拼图

图7-9　七巧板

### （四）金属建构游戏

金属建构玩具是指以金属为主要构成部件，连接组合，建构各种物体形象的结构游戏。金属建构玩具大都是成套的定型玩具，构造时由螺丝和螺母将各个部件连接、组合。因为是定型产品，所以金属建构玩具所建构的物体一般都是比较精致和模型化的，较其他结构游戏的难度高，但是开放性低，属于中高结构的游戏，适合年龄稍大的幼儿操作（见图 7-10）。

图7-10　金属建构玩具

### （五）拼棒游戏

拼棒游戏是用小棍、塑料管或用糖纸搓成纸棍作为游戏材料，经过一定的卫生处理和色彩加工，拼接成各种造型、图案（见图 7-11、图 7-12）。

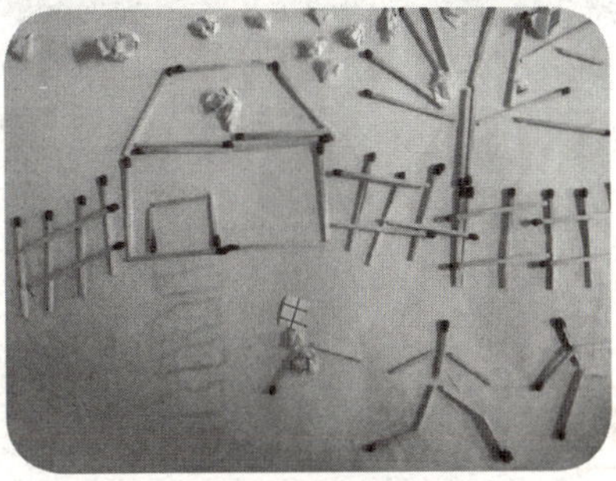

图7-11 火柴棒

图7-12 冰糕棍

### （六）穿珠、串线、编织结构游戏

穿珠、串线是指用线穿过各种小环、细管、珠子等元件，将大小、颜色和形状不同的东西用连续穿、交替穿或间隔穿等方法组合成各种物品，如手链、花环（见图 7-13）。在穿线板上用线穿出各种图案也属于此类游戏（见图 7-14）。编织是把细长的材料，如绳子、带子、纸条，交叉连接成某一物体或某一形象的游戏（见图 7-15）。

图7-13 穿珠游戏

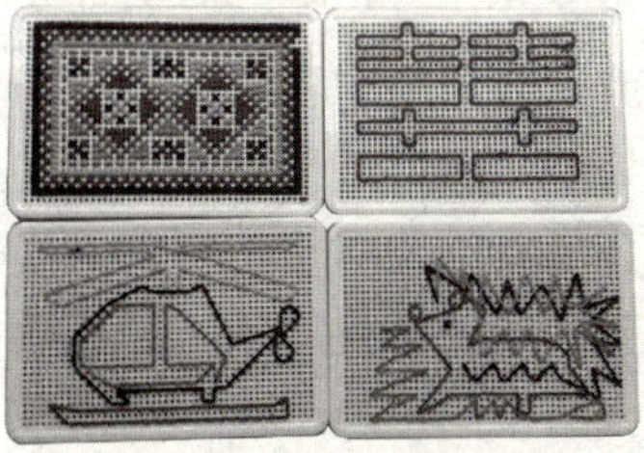

图7-14 串线游戏

图7-15 编织游戏

### （七）自然物结构游戏

沙土是一种自然的结构材料，幼儿可以开展变化无穷的结构游戏，配合工具，从装沙堆山、挖沙成沟到借助各种辅助材料进行建构，从中折射出幼儿的想象力和创造力。雪是和沙土有着类似的功能，都是大自然赐予的游戏材料。玩水游戏不是一种严格意义的结构游戏，但是游戏过程中有结构游戏的成分，所以也被纳入结构游戏的范畴。沙土、水、雪这些自然物都是无结构的游戏材料，具有简便易行、灵活多变的特点，能满足幼儿摆弄物体和好活动的愿望，并能充分锻炼幼儿的想象力、创造力和动作操作能力，可在幼儿园广泛开展（见图 7-16、图 7-17）。

图7-16 沙土游戏

图7-17 孩子们堆的雪人

**课证融通**

幼儿以积木、沙、雪等材料为道具来模仿周围现实生活的游戏是（ ）。

（2015 年下半年真题）

A. 表演游戏 B. 结构游戏 C. 角色游戏 D. 规则游戏

## 五、结构游戏的作用

生活中，如果你细心观察就能发现 2 周岁左右的幼儿拿着积木在敲敲打打，或者将积木垒高后又推倒。可以说，结构游戏伴随着幼儿的成长，并在幼儿成长过程中发挥着不可替代的作用。结构游戏体现着幼儿对现实环境的模仿和再现，是幼儿主观想象和积极加工的创造成果，能丰富幼儿的经验，发展幼儿的想象力，在幼儿全面发展教育中占据着十分重要的地位，发挥着巨大的作用。

### （一）结构游戏能促进幼儿动作发展

结构游戏的材料大多是小型的手部操作材料，如积木、雪花片、小珠子，需要幼儿对准拼插位置、穿线小孔等才能完成。在结构游戏中，幼儿不停地进行堆、放、握、挖、穿、拼插、镶嵌等动作，在手部与各种结构材料的反复接触和重复操作中，感知运动技能得到充分的锻炼和提高，这对发展手部小肌肉动作的灵活性和协调性具有很大的促进作用。逐渐地，幼儿的感知变得敏锐、清晰，动作越来越准确、协调，眼和手的协调配合也越来越默契。结构游戏中的大型积木需要幼儿搬动、搭盖，在这个过程中，幼儿的大动作得到训练和发展。

### （二）结构游戏能开发幼儿的智力

结构游戏的进行需要幼儿具备一定的空间知觉和形状知觉，并具有一定的感知、动作和操作技能、象征性的表现能力，还要懂一些简单的建构技能和原理。例如，由于积木形状、用途的开放性，幼儿需要在游戏中运用多种感官获取材料的形状特征，来确定自己需要的是哪一块积木。这个过程看似简单，但是观察力、记忆力和想象力缺一不可。幼儿按照自己的设想拼插建构物件，并运用想象把建构材料连接、组合成各种造型，这个过程离不开幼儿对物体不同角度的观察，采取不同的操作和布局。因此，人们通常将结构游戏当作开发幼儿智力的游戏，以及培养未来的建筑师和发明家的游戏。

另外，结构游戏中，幼儿在动手操作的过程中，通过手、眼等感觉器官的参与，可以获得有关结构材料的大小、颜色、形状和重量等方面的认识，并在搭建的过程中，了解一些基本的空间关系知识，如上下、左右、前后、高低，初步理解整体与部分的关系，领会可逆、守恒等概念，学习平衡、对称等造型知识。因此，结构游戏的过程，是促进幼儿认知发展的过程；是手脑配合，促进幼儿左右脑协调发展的过程。

### （三）结构游戏能提高幼儿的人际交往能力和合作能力

幼儿园的结构游戏中，我们经常可以看到幼儿手上忙得不可开交，嘴巴也在嘟嘟囔囔说个不停。幼儿的社会性发展水平不高，但是他们在游戏中的交流却是不可或缺的。例如，某个幼儿手中某个形状的积木不够了，需要向同伴借的时候，交流就会发生。幼儿引以为傲的"手枪"插好了，就会迫不及待地向同伴炫耀和分享。在共同的游戏中，幼儿针对共同的话题，发表自己的意见和想法，他们在游戏中交流生活经验，沟通建构心得，分享建构成果。在交流的过程中，有友好的分享与沟通，也有不愉快的争执与冲突，这些都能锻炼和提高幼儿的人际交往能力。

结构游戏，有幼儿独自进行的，也有需要幼儿合作完成的大型主题结构游戏。大型的主题结构游戏，例如，美丽的公园和有趣的动物园，由于建构内容复杂，建构工作量巨大，使得幼儿个人无法完成，这就需要几个幼儿事先做好建构规划，并根据规划进行整体布局，然后分工合作建构。这对锻炼和提高幼儿的人际交往水平和合作能力都有促进作用。

拓展阅读：合作结构游戏：我心目中的小学

### （四）结构游戏能促进幼儿审美能力的发展

结构游戏是幼儿的一种造型艺术活动。结构游戏的过程中，幼儿可以直接感知结构材料本身的质感美、色彩美和形状美，还可以在操作中感受结构材料的组合变化。结构游戏是充满想象的模拟建构活动，在这个过程中，幼儿既要凭借想象中的结构和形象进行建构，又要通过反复拼搭、接插和镶嵌反映他们对自然和社会生活中各种形态美、造型美的感受。幼儿在进行结构游戏的过程中，感受结构材料带来的美感，在拼搭出成品时，又体验到各部分配合、协调、对称的美感，这些可以激发幼儿的艺术兴趣和审美情趣，提高幼儿感受美、表达美、创造美的能力。因此，教师应该根据幼儿结构游戏的需要和发展水平，为他们提供丰富多彩、富于变化的游戏材料，满足幼儿的游戏需要，并为其审美能力的发展奠定基础。

# 第二节 幼儿园结构游戏的指导

结构游戏的教育作用是在教师正确的指导下实现的。在结构游戏中，幼儿要确定建构主题、选择结构材料、掌握结构物特征、构造造型，最后还要评价建构成果，这些都需要教师的帮助与指导。教师对结构游戏的指导要在了解幼儿建构水平的基础上，结合结构游戏的特点，充分尊重幼儿的主体性，为幼儿创设良好的游戏环境和条件，根据幼儿游戏的需要，提供适宜的指导和帮助。

幼儿年龄不同，个人的知识经验、兴趣爱好也有所差别，因此，教师在指导结构游戏时，也要因地、因时、因人而异。但是，结构游戏本身的特征，决定了教师在指导不同年龄幼儿游戏时，也有一些共通之处。例如，游戏前，要创设开展结构游戏的良好条件；游戏过程中，要认真观察幼儿的游戏情况，并根据幼儿的游戏需要提供适当的指导；游戏结束后，要组织幼儿做好评价工作、整理玩具等。下面就按照结构游戏的进程来认识教师对幼儿结构游戏的指导。

## 一、结构游戏开始前的准备

游戏前做好充分的准备工作，幼儿在游戏中才能玩得尽兴、玩得投入、玩有所得。根据结构游戏的特征、构成和幼儿本身的特点，教师在组织幼儿结构游戏前要做好以下几个方面的准备工作：

### （一）创设开展结构游戏的条件

#### 1. 激发幼儿参与结构游戏的兴趣

兴趣是最好的老师。最初幼儿参与结构游戏，往往是从自己摆弄结构材料或对他人摆弄结构材料感兴趣开始的。教师应该注意利用多种形式、多种方法吸引幼儿对结构材料、建构过程和结构物的注意，激发幼儿对结构游戏的兴趣和参与欲望。

首先，直接、也是有效的方法就是教师用成品吸引幼儿的兴趣。教师可以事先建构各种各样的物体，如高楼、飞机、小狗，并将这些结构物展示给幼儿。幼儿在观察和欣赏这些作品时，了解丰富多样的结构材料、结构技能的神奇妙用，从而表现出对结构物、结构游戏的极大兴趣，并跃跃欲试。对于年龄较小的幼儿而言，教师、家长或者大龄同伴的陪伴和示范对于他们兴趣的激发与维持，将会发挥出巨大的影响与作用。

其次，教师要随时关注幼儿的兴趣点。幼儿对周围环境充满好奇，但这种好奇带有多变和转瞬即逝的特点。教师要通过观察幼儿的一日活动，及时捕捉幼儿的兴趣点，及时把握幼儿随机生成的兴趣、需要的教育价值，从幼儿的生活经验和兴趣出发，依靠幼儿的兴趣和注意力指导幼儿拓展结构游戏的内容范围，提高幼儿结构游戏的水平。

最后，要帮助幼儿维持结构游戏兴趣。幼儿对结构游戏的兴趣主要在于游戏过程中对结构材料的摆弄与操作，这满足了幼儿活动的需要。最初，幼儿参加结构游戏时可能没有具体的目标，往往是受到积木、积塑、沙土等玩具本身的吸引，或者看到同伴的结构游戏行为，而开始参加结构游戏。如果幼儿的结构物得到关注和肯定，他的游戏兴趣就会得到强化。对于此种情况，教师可以采取以下 3 种方法进行指导。

（1）教师可根据幼儿手中半成品的形象，及时为结构物命名，同时指出结构物和实物形象的差距，以帮助幼儿确定建构的方向，使幼儿将兴趣维持在结构活动上。

（2）当幼儿手中的结构物无法与现实物体加以联系时，教师可以启发幼儿多做几个同样的结构物相互连接起来组成一个连续的物体，也可以让他们另做一个不同的结构物，将二者组合在一起，再根据新的结构物确定建构主题，继续发展游戏。

（3）保留幼儿结构游戏的一些半成品，在下次游戏时提供给幼儿，使幼儿在后续的结构活动完成或完善作品。

### 2. 丰富幼儿的生活经验

结构游戏是幼儿对现实生活中物体形象的模拟或再现，这意味着幼儿进行结构游戏的前提是要认识和了解大量的物体形象。而且，幼儿结构游戏的水平与其生活经验的积累、对周围事物感知印象的深刻程度有着密切的关系。幼儿对周围生活中物体形象和结构的印象越丰富、越深刻，其开展的结构游戏的水平也就越高。因此，教师应经常有目的、有计划地引导幼儿细心观察周围环境中的事物，了解物体结构、色彩特点、形状轮廓等外形特征，为结构游戏的开展奠定基础。这种观察活动可以是带幼儿到大自然、大社会中进行实地观察，也可以采用多方位、多角度的影像和图片资料进行观察。例如，带领幼儿游览、参观动物园时，引导幼儿了解动物园中的各种动物分区，以及各个分区的范围大小、围栏和房屋特征。在指导幼儿观察实物、图片或影像资料时，教师要教会幼儿掌握结构分析法，即说出物体各部分的名称，比较物体的不同部分，并掌握各部分结构物的组合关系。例如，引导幼儿观察桥梁时，教师应带领幼儿有顺序地观察桥梁的材料、形状、宽度、有无桥墩（如有桥墩，观察桥墩的位置、大小、数量），然后引导幼儿观察桥头、桥身及其他各部分与整体的关系，最后概括桥的基本特征。另外，对于同类事物，教师要引导幼儿进行对比观察，掌握事物的相同点和不同点。对比观察，有助于幼儿掌握同类物体的共同特征，并区分它们的不同之处，从而对各种物体及其特征有更深的理解。例如，引导幼儿观察小鸡和小鸭时，在认识与了解小鸡和小鸭的共同特征后，引导幼儿重点观察二者喙部和脚部的不同。这样，幼儿在构造小鸡和小鸭时就会将二者区别开。

### 3. 创设适宜的结构游戏环境

教师为幼儿提供结构游戏的场地、材料，并保证充足时间，结构游戏的环境是结构游戏进行的基本条件。

微课：结构游戏区的创设

（1）要提供适宜的结构游戏场地。结构游戏场地应该空间宽敞，便于幼儿通畅行走，具体情况要根据结构材料大小的不同而有所区别。小型结构游戏的场地应该有桌椅或者可供幼儿席地而坐进行操作的地面，场地固定与否都可以；大型结构材料的游戏场地要提供固定、宽敞的空间，便于幼儿利用大型结构材料进行单独或者合作的结构游戏，甚至是连续的结构游戏，也便于结构游戏向角色游戏、表演游戏转化。

（2）教师投放适宜的结构材料。结构材料是进行结构游戏的物质基础。教师要根据幼儿的年龄特点、游戏需要和能力差异，提供丰富而又具有层次性的游戏材料。教师既要提供结构简单、易于操作的材料以适应能力较弱的幼儿，也要提供一些结构相对复杂的材料，或者指导能力较强的幼儿利用辅助材料进行建构。

要为小班幼儿提供数量较多的同类结构材料，避免幼儿因为相互模仿而争抢玩具。提供的结构材料的类型可以选择形状相对规则的小型积木、中大型空心或轻质积木、接插关系简单的雪花片、沙土，还可以提供一些小动物玩具、交通工具模型等辅助材料以帮助幼儿开展结构游戏，增加游戏的情节和趣味性。中班幼儿需要的结构材料要比小班的更多样一些。具体表现为材料类型多样：各种类型的积木、积塑，金属玩具，穿线编织玩具，泥塑材料等都是适合中班幼儿的；材料的组合方法多样：各种大小类型的积木组合，不同连接方式积塑材料的组合，各类建构玩具与辅助材料的组合。对于大班幼儿而言，要为他们多提供一些新颖、富于挑战性的，能发挥幼儿的主动性和创造性的玩具：形状不规则的大、中、小型积木；需要运用较复杂的结构技能进行连接的各类材料；还可以提供各类废旧材料、剪刀和胶水等辅助材料供幼儿自己动手制作；另外，提供结构模型和结构图纸对大班幼儿来说也是需要的。

（3）安排适宜的游戏时间。有了宽敞的建构场地和丰富多样的结构材料之后，教师要给幼儿安排适宜的时间以保证游戏的进行和游戏质量。教师足够重视结构游戏的表现就是将结构游戏放在幼儿园一日生活中的重要位置。首先，教师要保证每天有相对稳定的时间组织幼儿开展结构游戏；其次，在每天的自由时间允许并鼓励幼儿开展结构游戏。

### （二）帮助幼儿掌握基本的结构知识与技能

用结构材料进行活动，是建立在对材料的认识和掌握技能的基础上。掌握一定的结构知识与技能，是顺利地进行结构游戏的保证。如果幼儿不认识结构材料，就不知道建构什么；如果缺乏建构技能，将不知道如何建构物体。幼儿的结构知识和技能的水平，会影响幼儿游戏内容的扩张和游戏水平的提高。当幼儿对结构游戏产生兴趣时，会同时产生学习结构技能的兴趣和愿望。幼儿结构技能水平越高，其参与结构游戏的兴趣也就越高，结构游戏的水平也会随之提升。因此，教师应该引导幼儿认识结构材料，并为他们示范一定的操作技能。

关于幼儿结构游戏的技能知识主要包括以下 4 个方面：

（1）识别材料的能力。幼儿能认识各种结构材料，如木质的、塑料的、金属的，懂得它们的作用、性能。

（2）操作技能。幼儿会运用排列与组合、接插与镶嵌、穿编、黏合、螺旋等结构技能构成物体；会灵活选用结构元件和辅助材料表现物体的基本特征，例如，会用两个三角形积木砖代替正方形积木砖、用纸做成彩旗布置轮船；会根据实物和平面图进行结构游戏。

有研究表明，幼儿积木建构技能的发展遵循“摆弄—垒高、平铺和重复—架空—封围—组合—表征—为游戏而建构”的发展过程。

（3）设计结构的能力。能设计结构方案，按计划有目的、有步骤地进行结构活动，并能在实践中修改、补充方案。例如，用积塑拼插孔雀，要用什么形状、颜色的材料，怎样组合。

（4）分工合作的能力。幼儿能在集体结构活动中分工合作，建构较复杂的建筑物。

在帮助幼儿发展结构游戏的技能时应注意以下几个方面：

（1）遵循由浅入深、循序渐进的原则。先让幼儿掌握简单的技能，操作简单的积木、雪花片，建立起一定的自信之后，慢慢认识并掌握较复杂的技能。

（2）在观察、了解幼儿技能水平的基础上进行有针对性的引导和点拨。教师可以采用讲解、演示、示范和组织幼儿多次练习的方法，帮助幼儿发展技能。技能的学习不像游戏本身那么有趣，教师应当采取适宜的方式来引导幼儿愉快地学习。

（3）探索和挖掘现有材料的多种玩法。结构材料能够吸引幼儿兴趣的很大一部分原因就是低结构性、功能多元化的结构材料给幼儿很大的发挥想象力和创造力的空间。因此，教师应引导幼儿先掌握每种玩具材料的基本玩法，然后在常规玩法的基础上逐渐探索扩展玩法，做到一物多用、一物多玩。

### （三）建立必要的游戏规则

为了保证结构游戏顺利、愉快地进行，教师有必要在游戏开始之前帮助幼儿建立适当的规则。

#### 1. 结构游戏开始前的规则

虽然说教师要为幼儿创设宽敞的结构游戏场地，但是由于幼儿人数多、活动室空间有限、游戏尽量多元化等原因，结构游戏的空间不可能容纳过多的幼儿，因此，要限定同一时间玩结构游戏的人数。教师可以采用告示板的形式，表明有几名幼儿可以同时玩结构游戏。告示板也可用厚纸板来制作，在上面贴上限制人数的钩子或小袋子。钩子或小袋子的数量就是允许同一时间玩游戏的人数。例如，同一时间内允许 6 名幼儿玩游戏，教师就在纸板上面贴 6 个钩子或带子，每名幼儿有一张自己的卡片。在玩游戏前，幼儿要先观察告示板上的挂钩或袋子内卡片的数量，再决定能否参加游戏。

#### 2. 结构过程游戏中的规则

结构材料具有零散与多样的特点，这使得结构游戏特别容易出现材料散乱、遗失，甚至引发全组混乱，因此教师要制定一些幼儿在进行结构游戏时的规则。例如，在教师限定的结构游戏范围内游戏（教师可以划线或铺设地毯或用柜子隔断等方式帮助幼儿明确限定范围）；关于玩具取放，幼儿需要玩具，就去玩具架拿玩具、材料，不允许拿别人正在操作的玩具，游戏结束要收拾好积木并放回原处；取放玩具时要小心行走，注意不要撞到同伴或玩具架；爱护玩具，不能乱扔玩具，更不能相互丢掷玩具或用玩具打人；游戏时与同伴的交流：拿同伴的玩具前要征得同伴的允许，并注意避免碰坏同伴的作品，保护和欣赏自己与他人的作品。

小班的游戏规则可以由教师直接制定，中大班可以由教师与幼儿共同讨论制定规则。一定要明白，教师可以一次性地宣布规则，但是幼儿掌握所有的规则是需要时间和过程的。教师可以循序渐进地引导幼儿逐步掌握，并学会遵守游戏规则。

**案例研读**

小班的李老师在建构区观察幼儿拼插雪花片，玩耍中牛牛小朋友把几片雪花片抛到地上，边抛边说："下雨喽！下雨喽！"紧接着小朋友们一阵哄笑，竞相模仿。这一切发生在短短的几秒钟里，活动区内已经到处是雪花片。李老师在惊愕之余问道："扔玩具好玩吗？"孩子们偷瞄着不作声，"那你们想扔吗？""想！"一个大胆的孩子回答。李老师点点头，说："那好吧，请你们尽情地扔吧。"区域里顿时炸开了锅，孩子们的叫声和玩具的碰撞声淹没了一切，十几分钟后，满屋一片狼藉，孩子们红扑扑的脸上透着意犹未尽的喜悦。李老师镇定而舒缓地说："好了，我们该捡玩具了。"孩子们看着满地的玩具不知所措。李老师笑了笑，说："没关系，老师和你们一起捡。"时间一分一秒地过去，玩具一个个地进了篓子，汗珠也一滴滴地从孩子们的头上冒出来，当把最后一个雪花片放进篓子的时候，大家都往地上一躺，"好累呀，终于捡完了！""那你们喜欢扔玩具还是捡玩具呢？""当然是扔玩具。""为什么？""因为扔玩具很开心，捡玩具太累了。""那谁来捡呢？""谁扔的谁捡。""最好大家都别扔。""对，那就没有人累了。"

资料来源：曹中平，韦丹，蔡铭烨. 幼儿园游戏指导［M］. 北京：北京理工大学出版社，2018：149-150.

**分析：**案例中，李老师既考虑到了小班幼儿的年龄特点，注意引导幼儿和雪花片产生新的互动方式，又进一步强调了游戏的规则，让幼儿在游戏中得到了快乐并受到了教育。

## 二、结构游戏过程中的指导

结构游戏的价值在于游戏过程，而非游戏结果。因此，教师在幼儿进行结构游戏的时候，要及时转化自身角色，尽量多给予幼儿引导性的支持，少一些直接性指导，将游戏的主动权交给幼儿。

### （一）注重结构游戏中的观察

幼儿结构游戏中，教师作为游戏指导者的重要工作就是观察幼儿在结构游戏中的表现和游戏水平，唯有如此，才能使指导更具针对性和实效性。教师在结构游戏中的观察是有目的、有计划的，这首先体现在教师在结构游戏中的观察目标和观察内容上。

#### 1. 教师在结构游戏中的观察目标

幼儿在进行结构游戏时，教师的观察目标主要体现在 3 个方面：

（1）了解幼儿在游戏中的目标。教师可以通过亲身观察和语言询问，来了解幼儿游戏的操作目标是什么，并据此判断幼儿正在进行的操作是否能实现他的既定目标。如果能实现目标，就鼓励幼儿继续；如果发现幼儿手中的操作和其目标有差距，就需要指导幼儿是改变目标或者是调整手中的操作。在这个过程中，教师不应自以为是地提示或者批评埋怨，应该认真观察，了解具体情况，与幼儿一起寻找解决困难的方法。

（2）发现幼儿的创造性表现。结构游戏是幼儿对周围生活的模拟和再现，是以生活经验为基础，调动想象参加的创造性活动。所以，教师要以一颗敬畏之心认真观察，发现幼儿在结构游戏中的创造性表现，并将其延伸到其他幼儿身上，引发更多的创造性表现，最大限度地实现结构游戏在促进发展幼儿想象力和创造力方面的教育价值。例如，一次搭建“树”的活动中，幼儿通过操作掌握了拼插、围圆等技能，每个幼儿都做了一棵树，巩固了拼插、围圆的技能。由于结构材料雷同，大部分幼儿的作品十分相像，只有一个幼儿搭建了一大一小两棵“树”，又把它们重叠在一起，并用废旧材料制作“树”上的礼物，说“这是礼物树”，教师看到后将其展示给全班幼儿，并提出要求：“小朋友做了这么多的树，都长得差不多，你们能不能改变一下，让大家记住你做的是什么树？”于是孩子们纷纷动手，不一会儿“新年树”“心愿树”“果树”等各式各样的树就诞生了。

（3）了解每个幼儿的游戏水平。教师对幼儿结构游戏的认真观察，有助于其了解每个幼儿的特点和水平，了解每个幼儿的结构游戏水平和优势，便于因人施教。每个幼儿的发展水平和游戏能力是不同的，教师可以通过观察，发现幼儿结构游戏的能力水平，并将其分组，据此为幼儿提供操作难度不同的结构材料，对幼儿提出有所差异的游戏要求；在游戏结束后，针对每个幼儿的具体情况，肯定长处，提醒不足，使得每个幼儿都能得到提升和发展。

#### 2. 教师在结构游戏中的观察内容

在上述3个观察目标的指导下，我们设置以下的观察内容，以供教师在观察幼儿结构游戏时参考：

（1）建构游戏区使用的频率——是否符合幼儿兴趣？需要调整吗？

（2）幼儿使用某种结构材料的方式——结构材料的数量和难易程度如何？

（3）幼儿是否会经常发生冲突——空间是否狭小？规则合理吗？是否需要调整？

（4）幼儿经常选择哪些游戏材料——幼儿的兴趣点在哪里？

（5）幼儿怎样进入游戏区，变换区域和材料——是否需要教师的建议与引导？幼儿的注意力水平如何？是否找到了自己感兴趣的材料？

（6）幼儿怎样使用材料——对材料的熟悉程度？认知发展水平如何？技能发展水平如何？是否需要进一步指导？

（7）幼儿与他人合作的状态和规则遵守的状况——幼儿社会性发展水平和社交技巧如何？

### （二）引导和鼓励幼儿进行创造性结构游戏

想象力作为结构游戏的元素之一，促使幼儿在结构游戏过程中进行创造性地建构。教师要注意激发幼儿的创造意识，引导与鼓励幼儿在结构游戏中充分发挥想象力与创造力，从而提高游戏水平。

1. 引导和鼓励幼儿创新

在结构游戏中，教师可以通过问题启发、正确引导、评价激励等方式来鼓励幼儿创新。

（1）问题启发。在游戏中，教师可以通过提问、建议和参与游戏等方式启发和引导幼儿。其中问题往往是引发幼儿产生创新火花的“灵丹妙药”。教师提出适当的问题，会激发幼儿的思维和创造。例如，教师在看到幼儿搭建的“高速公路”只有一条路时，提出问题：“车返程时怎么办？”引导幼儿发现自己游戏中的问题与失误，并引发幼儿思考如何解决问题。教师在观察幼儿游戏行为的基础上，提出恰当的问题，是启发幼儿深入思考并指导幼儿继续进行建构，从而完成游戏的重要方法之一。

教师不但要不断地向幼儿提出问题，还要引导幼儿自己提出问题。美国物理学家阿尔伯特·爱因斯坦曾说过：“提出一个问题往往比解决一个问题更重要。”教师在确立结构游戏的主题之后，以“问题征集”的形式，引导幼儿在结构游戏开展前、开展的过程中、开展后提出一系列的问题，以这样的形式鼓励幼儿积极思考，善于发现在游戏中存在的问题并提出解决问题的方法，并在结构游戏的操作中，尝试使用这些解决问题的方法，在思考、实践中启发幼儿的想象，提高幼儿思维能力和实践能力。

（2）正确引导。由于幼儿缺乏生活经验，因此他们会在创造时放任想象，忽略事物的合理性。例如，搭建楼房时，幼儿可能会把三角形、半圆形放在楼房的下面，导致“高楼”不高。对此，教师应及时正确引导，让幼儿明白正方形、长方形放在下面会使建筑物更稳固，能搭建出更高的“楼房”。在这个过程中，既要保护幼儿大胆想象的积极性，鼓励他们敢于实施别出心裁的搭建方案，又要引导幼儿合情合理地建构。

（3）评价激励。正确地评价幼儿的作品，能激发幼儿参与结构游戏的信心和再创造的热情。教师评价时，不仅要重视作品是否美观、完整，还要重视幼儿思维的发展、在游戏中的团结协作。正确的评价标准应该包括：作品是否美观、完整，运用的材料是否合适、多样，摆放的形状和位置是否合理，操作是否有与众不同的地方，小组成员是否共同协作。所以，即使有个别幼儿在结构游戏中没有建构完整的作品，我们也应该给予他们激励性的评价，使得每个幼儿在每次的操作过程中都玩得开心、玩有所获。

2. 教授幼儿创新操作的方法

（1）局部改变法。对幼儿而言，改变某一作品的局部就是创新行为。例如，幼儿学会搭建桥梁、楼房、院子等基本结构，并初步学会搭建动物园，只要改变其中一个动物区的造型、内容或位置，就会变成一个全新的动物园。同理，改变作品的颜色、位置、形状或布局，就会变成新的作品。

（2）列项改变法。根据作品的特征，列出可以改变的项目，为幼儿提供新的思路，使幼儿的创新操作成为现实。一般而言，结构活动中可以改变的项目有 7 个方面，包括改变颜色、体积、形状、材料、增减某一属性、重新组合原有属性、重新设计操作。例如，拼插“枪”时，教师提出启发性的问题：“你用什么方法拼插出和别人不一样的枪？”有的幼儿想出改变拼插的材料，有的幼儿在改变枪的大小、样式、构造上想办法，于是各式各样的“枪”就诞生了。

### （三）注意培养幼儿结构游戏的目的性及行为的坚持性

幼儿参与结构游戏的目标支配着整个游戏过程中的操作行为，同时也是评价幼儿结构游戏水平的一个重要依据。幼儿的目标决定着幼儿对材料的选择、操作行为的复杂程度、面对操作中出现困难时意志的坚持性。因此，教师应针对幼儿的年龄特点、身心发展水平的差异，有针对性地培养幼儿结构游戏的目的性。虽然说游戏是幼儿喜欢的活动，但是在结构游戏中，幼儿会遇到诸如技能水平不高、头脑中建构的表象不完整等问题，这可能会导致幼儿在游戏过程中半途而废。因此，教师引导幼儿为结构游戏做好充分的准备（丰富幼儿的生活经验、提高幼儿结构技能水平等），同时，还要引导幼儿按照建构目标，克服困难，坚持操作，最终完成作品。

## 三、结构游戏结束后的整理、评价

结构游戏活动与角色游戏活动一样，需要教师把握好结束的时机，不能直接武断地强制幼儿结束。幼儿从专注的游戏活动状态到结束游戏活动，需要一定的时间做好心理准备。教师要理解并尊重幼儿的心理需要，可以采取提前告知的方法，例如，以口头语言告知：“小朋友们，我们的游戏时间还有 10 分钟。”或者播放固定的游戏结束音乐，让幼儿逐渐熟悉结束活动，慢慢形成听到音乐就开始收拾、整理玩具的习惯，让幼儿拥有一定的时间做好心理准备。另外，对于专心游戏的幼儿，教师要耐心地个别提醒。

结构游戏的结束工作除了让幼儿心理上做好准备之外，还要指导幼儿整理归还玩具、进行成果展示和评价幼儿游戏。

### （一）收拾整理、归还玩具

结构游戏具有材料种类及数量繁多、形状轻便小巧等优点，但是也使得游戏结束时的收拾整理工作变得繁杂无比，仅靠老师来收拾就会显得力不从心。而且游戏材料由幼儿自取自放有利于幼儿良好行为习惯的养成，因此，游戏结束时，教师应指导幼儿自己收拾整理玩具，并将玩具材料放回原来的地方，并逐渐养成习惯。教师可以利用常用的标志，在收纳玩具材料的筐、篓等容器外面和玩具柜上贴上图片做标记，大班可以用图形、色块或数字等表示。这些标记可以引导幼儿自主分类，准确归还玩具。室外结构材料，如沙、小石子、竹制材料，一般不需要分类归还材料，但是游戏结束后需要教师引导幼儿按要求回收结构辅助工具，如小铲子、小桶。同时教师要注意排查游戏场地，减少安全隐患。

### （二）作品展示、鼓励参与

结构游戏之所以吸引幼儿，除了过程中的操作活动之外，游戏结束后，会有作品来彰显自己的成就也是其中一个重要的因素。因此，结构游戏结束后，教师可以请幼儿将自己的作品放在活动展示区，或由教师拍成照片；放在结构游戏区中，供幼儿欣赏、学习，并鼓励幼儿根据目标大胆地介绍自己的作品和制作方法。这样可以让幼儿体验成功的快乐、增加自信，激发其他幼儿的游戏兴趣，更能锻炼幼儿的语言表达能力、倾听能力和人际交往能力。

另外，对每名幼儿而言，自己的作品都是独一无二的，也希望老师能够欣赏和尊重自己的作品。因此，教师要谨慎地对待幼儿的作品。教师可以采用和幼儿讨论他们的作品和保留幼儿作品的方法体现尊重。

（1）和幼儿讨论他们的作品。教师可以用语言描述幼儿的作品，例如，结构物的颜色、形状、大小、设计、所使用的材料，与同伴作品的差异性。这样描述，幼儿可以感觉到教师对自己活动的关注，对自己作品的兴趣，还可以将幼儿的注意力集中到自己的操作活动或作品上。同时，教师可以询问幼儿对自己的操作和作品的设想和理解，或许教师可以得到超越自己所看到的作品的信息，这样可以更深入地了解幼儿。

（2）保留幼儿作品。这并不是要求教师永久地保留幼儿的作品。但是教师可以采用拍照片，请幼儿自己绘画自己作品的方式留存幼儿的作品。如果条件允许，教师可以将照片或绘画作品制成作品集，一段时间后，请幼儿回看，让幼儿看到自己的成长和进步，体会成就感和骄傲。

### （三）多元评价、激励幼儿

教师对幼儿结构游戏进行评价，不仅可以了解幼儿的游戏水平和兴趣动态，为今后的游戏指导提供依据，还可以帮助幼儿提升经验，体验成功的喜悦。评价既是对幼儿游戏活动的总结和肯定，也是激发幼儿深入游戏的有效方法。为实现这样的目的，我们要进行多元、多维评价。教师对幼儿在结构游戏中表现出来的能力进行评价，可以从幼儿对材料的选择运用、建构方法、技巧的运用、制定主题计划、与同伴的互动合作等方面给予综合性评价，对具有创造性的行为给予肯定和鼓励。

对结构游戏的评价更要注重对幼儿在游戏中的情感体验、行为的坚持性、与同伴的协商、合作等非智力因素的评价，围绕幼儿操作过程中的专注程度、规则遵守等方面进行评价，目的是激励幼儿正向的游戏行为，促进幼儿游戏水平的提高。

拓展阅读：幼儿结构游戏水平评价表

## 四、各年龄班结构游戏的特点与指导要点

幼儿园各个年龄班幼儿的生活经验、小肌肉发展水平和技能水平都不同，所以他们的结构游戏表现出不同的年龄特点，因此，教师要采取不同的指导方法，提出不同的游戏要求。

### （一）小班幼儿结构游戏的特点及指导要点

#### 1. 小班幼儿结构游戏的特点

（1）没有明确的建构目标，喜欢简单重复的动作。小班幼儿对结构游戏感兴趣，并在重复动作中获得快乐，例如，将积木一个一个地垒高，然后“哗”地推到，他们能从积木倒塌的过程中享受乐趣，并且乐此不疲。

（2）游戏易中断，坚持性差。由于小班幼儿没有明确的游戏目标，导致他们的行为随时会受到同伴的影响和干扰，他们会随意模仿同伴的行为，转换自己正在进行的主题。

（3）规则意识薄弱。小班幼儿还未形成基本的游戏规则意识，争抢玩具、破坏同伴作品的现象时有发生，游戏后不收拾玩具，站起来就离开也是经常可以看到的现象。

（4）以独自、平行游戏为主。小班幼儿更倾向于单独游戏，合作行为很少。随后，出现平行游戏，幼儿相互间进行简单的模仿。

#### 2. 小班幼儿结构游戏的指导要点

（1）引导幼儿认识结构材料，教师有意识地示范搭建简单的物体，也可以带领他们参观中大班幼儿的结构游戏活动，以引发幼儿对结构游戏的兴趣。

（2）给小班幼儿提供形状简单的结构材料，引导幼儿学习结构游戏的技能，激发结构游戏的兴趣；结构材料的种类不用很多，这样是为了防止幼儿频繁更换玩具材料；提供的玩具数量要充足，以减少争抢玩具现象的发生。

（3）引导幼儿明确主题。教师可以经常有意识地让幼儿说出自己正在建构的物体的名称，教师也可以根据幼儿搭建出的大致轮廓给予适当的名称。这样是为了引导幼儿理解和明确结构游戏的目的性，使游戏主题逐渐明确、稳定。

（4）建立简单的游戏规则。教师在创设游戏环境时，贴上游戏规则的提示标志，和幼儿一起正确地取放玩具，游戏结束时组织幼儿一起收拾场地、整理玩具。

### （二）中班幼儿结构游戏的特点及指导要点

#### 1. 中班幼儿结构游戏的特点

（1）结构游戏的目的性增强。中班幼儿有了初步、简单的计划，对游戏材料的材质、特性有一定的认知，能根据目标选择相应材质的游戏材料，且开始关注作品，但是技能水平还有待提高。

（2）行为的坚持性增强。随着幼儿注意力集中时间的增长，中班幼儿游戏的坚持性比小班幼儿有了极大的提高，结构游戏可以坚持半个小时或者更长的时间。

（3）技能水平提高。中班幼儿结构游戏的技能主要体现在垒高和架空这两个动作水平的变化上。中班幼儿的垒高水平有别于小班，有架高倾向，尤其表现在幼儿普遍掌握架空技能。

（4）合作行为逐渐增多。中班幼儿合作意识开始萌芽，他们在游戏中的交流频繁出现，且会自发或在成人的指导下进行小组游戏，为完成同一件任务而进行一定的分工合作，但是水平不高。

#### 2. 中班幼儿结构游戏的指导要点

（1）丰富幼儿的生活经验。教师引导幼儿学会观察物体的结构特点，指导幼儿掌握多种技能，提高技能水平，并逐渐学会运用这些技能去建构各种物体。

（2）提供多样化的材料。因为中班幼儿建构作品种类的增加、自身水平的提高，所以教师提供的玩具材料在种类、形状上要多样化，材料的形状也可以增大，以满足其游戏需要。

（3）多组织小组游戏。教师可以不时组织小组结构游戏活动，引导幼儿共同确定游戏主题，选择适宜的玩具材料，分工协作、共同游戏，以符合中班幼儿社会化水平提高的年龄特点。

（4）组织幼儿评议结构游戏。游戏结束后，教师在评价游戏环节，鼓励幼儿主动地发表自己的意见，讲述自己作品的名称、特点和功能等。教师要肯定幼儿在游戏中表现出来的想象力和创新性行为。

### （三）大班幼儿结构游戏的特点及指导要点

#### 1. 大班幼儿结构游戏的特点

（1）目的性、计划性和持久性增强。大班幼儿的结构游戏目标明确，预先提出一定的游戏规则，并能围绕一个主题坚持建构很长一段时间，最终完成结构游戏计划。

（2）技能日趋成熟。大班幼儿能熟练地操作各种不同特点的材料，既能进行大型的、有着复杂的外部立体结构的活动，也能进行外形小巧的、有着精细的内部装饰的活动。

（3）合作水平有所提高。随着社会交往能力的发展和社会经验的丰富，大班幼儿在结构游戏中的社会合作水平不断提高。他们能根据共同制定的搭建任务进行明确的分工合作，达成搭建目标。

（4）作品充满新意，追求真实生动。大班幼儿能通过自己的想象和构思，进行充满创造性的大规模结构游戏。他们在建构的过程中重视作品的内部细节和装饰的问题，体现出较高的技能水平。

#### 2. 大班幼儿结构游戏的指导要点

（1）提高幼儿独立建构的能力。教师鼓励幼儿自主构思游戏主题，设计方案，选择适宜的材料，并能按照计划，充分发挥想象力和创造力，有顺序地进行建构，表现自己的构想。

（2）鼓励幼儿进行合作建构。大班幼儿的合作能力已经有了一定的发展，教师要鼓励幼儿围绕共同感兴趣的游戏主题开展集体活动，大家共同协商设计方案，共同制定游戏规则，分工合作。

（3）丰富幼儿的生活经验和结构技能。大班幼儿的生活范围逐渐扩大，生活经验也越来越丰富，这可以拓展幼儿的结构游戏主题的范围，丰富游戏内容。为了适应复杂的游戏主题，要引导幼儿掌握更多的技能，尝试更多的新材料。

（4）提高幼儿评价的能力。通过开作品展览会、说一说自己的作品、评一评等方式，在欣赏自己和同伴作品的过程中，提高幼儿对作品意义的理解和认识，使幼儿逐渐重视游戏成果，逐渐发展自我评价和评价技能水平、作品的能力。

## 思考与练习

### 一、名词解释

结构游戏

### 二、简答题

1. 列举结构游戏的特征。
2. 简述幼儿建构能力的发展阶段。

3. 简述结构游戏的构成要素。
4. 简述结构游戏的作用。
5. 简述结构游戏开始前的准备工作。
6. 简述结构游戏过程中的指导要点。
7. 简述结构游戏结束后的整理、评价工作。

## 三、案例分析

几个小朋友在拼接长条结构材料，由于拼接的长条过长，桌子上明显放不下了，拼接出来的长条断掉好几次。于是教师走过去问："你们在搭什么？"一幼儿答："我们想搭'体育广场'"。教师发现幼儿想搭这么大的体育广场，桌子显然太小了，它已经影响了幼儿游戏的顺利进行，于是提出："桌子够大吗？不够的话，哪里更大一点？要不要挪个地方？"在教师的启发下，幼儿从桌上换到地上，又从活动室里一头移到另外一头。他们将结构材料连接起来围成一个大大的圆圈，足以容下七八个人。孩子们从圈外跳到圈内，又从圈内跳到圈外，嬉闹着："'体育广场'搭好啦！"

**分析：**结合上述案例内容，请你谈谈幼儿教师如何指导幼儿结构游戏。

# 第八章 幼儿园表演游戏

【学习目标】

√ 了解表演游戏的分类

√ 理解表演游戏的概念、特征和作用

√ 初步掌握表演游戏的结构和指导要点

【素质目标】

√ 初步树立能联系当前我国幼儿园表演游戏现状的游戏指导观

## 案例导入

教师带领幼儿改编《狐假虎威》的故事。教师开始要求改变故事中的动物，如把小羊改成小兔；或改变一下场景，如把森林改成草原。可能要求改编的范围太大，反而让幼儿不知所措。于是教师通过问题引导幼儿改编故事："当老虎知道小狐狸骗了它以后，会怎么办，会发生什么事情呢？"一个幼儿说："老虎知道后，会找小狐狸报仇，把它吃了。"另一个幼儿说："小狐狸得知老虎要来报仇后，就设置陷阱，把老虎抓住，并发明一种失忆药给老虎吃，让它与小动物成为好朋友，再也不吃肉了。"经过教师的引导，幼儿的想象一下子被激发出来，想到很多可能性。但是在分配角色的过程中又发生了问题：没有幼儿愿意扮演狐狸、老虎，都想扮演小动物，原因是怕演不好狐狸，扮演小动物就简单得多。教师就增添了一些狐狸、老虎的道具，并设置表演狐狸的奖励，如小红花，以此吸引幼儿表演。经过一系列的改变，幼儿愿意表演了，游戏继续进行。

资料来源：幼儿园表演游戏的案例，见百度文库.

**分析：**上述案例中，与幼儿改编游戏内容时，教师发现直接告知幼儿如何改编游戏，幼儿无法理解，导致游戏无法进行下去。于是，教师引导幼儿自己决定游戏的发展走向，促使游戏发展。出现角色分配的问题后，教师适时增加游戏道具、游戏奖励，提高幼儿的表演兴趣，使游戏继续进行。案例中的游戏是表演游戏，是教师组织幼儿进行表演游戏。幼儿园表演游戏的内涵是什么？其特点是什么？幼儿教师如何指导幼儿进行表演游戏？接下来就和大家一起讨论幼儿园表演游戏。

# 第一节 幼儿园表演游戏概述

## 一、表演游戏的概念及特征

### （一）表演游戏的概念

我国教育工作者对于幼儿园表演游戏内容的理解，受到苏联的影响比较大。在苏联学前教育相关的著作中，表演游戏被看作以教养员的词（故事、朗读、谈话及看插图）所获得的观念为源泉的游戏。我国学者据此对表演游戏进行进一步的概括，黄人颂认为，表演游戏是儿童按照童话或故事中的情节扮演一定的角色，按作品规定的内容进行游戏。如今，我们对幼儿园表演游戏的理解基本一致，即表演游戏是幼儿根据故事或童话等儿童文学作品的内容和情节，通过角色扮演，运用语言、表情和肢体动作进行创造性表演的一种游戏形式。幼儿常见的表演游戏有童话剧、木偶剧和皮影戏。幼儿用以表演的儿童文学作品主要有童话、故事和诗歌。

幼儿在参与表演游戏的过程中，运用语言、动作、表情等表演技能，通过游戏角色进行诠释和表现。尽管表演游戏依据文学作品的内容和情节，但它是幼儿主动参与的创造性活动，充分体现了幼儿的积极性、主动性和创造性。在幼儿的表演过程中，可以根据教师的要求或者自己的想象，改编故事情节，调整游戏角色、对话和动作。因此，幼儿园表演游戏融幼儿的想象和创造于一体，是幼儿最喜欢的一种游戏形式之一，对幼儿表现力、创造力的发展有着不可替代的作用。

### （二）表演游戏的特征

就表演游戏本质而言，它是一种游戏，是带有表演性质的游戏，因此兼具游戏性和表演性；对幼儿而言，表演游戏是一种自娱自乐的活动，其游戏性优于表演性。

#### 1. 游戏性

幼儿的表演游戏与成人的戏剧表演、幼儿的儿童剧有着本质的区别。成人的戏剧表演是在导演的指导下，严格按照剧本的剧情进行表演；儿童剧是在教师的指导下，一般由教师选择演员，并准备服装、道具和特定的舞台背景，经过排练，最后进行公众演出。而幼儿的表演游戏具有明显的游戏性，其具体表现如下：

（1）在表演游戏中，幼儿最大的动机是追求表演的满足和快乐。在表演游戏中，幼儿并不追求艺术表演效果，主要是满足自己的表演兴趣，获得快乐。因此，幼儿不分场合，不需要精细的服装和道具，也不在乎有无观众，幼儿因为游戏好玩而沉浸其中，追求的是游戏的愉悦性和自主自由。进行表演游戏时，幼儿往往会忘记自己正在表演，只是专注于自己的游戏活动。对幼儿而言，只要自己在其中获得快乐，即使表演很粗糙，他们也毫不在意。

（2）幼儿表演游戏的内容，虽然来源于儿童文学作品，但是带有明显的幼儿自己的生活经验的痕迹。幼儿所进行的表演游戏并不完全依赖作品，而是根据自己的生活经验、认知水平和兴趣需要，对游戏情节进行增删和改编，选择他们认为有趣的、必需的游戏内容。表演游戏对幼儿来说，只是一种游戏。

### 2. 表演性

因为表演游戏是依据童话故事或者儿童自编的故事来展开游戏情节，因此，幼儿从确定进行表演游戏，选择所要表演的故事或作品的那一刻开始，表演游戏就已经有了一个规范的框架，即表演游戏受到故事框架制约，即使幼儿在表演过程中有一定的改编与创作，其情节始终和故事的发展脉络相关联。在表演游戏过程中，幼儿会自发地将自己的言行与故事情节、人物联系起来，故事作为“脚本”规范着幼儿的行为，成为幼儿表演游戏的框架和评价自己与同伴游戏行为的标准。基于表演游戏要再现故事或文学作品，将其表演出来，故“表演性”成为表演游戏区别于其他游戏类型的根本特征。从这个角度来说，“表演性”是表演游戏不可或缺的特征。

### 3. 创造性

表演游戏兼具游戏性和表演性的根本特征，使得表演游戏成为幼儿主动自发的创造性活动。表演游戏基本上依据童话或故事，但是幼儿在表演时，会自发地根据自己的生活经验、兴趣和情感需要对作品的角色、情节、人物的语言、动作表现进行增添和改动。因此，幼儿的表演游戏是对其喜欢的文艺作品的再创造，并不会完全拘泥于作品内容本身，他们会在游戏时，融入自己对作品的理解和感受，并在自己生活经验的指导下创造性地再现作品内容。而在这个世界上，每个幼儿都是独特的，都有着自己的个性特征和生活经验，因此，在表演游戏中，不同的幼儿对于同一作品、同一角色会产生不同的、富有个性特征的独特表现。例如，表演《三只小猪》时，幼儿会呈现出憨厚老实的小猪、疲懒不勤的小猪和互帮互助的小猪等多种多样的游戏角色，这些都是幼儿创造性的体现。在环境材料的利用上，幼儿可以根据游戏的需要利用废旧材料，自己制作表演道具、布置舞台背景等，表现出极大的主动性、积极性和创造性，这些都是表演游戏创造性的表现。

## 二、表演游戏与角色游戏、戏剧表演的联系与区别

### （一）表演游戏与角色游戏的联系与区别

从上面对表演游戏特征的分析可以看出，幼儿表演游戏是幼儿的创造性游戏，和角色游戏一样都是通过角色扮演，在充分发挥想象的基础上，用物体进行表征来完成游戏，但二者也是不一样的，主要表现在以下 3 个方面（见表 8-1）：

#### 1. 游戏主题和情节的来源不同

表演游戏的主题和情节来源于儿童文学作品，如童话、故事、儿歌和幼儿根据自己的经历创编的故事；而角色游戏的主题和情节来源于幼儿的现实生活，是幼儿根据生活经验对现实生活的再创造。

#### 2. 故事结构性和规则要求不同

表演游戏和角色游戏虽然都属于创造性游戏，属于再创造的范畴，但由于游戏的基本要求不同，二者在故事结构性和规则要求上也存在差异。

表演游戏的游戏情节来源于儿童文学作品，在幼儿进行表演游戏前已经确定了游戏的基本框架。虽然幼儿可能会对作品进行改编，但是游戏始终与作品的发展脉络相关联，即故事是表演游戏的依托和框架，游戏要受到故事框架的限制和约束，因此它的结构性较强。在角色游戏中，幼儿可以自主地选择游戏主题和情节，每个游戏参与者都可以构建属于自己的故事情节，并且可以随着游戏的进行，根据游戏的需要或者幼儿的兴趣，不断地丰富或改变游戏的主题和情节，所以其结构性不强，规则要求也不如表演游戏明显。

#### 3. 表演成分不同

虽然表演游戏也是游戏，但其基本特点之一是表演性，幼儿需要运用语言、动作、表情等方式，创造性地表现故事情节和故事角色，含有表演的成分。但是角色游戏反映的却是幼儿对现实生活的理解和认知，其中的表演成分很少，甚至没有。

**表 8-1　表演游戏与角色游戏的区别**

| | 角色游戏 | 表演游戏 |
|---|---|---|
| 相同点 | 扮演角色 | 扮演角色 |
| 不同点 | 角色：来源于现实生活中的各种人物 | 角色：来源于文艺作品中的角色 |
| | 情节：对现实生活的印象 | 情节：文艺作品的情节 |
| | 内容：可由幼儿自己选择、创造 | 内容：在文艺作品情节的基础上加以自己的想象、创造 |

资料来源：邹玲，王玉红 . 幼儿园游戏与指导［M］. 天津：南开大学出版社，2015：152.

### （二）表演游戏与戏剧表演的联系与区别

表演游戏和戏剧表演都是幼儿根据儿童文学作品，运用语言、表情、动作和体态等方式，创造性地再现文学作品的活动。二者的区别主要表现在于幼儿在其中的表演成分不同。戏剧表演的基本构成要素是导演、演员、剧本和观众，是一种演出，是表演给别人看的，要严格地按照文学作品中的情节、角色、台词表演，还要遵循一定的表演程序，其本

质特点是表演性。而表演游戏是幼儿自娱自乐的游戏。幼儿在表演游戏中虽然有表演的成分，但更关注的是活动本身，即使表演很粗糙，甚至没有观众，幼儿也会兴致勃勃地表演，幼儿在表演中追求的是自主和快乐。因此，表演游戏的本质是游戏活动，和戏剧表演有本质的区别（见表 8-2）。

**表 8-2 表演游戏与戏剧表演的区别**

| | 表演游戏 | 戏剧表演 |
|---|---|---|
| 相同点 | 根据作品内容，再现作品，同时运用语言、肢体动作，表演手段相似 | 根据作品内容，再现作品，同时运用语言、肢体动作，表演手段相似 |
| 不同点 | 幼儿按照自己对故事的理解开展游戏 | 导演、演员、剧本、剧场等相互作用的产物 |
| | 幼儿“自娱自乐”的活动，不传达思想观念、价值观，无观众 | 追求价值观的展现 |
| | 本质是游戏 | 本质是表演 |

资料来源：邹玲，王玉红. 幼儿园游戏与指导［M］. 天津：南开大学出版社，2015：152.

## 三、表演游戏的分类

通常而言，幼儿园中的表演游戏包括故事表演、童话剧和歌舞剧。此外，根据幼儿在表演游戏中角色扮演的形式和游戏材料的不同，表演游戏也可以分为幼儿表演、桌面表演、木偶表演和影子戏表演。教师和幼儿可以根据游戏主题和表现形式的不同选择不同类型的表演游戏。

### （一）幼儿表演

这是幼儿园最常见的表演游戏之一，即幼儿自己以故事、童话和儿歌等文学作品为依据，扮演其中的角色，通过对话、动作、表情等方式表达自己对作品的理解（见图 8-1、图 8-2）。幼儿园的区域游戏中，通常会布置一个类似小舞台的游戏环境，投放一些和故事、童话相关的服装道具、头饰等辅助材料。幼儿扮演文学作品中的角色，沉浸在游戏中，获得快乐。幼儿的表演游戏可以是自编自演、自娱自乐的，其表演是极为单纯和朴素的，甚至可能是非常粗糙的，虽然每一次的表演效果可能都不一样，但是幼儿在其中获得的快乐是一样的。

图8-1 幼儿表演（1）

图8-2 幼儿表演（2）

## （二）桌面表演

桌面表演是指幼儿在桌面上用小玩具扮演作品中的角色，幼儿以口头对话、独白和操作玩具角色的动作等形式，再现文艺作品的情节和内容（见图 8-3、图 8-4）。

桌面游戏对幼儿的口语表达能力有一定的要求。幼儿需要相对深入地理解自己感兴趣的文学作品中的角色、情节，并在体会角色情感的基础上，能用不同的音调、语气和节奏变化来表现作品中角色的性格特征和故事情节的发展变化。由于这种表现形式对幼儿的理解力和口语表达能力有一定的要求，因此适合中班以上的幼儿。

图8-3 幼儿桌面表演（1）

图8-4 幼儿桌面表演（2）

## （三）木偶表演

传统的木偶是用木头制成的偶人，现在，人们把各种材料制成的偶人都称作木偶。例如，用布制成的指偶（见图 8-5），用纸、彩泥、蛋壳制成的偶人。木偶形象夸张、生动有趣，造型独特，既可以被当作艺术品，又是幼儿喜爱的玩具。幼儿利用木偶作为辅助道具，创造性地再现文艺作品中的内容，从而形成了各种木偶表演游戏。幼儿园中比较常见的是布袋木偶（见图 8-6）、手指木偶、提线木偶。木偶表演的主要形式就是人、偶同演。

图8-5 指偶

图8-6 布袋木偶

## （四）影子戏表演

影子戏是在灯光作用下，靠物体侧影的活动来表现文学作品内容的一种游戏。由于影子戏中的形象夸张多变、内容离奇有趣，并能充分发挥幼儿的想象力，因此深受幼儿的喜爱。适合幼儿表演的影子戏主要有手影（见图 8-7）、纸影和皮影戏（见图 8-8），其中由于手影游戏操作条件简单，只需要一点灯光，因此广受幼儿的喜爱。

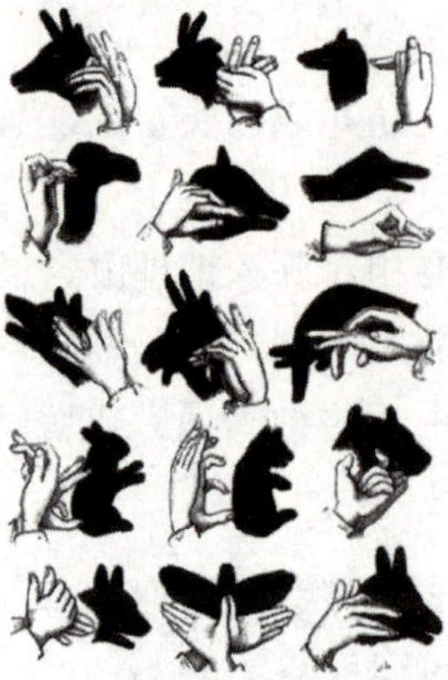

图8-7　手影

图8-8　皮影戏

拓展阅读：
皮影戏

## 四、表演游戏的要素

一般而言，表演游戏由 3 个基本要素构成，即表演素材、表演材料和表演技能。

### （一）表演素材

幼儿开展表演游戏的前提条件是有一个适合的表演素材，主要包括表演游戏的角色和情节两个方面。表演角色是指幼儿在游戏中扮演的角色，如大灰狼、小白兔、王子、公主，这些角色大多来源于幼儿接触的文学作品中的角色。情节可以是童话、故事、动画片等文学作品中的情节，可以将其改编或续编，还可以是幼儿根据自己的生活经历进行创编。

由此可见，适合幼儿表演游戏的素材，大多来源于幼儿熟悉并喜爱的文学作品，但并不是所有的儿童文学作品都适合开展表演游戏。下面简单分析一下，适合幼儿开展表演游戏的文学作品需要满足的条件。

#### 1. 富有教育意义

适合幼儿进行表演游戏的文字作品应该富有积极向上的思想情感、爱憎分明的是非观、充满智慧、善良和健康的审美情趣，幼儿在其中能受到润物细无声的影响。例如，《金色的房子》能使幼儿学会和同伴分享、友好相处，不要嫌弃同伴的缺点，最终收获友谊；《三只小猪》能教育幼儿不要偷懒，同伴要共患难、互帮互助，最后战胜大灰狼。

#### 2. 包含有趣的故事情节

适合进行表演游戏的文学作品的故事情节要生动有趣、重点突出、脉络清晰，有利于幼儿的理解和记忆，又要有所起伏、变化，能吸引幼儿的兴趣。例如，《小兔乖乖》《白雪公主和七个小矮人》等都是故事情节简单、明快，又富于变化的作品，非常适合幼儿开展表演游戏。

#### 3. 具有可表演的要素

适合幼儿进行表演游戏的作品一定要具备一些可表演的元素，例如，比较集中的场景、鲜活的人物性格、夸张的动作行为、富有韵律感且重复的语言。这样的要素不仅适合幼儿的年龄特点，还有利于幼儿的理解和记忆。例如，《金色的房子》的场景只有两个，一个是外面的草地，一个是小姑娘的房子内部，小动物的性格特征各具特色，其中的语言富有韵律感、简单重复；《小兔乖乖》中，兔妈妈出门前对小兔的语言交代、大灰狼来了之后与小兔的对话，都简明生动，关键语言多次重复，适合配以动作表演出来。

### （二）表演材料

开展表演游戏需要一定的场景与材料的支撑。特定的服装、道具和舞台背景等物质刺激能充分激发和调动幼儿开展表演游戏的意愿和积极性。表演游戏的开展需要简易的舞台和布景，与表演内容相关的服装和道具等。

#### 1. 舞台和布景

表演游戏的舞台根据表演游戏种类的不同，可以分为幼儿进行表演游戏需要的表演舞台、幼儿操作玩具需要的桌面舞台、幼儿和教师操作木偶玩影子游戏的小舞台。

幼儿进行表演游戏需要的表演舞台是比较简易的。例如，教师可开辟一个相对较大的空间，铺上一块地毯，幼儿可以在此自编、自导、自演。

桌面舞台，即一个可供幼儿操作玩具进行表演的平台、桌面，可以简单地设在幼儿的桌子上，简便易行、适用性强。

玩木偶、影子戏的小舞台大概需要一平方米白色的背景作为屏幕，再以灯光辅助即可。

布景是在舞台上布置的，与表演情节和内容相关的背景装饰。例如，《三只小猪》和《小兔乖乖》需要一个可供小演员藏进去的小房子，布景能增加表演游戏的表演性和情境性，最大限度地激发幼儿的表演欲望。

#### 2. 服装与道具

表演游戏需要的服装与道具可以帮助幼儿形象化地表现角色的典型特征，在表演游戏中发挥着举足轻重的作用。表演游戏中的道具包括头饰、服装、桌椅等表演游戏所需要用到的物品。提供适宜、安全、有效的道具，能激发幼儿表演的兴趣，增强幼儿表演的角色意识，丰富游戏内容，提高游戏水平。因此，丰富而不繁杂、适当而有效的道具，是表演游戏得以开展的物质基础，如各种小动物的头饰、老爷爷的白胡子或拐杖、妈妈的花围裙、警察的大盖帽。需要注意的是，幼儿的表演游戏追求的是游戏性，所以服装道具应当力求简单、便利，不必过于真实。同时，提倡师幼根据游戏需要，利用废旧材料自主设计、制作服装道具。

### （三）表演技能

表演素材是幼儿开展表演游戏的前提和条件，是核心的部分。表演游戏和角色游戏一样，存在幼儿对游戏材料、游戏动作和情境的假想。不同的是，角色游戏中的假想是以幼儿现实生活经验为基础的自由发挥，而表演游戏中的假想是要服从文学作品中故事情节所确定的基本框架。

表演游戏“表演性”的基本特征决定了表演在游戏中占据的重要地位，这就需要幼儿具备一定的表演技能。幼儿在表演游戏中需要具备以下 3 个方面的表演技能：

1. 口语表达技能

幼儿表演游戏中大部分角色形象的展示主要是通过扮演者的语言来实现的。表演技巧表现在对文学作品中角色人物的独白、对话语言的理解、记忆和表达上，尤其是要采用适合不同角色的音高、音色、音长、音量以及适当地运用语势、停顿、节奏、重音等语言表达技巧来塑造人物形象，表现其性格特点。例如，表演《小兔乖乖》里的小兔时，幼儿的声音要轻快一些、语速适当缓慢一些、音调稍微上扬，以表现小兔听话、机敏的特点；而大灰狼这样的反面角色具有声音沙哑、语调低沉、语气狠毒等特点。

2. 歌唱表演技能

适合表演游戏的作品，除了文学作品外，还包含音乐作品，所以幼儿的歌唱表演能力也是不可或缺的。歌唱表演技能是指用自然好听的声音歌唱，音调准确、吐字清晰，能根据乐曲的快慢、强弱有表情地演唱。一些受到幼儿欢迎的表演游戏题材中的经典对话，是用歌唱的形式来表现的，这就需要幼儿掌握一定的歌唱表演技能。例如，《小兔乖乖》中兔妈妈、大灰狼和小兔的台词就是以歌唱的形式呈现的，幼儿要具备较好的歌唱表演技巧，利用语气、语调的变化来表现不同的人物形象。

3. 形体表演技能

形体表演技能是指幼儿在表演中恰当地运用面部表情、肢体动作来表现人物特征，推进游戏情节的发展。除了模仿成人在日常生活中的动作和表情外，还要掌握一些典型人物的典型动作，如小白兔的蹦跳、小猴子的抓耳挠腮。另外，幼儿在表演游戏中的表情、动作、身体姿态要比日常生活中夸张一些，这使得表演呈现出一定的舞台效果。例如，《白雪公主》中的王后，要从表情、手势和动作等方面，表现出其傲慢、盛气凌人的人物形象。

## 五、表演游戏的作用

幼儿期是幼儿个性发展的奠基阶段，个性是幼儿心理发展的核心。表演游戏寓教于乐，以生动、形象的方式传递角色的思想内容，深受幼儿的喜爱。孩子们通过表演游戏，了解人物间的人际关系，明辨是非，陶冶思想和心灵，提升对美的感受和表达，也体验到积极的情感。表演游戏对幼儿身心发展的促进作用主要体现在以下 5 个方面：

### （一）有利于加深幼儿对文学作品的学习理解

表演游戏是幼儿按照文学作品中的角色、情节和语言进行创造性表演的游戏。游戏前就需要幼儿理解故事内容、情节，并大致记住自己扮演角色的语言，要做到这些，幼儿就要对故事内容进行深入思考，理清故事主线、情节发展脉络，以及故事事件之间的顺序和关系，并认真推敲人物角色的特征。在理解的基础上，幼儿会努力模仿作品中角色的语言、动作、神态，表现其所理解的角色的个性特征，反映人物角色之间的关系。这些都可以加深幼儿对文学作品的理解。因此，幼儿通过表演游戏，不仅可以了解文学作品的内容，还亲身体验作品中人物的思想感情，从而受到一定的教育。可以说，幼儿表演游戏的过程，也是对文学作品再学习的过程。

### （二）有利于促进幼儿语言发展

幼儿语言的发展取决于幼儿已有的知识及与其生活相关的内容，表演游戏的内容来源于文学作品，有着语言、社会和认知等多方面丰富的信息。文学作品的语言是优美而生动的、句式丰富多变，吸引着幼儿模仿。在表演过程中，幼儿按照角色语言进行对话、独白，这是幼儿接触艺术语言的大好时机，它能丰富幼儿的词汇和句式，提高口头表达能力。经过日积月累，幼儿就能自然地获得有关语言形式的经验，潜移默化地掌握各种不同的词汇、句式，从而发展自身语言表达能力。

康诺利等人的研究发现，幼儿在表演游戏中通过对某一角色的扮演，能够掌握所扮演角色的对话方式，同时能表达灵活丰富的语调，这将有助于幼儿学习一定的语言规则，从而使幼儿的社会语言发展有所提高。例如，在表演游戏《没有牙齿的大老虎》中，幼儿可以通过模仿故事中狐狸、老虎、等角色的语言来表现他们的性格特征，扮演狐狸的幼儿的语言要表现出热情、机智、勇敢，扮演大老虎的幼儿的语言要表现出不可一世、愚蠢、不听别人劝告的性格特征。

### （三）有利于发展幼儿的想象力和创造力

表演游戏是对文学作品再创造的过程，幼儿有一定的自主性和创造空间。从实质上来看，表演游戏的过程就是幼儿发挥想象的过程。因此，想象是表演游戏的基础，创造是表演游戏的结果。在表演游戏的过程中，幼儿凭借着自己对作品的理解，把自己想象成作品中某一特定角色，对作品中的一些情节、对话和内容进行一定的修改，以角色的身份、语言和思想来说话、行动，创造性地表现故事内容。这不仅需要再造想象，也需要创造想象。幼儿丰富的想象力使表演游戏呈现多样性，游戏的展开也使得幼儿想象的内容变得更加丰富、更加深刻。

幼儿认真地投入表演游戏时，他们知道自己所扮演的角色是假的，但是他们在其中体验的情感却是真的。幼儿知道游戏中的道具是假的，但是在游戏中却将其当成真的物体对待，这是借助想象实现的，是借助想象对作品、人物的再创造。幼儿和教师一起利用废旧材料制作服装和道具，也是一项创造性的活动。所以，幼儿准备和进行表演游戏的过程，是充满想象和创造的活动过程。

### （四）有利于幼儿人际交往能力的提高

表演游戏是一种集体活动。幼儿在表演游戏中扮演一定的角色，而角色与角色之间有着各种各样的关系，这就要求游戏者既要有独立性，又要相互合作。因此，在表演游戏中，幼儿不仅可以学习动作、表情和体态等非语言的交往技巧，而且能体会到集体的存在，发展人际交往能力。

一般来说，教师选择、推荐进行表演游戏的童话、故事等作品一般都具有明确的是非观念，例如，作品传递互帮互助、团结友爱的中心思想。通过表演游戏，幼儿会将表演游戏中的故事情节、人物行为和自己的日常生活联系起来，学习恰当的社会交往行为。例如，在《小兔乖乖》中，游戏的情节使幼儿思考：在大灰狼敲门的时候，是立即开门还是先问问外面的人是谁？外面的人说的话可信吗？如果不可信，应该怎么做才能确认外面的人的身份。这样，幼儿在游戏中学习当自己一个人在家时，如何更好地保护自己。

另外，幼儿在表演游戏的准备阶段，要与同伴讨论协商角色的分配，相互化妆，共同准备场景、道具，出现矛盾的时候如何通过协商解决问题……在这个过程中，可以提高幼儿交往能力，培养合作意识。一项针对 238 名 4 ～ 6 周岁幼儿表演游戏进行的实验研究发现：表演游戏能够促进幼儿同伴交往能力水平的提高，这种促进作用体现出一定的年龄特征，而且表演游戏对那些经常被忽视、被拒绝幼儿的同伴交往能力的发展也起到一定的促进作用。

#### （五）有利于提升幼儿的艺术素养

表演游戏的情节和内容大多来自儿童文学作品。作品中以巧妙的结构形式和出奇的表现手法将鲜明的主题、有趣的题材、生动的形象、跌宕的情节和优美的语言串联起来，并表现出来，这能给幼儿带来极大的愉悦感受，对幼儿而言也是一种美的享受。因此，表演游戏是幼儿接受表演艺术熏陶的一种有效途径，能极大地提升幼儿的艺术素养。在进行表演游戏的过程中，幼儿会主动地注意自身的形象，尝试着根据角色调整、改变自己的仪表和言行。这对幼儿的形象、仪表、言行、体态和艺术式样等起到综合培养的作用。从这个角度来说，表演游戏能使幼儿在理解、表现文学作品的过程中感受语言美、艺术美，并逐步扩展到通过语言、动作、体态去感受美、表现美、创造美，从而在不知不觉中提升幼儿的审美能力，陶冶幼儿的艺术情操。

## 第二节　幼儿园表演游戏的指导

教师在指导幼儿开展表演游戏时，要全面地考虑游戏前的准备、游戏过程中的指导、游戏结束后的指导与评价，使幼儿能自主、愉悦地开展表演游戏，最大限度地发挥表演游戏对幼儿身心发展的促进作用。

### 一、表演游戏开始前的准备

表演游戏“表演性”的基本特征和幼儿的年龄特点，决定了幼儿在开展表演游戏之前要做好充分的准备工作。表演游戏的主题来源于幼儿熟悉且喜欢的童话、故事、寓言，甚至动画片等文学作品，这决定了文学作品的选择与理解是表演游戏准备工作的重中之重。

#### （一）文学作品的选择与理解

内容的选择是表演游戏中非常重要且必要的环节，内容要符合幼儿的年龄特点和心理发展特点，适宜的文学作品是表演游戏顺利开展的保证和基础。关于适宜的文学作品所要具备的条件，在前面表演游戏的结构要素中已经谈到，这里就不再赘述。需要指出的是，表演游戏毕竟是幼儿的游戏，因此，文学作品的选择应该尊重幼儿的兴趣和需要，经过教师的慎重把关，确保选择适合幼儿表演的作品，而不是只考虑教师的意愿和决定。

任何表演都需要建立在深入理解作品的基础上。因此，确定文学作品之后，教师要引导幼儿深入地理解作品，激发幼儿表演的欲望和兴趣是表演游戏顺利进行的前提和基础。

首先，幼儿对于自己喜欢的故事，愿意重复倾听，丝毫不会厌倦。因此，教师可以运用抑扬顿挫、声情并茂的语言，富有感情地讲述故事，可以根据故事本身的长短和内容结构，采用整体和分段讲述的方式，带领幼儿感知、理解作品，引导幼儿认识作品中的人物性格特征。

其次，教师可以通过提问、讨论等方式，引导幼儿针对故事发展的情节进行讨论，进一步加深对故事情节的印象；通过游戏、模仿的形式体验角色行为的心理活动，深入理解作品内容。

最后，教师可以引导幼儿分析作品中的角色形象及其特征，熟悉角色之间的对话，并鼓励幼儿发挥想象，在激发幼儿表演欲望的基础上，讨论如何用动作、语言、表情生动形象地表现人物角色的表情和动作，还要一起讨论表演的过程中需要哪些道具。例如，教师可以和幼儿一起讨论："我们可以怎样表现这个角色或这个情节？可以怎样说？"启发幼儿把自己的想法大胆地表现出来，为幼儿的正式表演做好铺垫。

### （二）创设适宜开展表演游戏的环境

游戏环境是幼儿进行表演的物质条件，教师可根据幼儿平日所喜欢的故事角色、游戏情节，与幼儿一起准备服装、道具和布景，并摆在适当的位置，以激发幼儿的游戏兴趣。表演游戏环境的创设主要依托于游戏材料的准备，包括舞台、布景、服装和道具，以及融洽的游戏氛围。

#### 1. 舞台和布景

舞台就是幼儿表演游戏的场地。教师可以引导幼儿在活动室或其他相对宽敞的地方创设一个相对固定的表演区。日常进行的表演游戏可以在活动室中，用小椅子、小桌子隔出一个相对宽敞的空间，或者用大积木围起来作为一个小舞台，用标记分出"舞台"和"观众席"。有条件的幼儿园可以在专用游戏室里创设面积相对较大、位置固定的表演区。

表演用的布景应当简单方便、经济适用，能起到渲染情绪、烘托气氛的作用就可以，过于复杂、烦琐的布景可能会分散幼儿的注意力，影响表演游戏的顺利进行。布景造型要和表演内容相关联，可以结合美工活动，带领孩子们一起来设计和制作创设要点是造型夸张，色彩鲜明。例如，表演游戏《小熊请客》中有一棵树，它可以由两个pvc板折叠制作而成，需要用时打开，"狐狸"能够躺在树下睡觉，表演结束，可以直接合起来，十分方便。

#### 2. 服装和道具

服装与道具是表演游戏中不可或缺的物质材料，它可以激发幼儿表演游戏的兴趣，还可以直接影响游戏的趣味性、戏剧性和象征性，唤起幼儿的角色意识，帮助幼儿沉浸在游戏情境里。

服装和道具能象征性地表现角色的显著特征即可，因此要尽可能地简单、易于操作。例如，各种人物角色、小动物，只需要一个简单的头饰就行了。这些头饰、道具不一定要购买成套的、形象特别逼真的，教师可以和幼儿一起准备，自己制作的头饰、道具简单轻便，易于佩戴。而且，制作表演游戏所需要材料的过程本身就是幼儿参与游戏的过程，也是一个很好的锻炼幼儿想象力、动手操作能力和创造力的机会。另外，在准备服装和道具时，不仅要考虑作品的需求，还应该结合幼儿的实际生活，根据季节随时更换。

**案例研读**

初冬了，寒气逼人。最近在表演区偶尔会看到有人脱棉衣，今天在表演区我又发现了一件刚脱下来的棉衣："这不是萌萌的衣服吗？又没有做体能运动，为什么她把衣服脱了呢？"我正纳闷时，萌萌出现了，只见她穿着一条连衣裙，还精心地打扮了一番，从化妆间里出来，来到小舞台兴高采烈地表演起来。担心她受凉的我立刻走到舞台上要帮她披上外套，可是萌萌说什么也不肯，我很关切地告诉她，冬天到了，随便脱外套会受凉的，萌萌却说："不穿，穿上棉衣，漂亮的裙子就遮住了，不好看了！"这时我才仔细看了看裙子，原来裙子不大，不能套在棉衣上，只有把棉衣脱掉才能穿得下裙子，为了在表演中真实地体验和装扮，孩子们只好脱掉棉衣穿上自己喜欢的裙子来满足表演的需要。

表演区的这几条漂亮裙子是女孩子们的最爱，它们陪伴孩子们从秋天到了冬天。此时，我感受到为了满足游戏的需要，孩子们敢置身体的冷热于不顾，游戏的巨大吸引力让孩子们忘却了严寒，作为教师的我应该为孩子们做点什么呢？为此，我专门为孩子们制作了能穿在棉衣上的裙子，还有夏天能直接贴身穿的裙子，让孩子们的表演游戏不受天气的影响，一年四季都能在表演游戏中找到快乐，得到满足。

资料来源：彭俊英，魏婷，等. 幼儿园游戏活动组织与指导［M］. 北京：教育科学出版社，2014：185-186.

**分析：**案例中的教师在观察幼儿的游戏时，察觉到游戏道具和季节不匹配，及时地做出更换，使得幼儿在享受表演游戏的快乐的同时，也保证了身体健康。

### 3. 融洽的游戏氛围

在创设表演游戏的物质环境之外，教师还需要注意给幼儿营造融洽的游戏氛围。融洽、自由、关爱的心理氛围有助于幼儿获得良好的情感体验，在表演游戏中建立自信。因此，教师应做到以下两点：

第一，充分信任幼儿，允许幼儿"犯错"。例如，有的幼儿表演时忘记了自己要说的话，有的幼儿会即兴发挥与作品无关的内容。

第二，教师要接纳幼儿表演上的个体差异。由于每个幼儿对文学作品的理解不同，不同幼儿的表现能力不同，在表演游戏中会出现明显的个体差异，教师要尊重、并接纳幼儿的个体差异。

教师要充分地尊重、信任幼儿，当幼儿在表演游戏中出现问题时，耐心地提醒幼儿，在必要的时候微笑着提供适当的帮助和指导，使表演游戏切实地发挥促进幼儿发展的作用，帮助幼儿在宽松的氛围中自由地进行游戏，获得愉悦的情绪体验。

### （三）积累表演经验

表演游戏要求幼儿具备一定表演技能，这样才能在游戏中准确、生动地展现作品的情节和人物形象。

教师可以引导幼儿在日常生活中通过观察、模仿来积累表演经验。教师可以带领幼儿欣赏一些优秀的影视节目中的表演和专业舞台剧表演，这样幼儿可以通过观摩专业演员的表演，丰富自己的表演经验。教师也可以把童话、故事和儿歌等文学作品，以戏剧表演、木偶剧表演的形式呈现给幼儿，或者教师直接面向幼儿做示范性表演，这样不仅可以激发幼儿的表演欲望，还可以引导幼儿积累不同人物角色行为表现的感性经验，学习各种表演技巧。例如，各角色都有自己的特点，教师亲自示范，使用尖细、粗狂、高的、低的各种声音表达角色的形象和特征，幼儿需准确把握，从而形象生动地表演。例如，小兔上场会蹦跳，小鸟出场时双手展翅，狐狸要偷偷摸摸。

另外，教师也可以通过提问或讨论的方式，引导幼儿针对某一问题展开讨论，帮助幼儿更好地理解作品内容，掌握人物角色的性格特征、行为方式。这样，在进行表演时，该有什么样的表情、动作，幼儿也就大致知晓了。

幼儿在表演游戏前积累并提升自己的口语表达技能、歌唱表演技能和形体表演技能，以便于在表演游戏中能更好地表现自己、体验游戏的快乐。

## 二、表演游戏过程中的指导

教师带领幼儿为表演游戏做好充分的准备工作后，就可以顺利地开展游戏了。在幼儿游戏的过程中，教师要时刻关注游戏情况，必要的时候介入游戏，进行指导。

### （一）游戏性先于表演性

表演游戏兼具游戏性和表演性这两种特征，如何正确看待游戏性和表演性，是教师组织和指导幼儿开展表演游戏的关键问题。长期以来，幼儿园表演游戏存在重表演、轻游戏的问题。为了让幼儿的表演快速地达到生动性表现的水平，教师往往采取打断游戏、现场示范或者手把手地教幼儿表演等高控的指导策略。例如，当幼儿忘记自己要说的台词时，教师直接替幼儿说出台词；当幼儿即兴发挥与作品无关的内容，或出现嬉戏打闹的行为时，教师用严厉的口气指责幼儿。这种指导策略往往忽略了表演游戏的游戏性，不给幼儿游戏的机会和时间，忽略了幼儿的游戏过程，一味地追求逼真、形象的表演效果。在这种情况下，教师过于看重游戏结果，往往把自己对于作品的理解强加到幼儿身上，使得角色的对话、动作和表情以教师的理解和标准为主，表演游戏也就成为单纯的表演，失去了游戏的本质。

其实表演游戏的表演性与游戏性可以很好地融合交织在一起，表演性应当是基本的特征，贯穿和体现在整个活动过程中；表演性应该是逐渐提高和完善的，由一般性表现向生动性表现发展，作为活动的结果呈现出来。表演游戏如果过于强调表演性、弱化游戏性，就失去了作为游戏的本质特征。

保证表演游戏的游戏性，首先教师要保证幼儿拥有游戏的自由选择和自主决定的权利。例如，选择作品或故事时，教师要尊重幼儿的意愿和兴趣，对作品的理解、表现及表现方式、方法，也不能完全由教师规定，应该给予幼儿一定的自主权，给幼儿自主游戏、协商磨合的时间和机会，组织幼儿探索、讨论，对他们的想法和表现给予理解、尊重和引导。因此，教师要学会等待。幼儿从接触故事，到理解故事，再到输出故事、完成表演，是一个发展过程，需要时间；幼儿的表演游戏从一般性表现提升到生动性表现水平，也是一个发展的过程，需要时间，需要幼儿反复地练习和感悟。

要保证表演游戏的游戏性先于表演性，教师在等待幼儿成长的过程中，要注意和幼儿建立民主、平等的合作关系，成为幼儿游戏的组织者和指导者，而不是单方面的游戏指挥者、领导者；教师要为幼儿游戏的展开创设宽松、自由的游戏氛围，给予幼儿充分的信任和尊重，给予幼儿时间和空间去协商，鼓励和支持幼儿主动探索、自由表现。

### （二）合理分配角色

表演游戏中，幼儿最关心自己扮演哪个角色。表演角色的分配是否恰当会影响游戏的顺利进行及游戏开展的质量。教师在指导幼儿分配游戏角色时，应当和幼儿一起商量。大多数幼儿往往都很希望自己扮演文学作品中的主人翁，次要角色和反面角色往往无人问津。如果出现争抢角色的情况，教师就要引导幼儿认识到表演每个故事都需要所有角色的协调配合，每个角色都是表演游戏中不可缺少的。随后，教师应引导幼儿相互协商，选择自己喜欢且适合自己的角色。为此，教师可以带领幼儿理解作品内容，重点分析角色的行为、性格特点，再结合幼儿各自的语言表达能力、表演水平和组织能力，共同合理地分配角色。在整个过程中，要尊重幼儿的意愿，基本上由他们自行选择，教师的任务是协调、建议他们轮流担任各种角色。对于全新的表演游戏，教师可以建议能力强的幼儿担任主要角色，便于游戏能顺利地进行。对于孩子们已经熟悉的表演游戏，可以鼓励能力稍弱的幼儿担任主要角色，尤其是当他们主动要求时，更应给予支持，以使他们的表演能力得到锻炼。对于个别幼儿经常霸占主角的行为，教师要引导他们尝试其他角色。再次强调，教师要谨记幼儿是游戏的主人，教师应尊重幼儿的意愿，以协商的语气提出建议，而不是强迫幼儿扮演他们不喜欢的角色。

鉴于幼儿的年龄特点，小班幼儿在进行角色选择时，可以由教师直接指定，也可由幼儿自报。教师要逐渐引导中大班幼儿自己协商分配角色，因为他们已经能够在一定程度上照顾同伴的兴趣和愿望。同时，教师也要提供一些解决冲突的方法，如猜拳、轮流和共同投票。

#### 案例研读

中班的静静、洋洋和姗姗都想扮演小姑娘。

教师：你们是怎样分配角色的？

静静：我们表演了三遍游戏，每一遍游戏，都是猜拳赢了的小朋友扮演小姑娘。

教师：如果某位小朋友每一次猜拳都输了，那她就没有机会扮演小姑娘了吗？

姗姗：每次猜拳我都输了。

静静：我把机会让给姗姗吧。

教师：你能把表演机会主动让给姗姗，真是好样的。谦让，是把扮演机会分享给他人的角色分配办法，还有更好的办法帮助每个人都拥有同等的机会扮演小姑娘吗？

其他幼儿：轮流扮演，你扮演一次，我扮演一次，他扮演一次，大家都有的玩。

教师：大家的办法真多！孩子们，猜拳是比较公平的角色分配办法，但是可能会有人一直得不到喜欢的角色表演机会。如果你能主动地把机会先让给他人，说明你懂得谦让；如果用上了轮流的办法，能耐心地等待喜欢的角色，说明小朋友找到了更好的办法，老师真为你们高兴。

资料来源：关虹，李素霞，宋静. 学前儿童游戏理论与实务［M］. 天津：天津大学出版社，2018：176-177.

**分析：**案例中的3个孩子用到了相对公平的分配角色的方法——猜拳。但是在游戏的进行中出现了新的问题，姗姗每次猜拳都输了，所以就一直没有得到扮演自己非常喜欢的小姑娘的角色的机会。教师仔细地关注着幼儿的游戏过程，及时地发现问题，并引导幼儿变换分配游戏角色的方法，使得每个幼儿都有机会扮演自己喜欢的角色，这样游戏得以继续进行，幼儿也在这个过程中获得了发展。

### （三）及时介入、指导幼儿表演

幼儿的表演游戏要经历由一般性表现到生动性表现的发展过程。帮助幼儿完成从一般性表现到生动性表现的提升，从目的性角色行为到嬉戏性角色行为，再到更高水平的目的性角色行为的回归，正是教师指导表演游戏的目的和任务所在。因此，幼儿进行表演游戏时，教师要在观察幼儿游戏的基础上，抓准时机，采用各种方式介入幼儿的游戏进行指导。

在游戏的最初阶段，教师要提供时间、空间和基本的表演材料，但尽可能少地干预，让幼儿逐步地熟悉情节的发展、角色语言和行为。教师要深入地观察幼儿的游戏，了解幼儿的游戏水平和需要，并在必要时介入游戏，提高幼儿在表现故事、塑造角色方面的能力，指导幼儿运用不同的语气、语调和夸张的动作及生动的表情来塑造和表现角色。下面简单介绍一下教师介入游戏、指导表演的方式。

#### 1. 平行介入——示范表演

平行介入是指教师与幼儿扮演相同的角色，说该角色的语言、操作该角色应该使用的道具、做出该角色应该表现的行为，给幼儿进行示范表演，从而给幼儿暗示。严格来说，这种示范表演的方式并没有真正介入幼儿的游戏，但是给了幼儿模仿的榜样，使游戏得以继续顺利进行。例如，教师在指导幼儿表演故事《熊猫的客人》时，发现能力弱的孩子会出现一句话也表达不清楚的情况，他会用紧张的眼神向教师求助。教师及时和他一同扮演角色，用身体动作给他提示，帮助他一起表演，孩子看到后，放松下来，接下来的表现进步很多。

### 2. 合作介入——共同表演

合作介入是指教师和幼儿共同扮演故事中的不同角色，以共同表演的方式指导幼儿，通过合作表演的方式，给幼儿暗示，以提高表演游戏的水平。教师应该经常参与幼儿的表演游戏。教师和幼儿同台演出，是教师以间接的方式指导幼儿游戏。教师所扮演的角色应当是能把整个表演组织起来的角色，或者幼儿尚不能胜任的角色。这样，教师利用角色推动整个表演游戏发展。例如，通过和幼儿一起商讨演出程序，选择、使用道具，布置环境等一系列活动，给幼儿一定的暗示，和幼儿一起深入理解作品内容，讨论角色语言、行为、神态等，便于塑造各种生动活泼的艺术形象。同时，教师可以将幼儿在游戏中创编的各种形体动作和语言，加以收集和整理，便于在以后的游戏中推广。

### 3. 外部介入——场外指导

外部介入是指教师以真实的身份或者观众的身份进行场外指导。孩子们喜欢教师的关注，喜欢教师观看他们的表演，这就为教师的场外指导提供了有利条件。首先，教师必须认真、全身心地欣赏幼儿的表演。教师认真的态度是对幼儿表演的尊重、鼓励和支持，更是为幼儿提供了如何以正确的态度对待别人的表演的正面示范。其次，教师可以局外人的身份，用提问、建议等方式指导幼儿的表演，并用鼓励性的语言评价幼儿的演出，提出改进建议。

#### 案例研读

[游戏 1]

在一次《小羊和狼》的表演游戏中，在结尾阶段，“小狗”的扮演者小宝抓住“大灰狼”小瑞的胳膊不放。被抓的小瑞不高兴了，他猛地转头将小宝推倒在地。小宝痛得哭了起来。这时教师要及时地介入游戏，协助小宝和小瑞解决游戏冲突：“小狗、大灰狼你们怎么打起来了？我们故事的结尾可不是这样的哦，发生什么事了？告诉大家，让其他小动物来帮忙想想办法。”通过共同讨论，最后小宝和小瑞都认识到自己的错误，而且积极地找到解决问题的办法，小宝扮演的小狗抓大灰狼时不再拉住不放，而是用模拟的、表演性的动作代替拉扯，大灰狼也要乖乖地配合表演，灰溜溜地被“拉”走。教师还建议他们互换角色表演，从而体验不同角色的情绪、语言和动作。表演游戏结束后，小瑞突然跑到小宝跟前说：“小狗也可以抓大灰狼的胳膊，这样大灰狼就跑不了了，不过不要抓得太用力。”“这样轻轻地可以吗？”“可以的。”老师表扬他俩积极动脑筋，找到了解决问题的好办法。

**分析：**案例中的教师就是以旁观者的身份进行场外指导的，当幼儿的表演游戏出现意外情况时，教师及时介入，组织幼儿讨论：“这样做对不对？应该如何做？”这样，游戏得以顺利进行，幼儿也从中受到启发，为表演游戏提供了新的结束方法，既拓展了游戏，幼儿也在其中获益良多。

［游戏 2］

中班开展表演游戏《狼和小羊》时，小泽争着扮演“大灰狼”这个角色，可是轮到他表演时他却离开游戏场地到处追逐。面对这种情况，教师没有干扰小泽游戏，而是继续观察，发现小泽一边跑一边说：“你来当‘狼爸爸’吧，我当‘狼孩子’，再去找一个‘狼妈妈’来，我们一家去‘吃小羊’。”他立刻吸引了一些幼儿加入他的游戏，“狼和小羊”的游戏内容有了进一步的拓展，这些远远超出教师的预设。幼儿用自己的方式邀请别人参与他创编的游戏，可见原有的游戏内容已经不能满足幼儿继续发展的需要。

资料来源：王惠玲. 谈表演游戏中教师介入指导的有效性［J］. 考试周刊，2013（59）：181-182.

**分析：**案例中，表演游戏《狼和小羊》已经进行了很多次，小泽就以自己独特的方式拓展了游戏内容。而在整个过程中，教师密切关注着游戏，并没有盲目、武断地打扰幼儿游戏，而是以宽容、尊重的态度观察着幼儿的行为、幼儿游戏，才有了幼儿创造性行为的出现，才会有表演游戏由作品表演向创作表演的过渡。

无论教师采用何种方式介入幼儿的表演游戏，都要鼓励幼儿进行创造性表演。幼儿进行表演的前期，倾向于对故事进行再现和模仿，但是随着经验的积累和对表演内容的熟悉，幼儿可能会打破原有故事情节的束缚，对游戏角色、情节和情境进行创编，尤其是中大班的幼儿，他们能够在角色中融入自己的情感，实现“移情式表演”。对于表演相同的角色，不同幼儿的表演有不同的效果，幼儿可以创造性地运用表情和动作，增减情节，改变对话。作为教师，要善于发现和保护这种创造力的萌芽，鼓励和指导幼儿进行合理的改变与创新，最大限度地发挥表演游戏对幼儿身心发展的促进作用。

总之，表演游戏虽然以文学作品为依托，但其本质是创造性游戏，是幼儿以自娱自乐为目的的活动。在游戏中，教师要引导幼儿以自己的生活经验为基础，充分地发挥自主性、主动性和创造性，根据游戏需要对故事情节进行调整和改编。表演过程中，当幼儿出现忘记某些情节和对话时，教师可以悄悄地用语言或者动作提示，而不是随意地中断游戏，或者在旁边强行指挥，导致游戏失去原本的价值和意义。

## 三、表演游戏结束后的指导与评价

### （一）把握时机，结束游戏

表演游戏是根据文学作品的内容与情节展开的游戏，因此，作品的结尾就是游戏的结束部分。但是幼儿对于表演游戏的兴趣不会随着表演游戏的结束而消失，他们往往会通过交换游戏角色、更换服装与道具，甚至改变情节重新开始表演游戏。因此，教师一方面要把握好时机，在大部分幼儿都充分体验到表演的乐趣而游戏兴趣开始转低，但还保留一些游戏兴趣时结束游戏，让幼儿对后续游戏满怀期待；另一方面要充分满足幼儿继续游戏的愿望，指导幼儿通过改变形式、内容、增加材料等方式为新的游戏留有余地。

### （二）收拾整理，讨论评价

游戏结束后，教师带领幼儿收拾游戏场地，整理游戏材料，同时组织幼儿对游戏活动进行评价，这也是教师促进幼儿深入理解作品和创意表演的途径之一。教师在组织幼儿评价时应注意以下问题：

#### 1. 评价表演游戏的目的是指导幼儿学习表演

评价的目的是肯定幼儿表演行为的同时，给幼儿指出下一步的目标和方向。因此，教师应该开展有针对性的具体评价以提升幼儿的经验。例如，评价幼儿表演的主动性、同伴间的合作、角色的表现。教师不应该以裁判者的身份和角色来判定幼儿表现的好坏，而应该组织幼儿讨论评议，激发幼儿思考，提出引导性的问题："你们觉得自己演得好吗？好在哪里？哪些地方是可以改进的？应该如何改进？"这些问题指引着幼儿反思自己在游戏中的表现，发现其中存在的问题并想办法解决问题，促使游戏向多个方向发展。

不同的幼儿在游戏中的体验是不一样的，教师不能只以同一目标为依据进行评估。同样，每个幼儿都是在自己的最近发展区里活动，所以教师要更多地进行纵向评价，肯定幼儿的进步和收获，引导幼儿梳理经验，将其转化为集体共识，还应该创造条件促进幼儿经验的迁移，获得相应能力的发展。

#### 2. 评价要注重面向全体，照顾个别

教师在游戏评价中，既要面向全体幼儿进行游戏评价，又要考虑个别幼儿的表现，尤其是能力较弱的幼儿，细心地寻找其闪光点，并在集体面前表扬他，帮助其建立自信，提升表演能力。

教师在评价的时候要注意个体差异，尽量因人施评。幼儿的个性特点不同，有的活泼外向、有的沉稳大气、有的内敛害羞。对于活泼外向的幼儿，他们本身就有强烈的表演愿望，教师可以通过提出具体要求的方式引导提升幼儿表演能力，激发其创造性；对于沉稳大气的幼儿，教师可以激发幼儿表现的欲望，带着他们一起表演，他们体验到表演游戏的愉悦之后，主动性、积极性就会高涨，在此基础上，提升其表演能力，促进发展；而那些性格内向、害羞的幼儿，教师可以采取鼓励、支持的策略，以激发幼儿长久的表演兴趣，并在以后的表演游戏中持续关注其表现，并逐步提升其自信心，使其能主动地参与表演游戏。

#### 3. 鼓励幼儿的自主性和创造性表演

教师在评价的过程中，不仅要关注幼儿表演技能的提升与否，还要关注幼儿的参与情况和创造性表演情况，尤其是幼儿表演的主动性和创造性。幼儿在表演过程中，偶尔会出现忘我状态，感觉自己就是文学作品中的某一角色，会跟着自己的想法行事，有时会对故事内容进行增减或者改变，出现创新表演的情况。教师对于幼儿的这些表现要及时给予肯定，表扬他们肯动脑筋，敢于改变，提高幼儿表演的积极性，激发幼儿的创造欲望。例如，前面《狼和小羊》的表演游戏，幼儿另辟蹊径，从"狼"的立场出发，开辟新的表演方向，拓展表演游戏的内容和情节，提高了表演游戏的水平，从而使表演游戏发挥出应有的价值。

#### 4. 在评价的过程中引导幼儿学会评价

到了中大班，在幼儿掌握一定的评价标准的基础上，教师可以适当地发挥幼儿的自主性，以讨论的形式，带领幼儿对表演游戏进行总结和评价。教师利用一些问题，引导幼儿自己评价。例如：“你觉得刚才的表演，谁的表现好，好在哪里？表演中出现了什么问题？为什么会有这样的问题？应该如何解决？谁能说说自己在刚才的游戏中有什么收获？”通过这些问题，幼儿认真回顾，梳理经验，并尝试用恰当的语言评价。教师可以采用分组讨论的形式，教师参与小组讨论，并营造自由、宽松的交流氛围，鼓励幼儿把自己的想法和感受表达出来，引导幼儿进行自我评价、相互评价、小组评价，在评价中提升幼儿的角色表现意识和表演能力。

## 四、各年龄班表演游戏的特点与指导要点

微课：表演游戏的评价

幼儿的发展既有联系性，又有明显的阶段性，处于不同年龄阶段的幼儿的生理、心理发展存在一定的差异，其生活经验也不同，参与表演游戏时就会有一些不同的行为表现。教师可以根据幼儿的年龄特点组织与指导幼儿的表演游戏。

### （一）小班幼儿表演游戏的特点及指导要点

#### 1. 小班幼儿表演游戏的特点

（1）表演兴趣浓厚，但角色意识不强。小班幼儿表演欲望强烈，但是由于任务性不强，因此他们几乎没有角色意识。小班幼儿几乎不会表演，他们往往只是在表演自己感兴趣的某一个动作或重复一句有趣的语句。再加上小班幼儿动作发展优于语言发展，所以他们会兴致勃勃地重复某一个简单的动作，如拔萝卜的动作。

（2）对游戏材料感兴趣，处于探索游戏材料阶段。小班幼儿在表演游戏中的兴趣主要集中在摆弄各种材料以及用各种材料装饰自己。

（3）表演以模仿学习为主，小班幼儿还不能很好地区分日常行为和表演行为，因此几乎没有表演技巧，一般以模仿为主，大多照搬作品中令自己印象深刻的片段或者源于教师的示范。

（4）缺乏合作意识，基本上是单独表演。小班幼儿处于平行游戏阶段，如果没有教师的指导，幼儿基本没有合作，都是各自表演自己的动作。

#### 2. 小班幼儿表演游戏的指导要点

（1）表演内容要适合小班幼儿的年龄特点。表演的故事情节较为简单，角色性格鲜明突出，语言简短重复，便于幼儿理解和记忆。

（2）教师应引导幼儿熟悉游戏材料。由于小班幼儿对游戏材料感兴趣，因此教师应首先带领幼儿熟悉游戏材料，了解游戏材料的作用，降低对材料的好奇心，使其将注意力集中在表演上。

（3）教师要做具体的示范表演。由于小班幼儿游戏经验不多，且对模仿成人动作很感兴趣，因此教师生动形象的示范可以丰富幼儿的游戏经验，给幼儿提供榜样，并激发幼儿

表演的兴趣和欲望。

（4）教师要参与表演游戏。教师应该经常参与小班幼儿的表演游戏，并亲自担任主要角色，帮助幼儿解决角色分配中的困难。随着幼儿对表演内容的熟悉，教师可以担任一般角色，直至不担任角色。

### （二）中班幼儿表演游戏的特点及指导要点

#### 1. 中班幼儿表演游戏的特点

（1）游戏目的性不强，嬉戏性强。中班幼儿任务意识不强，需要教师提醒才能坚持游戏主题。他们按照自己的兴趣改编故事情节、选择扮演角色，游戏的内容可能与作品有关，也可能无关，主要以自我愉悦为游戏目的，甚至会出现因准备道具、材料而忘记游戏的现象。

（2）能自行分配角色，但角色更换意识不强。如果有道具，如头饰，中班幼儿能够经过协商完成角色分配的任务，顺利戴上自己所扮演角色的头饰，穿上需要的服装，但是不能理解或进入表演游戏的情境，完成角色的转换。

（3）游戏的计划性不强，需要较长时间展开游戏。中班幼儿的游戏计划大多是在游戏准备的过程中完成的。他们在游戏过程中，协商角色、制定规则、商量情节和动作，但是需要时间统一意见，所以中班幼儿开展表演游戏需要花费较多的时间。

（4）角色扮演以一般性表现为主。中班幼儿的表演水平一般，不能生动、活泼地展现想要表现的内容，较少运用适宜的语气、动作和表情。这是因为中班幼儿的语言、情绪情感，尤其是移情能力有限，使他们不能完全融入角色，进行生动、形象的表演。

#### 2. 中班幼儿表演游戏的指导要点

（1）提供较为充分的游戏时间、空间，并注意材料的简易性。教师应该保证至少半个小时的游戏时间，并提供一个相对宽阔的空间；为幼儿提供一些简易材料，且种类不要太多，避免转移幼儿的注意力。

（2）教师指导幼儿做好角色分配工作，并讲解角色更换原则。中班幼儿已经具有一定的角色意识，能经过协商分配角色，但是需要教师讲解更换原则，并引导幼儿有意识地更换角色。

（3）引导幼儿提高游戏的目的性。大部分中班幼儿能够完成表现作品的任务，因此，在游戏初期，教师不要过多干预游戏，要耐心等待幼儿协商、讨论，但是要时不时地提醒幼儿坚持游戏主题。

（4）教师适当示范表演。中班已经出现联合游戏，甚至是合作游戏，教师可以参与游戏，担任某一角色，适当地示范表演，提供模仿的榜样，丰富幼儿的表演经验，提高表演水平。

### （三）大班幼儿表演游戏的特点及指导要点

#### 1. 大班幼儿表演游戏的特点

（1）游戏的目的性、计划性较强，能自觉表现作品内容。大班幼儿游戏中的嬉戏性行为少于中班。大班幼儿能够在游戏前协商游戏情节、规则，进入游戏后能自觉表现故事内容，关注游戏进展，体现较强的计划性。

（2）有较强的角色意识，并能注意更换角色。大班幼儿能够独立地完成角色分配任务，在表演中表现出较为明显的坚持性和责任感，并能自觉等待自己上场时机的到来，在表演时注意语气、语调与日常生活的区别。

（3）具有一定的表演技巧，但还需要进一步提高。大班幼儿已经能够根据自己对作品的理解来表现、塑造角色，他们会通过调整自己的动作、表情、语音和语调来提升表演效果。但是需要教师的提醒，才能使表演更加生动、有趣。

（4）合作意识较强，能和同伴和谐交往。大班幼儿的合作意识和能力进一步提升，可以在游戏前就游戏规则及情节、出场顺序进行友好协商，并能在表演时相互提醒，合作表演。

#### 2. 大班幼儿表演游戏的指导要点

（1）投放较多种类的游戏材料，促进幼儿表演的多样化。大班幼儿游戏的目的性和计划性增强，抗干扰能力增强。所以，教师可以提供种类多样、数量充足的游戏材料，鼓励和支持幼儿对表演游戏的多样化探索。

（2）放手幼儿自主游戏。大班幼儿已经具备独立开展表演游戏的能力，因此，教师尽量不要干涉大班幼儿的表演，尤其是游戏初期。教师的主要任务是在观察幼儿游戏的基础上，提供一定的反馈，指导游戏。

（3）帮助幼儿提高表演水平。教师在观察幼儿游戏的基础上，提供一些指导，提升幼儿创造性地表现作品情节和人物的性格特征的能力，重点指导幼儿运用语气、语调、表情和动作来塑造角色，丰富情节和提升角色的感染力。

（4）鼓励幼儿创造性地游戏。大班幼儿表演游戏的本质还是游戏，因此，鼓励幼儿充实游戏内容、改编作品情节，根据自己的理解进行表演，在表演中获得愉悦的体验，是教师指导的关键所在。

## 思考与练习

### 一、名词解释

表演游戏

### 二、简答题

1. 列举表演游戏的特征。
2. 简述表演游戏的类型。
3. 简述表演游戏的要素。
4. 简述表演游戏的教育作用。
5. 简述表演游戏开始前的准备工作。
6. 简述表演游戏过程中的指导要点。
7. 简述表演游戏结束后的指导与评价。

### 三、案例分析

老师在表演区投放了自制的有关《西游记》人物的面具，小朋友们很感兴趣。影儿、成成、璐璐、明明 4 个小朋友来到表演区，争着戴上孙悟空的面具来表演。这时，老师建议他们相互协商，每个人扮演《孙悟空打妖怪》儿歌里的一种角色，然后相互交换角色，小朋友们表示同意。他们商量后，分配好各自的角色，戴上不同的面具。影儿扮演老妖婆，但是没有面具，璐璐想了一个办法，找来一块头巾系在影儿头上。孩子们拿着自制的道具准备表演，老师鼓励他们大胆按照儿歌的内容做动作，边念儿歌边表演。当“老妖婆”出现时，孩子们变得兴奋起来，当“老妖婆”被“孙悟空”打倒后，大家都高兴得欢呼起来。接下来再表演时，孩子们的表演欲望更强烈了。

资料来源：梁周全，尚玉芳. 幼儿游戏与指导［M］. 北京：北京师范大学出版社，2011：80.

**分析：**请你谈谈幼儿教师如何指导幼儿表演游戏。

# 第九章　幼儿园规则游戏

【学习目标】

√ 理解规则游戏的概念、特点，明确规则游戏的种类、结构、意义和组织

√ 理解幼儿智力游戏、体育游戏、音乐游戏的概念、特点，明确其分类和指导要点

√ 能够组织开展幼儿智力游戏、体育游戏和音乐游戏，并进行恰当的指导

【素质目标】

√ 初步树立能联系当前我国幼儿园规则游戏现状的游戏指导观

## 案例导入

大班户外集体滑梯游戏。我发现小宇在逆爬滑梯，当我严厉地提示他这么做很危险时，他只是瞪大眼睛看着我，并没有回答。看到他灿烂的笑容，我感觉逆爬滑梯这个新奇的玩法给幼儿带来了乐趣。幼儿可能对简单枯燥的正滑感到了厌倦。于是我先同另外两名教师针对新的活动方式进行简短的沟通后，安排好了各自站位，以确保幼儿在活动中的安全。然后向幼儿介绍滑梯的"新玩法"：逆爬直角式和螺旋式滑梯。在活动示范的过程中，我和另外两名教师脱掉鞋袜边做示范，边引导幼儿思考需要注意的安全事项。听到新的玩法后，不仅小宇，其他小朋友的活动兴趣也更高了，户外游戏时间也延长了。

资料来源：大班户外活动中的各种违规与建议，见百度文库.

**分析：**案例中的幼儿在户外游戏，教师关注游戏中幼儿的安全时，受到幼儿的启发，发掘了滑梯的新玩法，使幼儿原本有些低迷的游戏兴趣再次高涨起来。结合案例思考，案例中教师的指导合适吗？教师在指导该类游戏时应该如何做？

# 第一节 幼儿园规则游戏概述

规则游戏是幼儿游戏发展的高级形式，是随着幼儿对规则的认知慢慢发展起来的，对于发展幼儿的“去自我中心”能力、有意注意能力、组织协调能力、社会道德认知等各个方面都有着巨大的促进作用。规则游戏在幼儿园的一日活动中扮演着重要的角色，是幼儿园开展得最频繁的游戏类型之一，所以，设计和组织适合幼儿的规则游戏是幼儿园教师需要掌握的重要本领之一。

## 一、规则游戏的概念及特征

### （一）规则游戏的概念

从字面上理解，很多人认为“规则游戏”就是有游戏规则的游戏。实际上，所有的游戏都有规则，有些游戏的规则是不言而喻的。例如，在“娃娃家”里，“爸爸”“妈妈”要照顾娃娃穿衣、吃饭；有的规则是有明确规定的，“石头剪刀布”中，石头可以战胜剪刀、剪刀可以战胜布、布可以战胜石头。所以，可以说，一切真正的游戏都是有规则的。

苏联的教育家从教育价值出发，把游戏划分为创造性游戏和规则性游戏。这种分类方法恰好对应英语中关于“游戏”的两个单词——play 和 game。“play”相当于自娱自乐的创造性游戏，或称“玩耍游戏”，儿童常玩的角色扮演游戏、故事表演游戏、沙水游戏都属于此类；“game”则是指经制度化的游戏行为，也就是我们所说的规则游戏。

维果茨基认为规则游戏是由明显的规则和隐蔽的想象情境组成的。我国著名的心理学家朱智贤认为，规则游戏是按照一定的规则从事的游戏。刘焱在《幼儿游戏通论》中给规则游戏的界定是：规则游戏一词译自英语 game 或 games with rules，是指至少有两人参与的、按照一定的规则进行的一种游戏活动。本书采用的是刘焱的界定。

规则游戏对儿童的认知发展和规则意识有一定的要求，所以在年长幼儿中开展较多。

规则游戏的核心就是规则，它有明确的、预定的规则，需要参与者理解规则，并有意识地遵守。规则游戏旨在培养幼儿的规则意识和行为习惯。规则的来源是多元化的，可以是成人规定的，可以是约定俗成的，可以是游戏情节要求的，也可以是幼儿共同商议的结果。但无论从何而来，规则都有两个共同的特点：一是规则是预设的，即游戏前，游戏规则就要确定下来，并得到所有参与者的认可；二是规则是必须遵守的，即参与者必须理解游戏规则并在游戏过程中遵循。

### （二）规则游戏的特征

#### 1. 规则性

表演游戏、角色游戏和结构游戏也有部分明确的规则，但这些规则都是为了支持游戏的顺利开展。例如，游戏角色的分配、玩具材料的分配与整理，这些规则和游戏过程本身没有关系。规则游戏的规则主要是关于游戏玩法的规定和对游戏结果的判断，是游戏过程中关键、核心的部分。没有规则的规则游戏是没有任何意义的。前面提到规则游戏中的规则具有“约定”的性质，是必不可少的，但是可以更改的。

#### 2. 竞赛性

规则游戏的另一个重要特征就是竞赛性。美国幼儿教育家凯米和狄佛瑞斯指出，规则游戏是根据一定规则进行的身体或智力上的竞赛活动，游戏者双方的关系是对立的，每一方都试图让自己在游戏中获胜，而让对方输掉游戏。但是，规则游戏竞争性的强弱，与不同的游戏主题和游戏者有关。在母子之间和年幼同伴之间发生的规则游戏往往不具有竞争性，因为年幼幼儿的输赢意识比较弱。

## 二、规则游戏的要素

规则游戏主要由游戏任务、游戏玩法、游戏规则和游戏结果 4 个部分组成，这 4 个结构要素相互联系、相互影响，构成完整的规则游戏。

### （一）游戏任务

游戏任务就是游戏的目标，是根据一定教育任务提出的游戏参与者最终要达到的目的，游戏任务要根据幼儿身心发展的水平制定，便于幼儿理解和实现。通常而言，游戏的名称就简洁明了地表达了游戏任务。例如，“抢椅子”，就是让幼儿在规定时间内抢到椅子，该游戏锻炼幼儿的反应能力；“袋鼠跳”这个游戏就是让幼儿模仿袋鼠练习“跳”这一基本活动。

### （二）游戏玩法

游戏玩法是根据游戏的任务和特点设计的，是关于游戏的计划和构思，包括如何开始、过程中怎么进行、如何结束。游戏玩法要求新颖、有趣，符合幼儿的年龄特点和能力水平，能引起幼儿的兴趣和积极性；玩法中还包括游戏中分什么角色，利用什么材料，做什么动作。例如，在“什么动物不见了”的游戏中，游戏的玩法就是让幼儿认真观察，并记忆卡片上的动物，并将第二次看到的、缺少的动物说出来。

### （三）游戏规则

游戏规则是游戏的灵魂部分，是指游戏过程中，游戏者需要遵守的行为准则或限定使用的方法，它规定了游戏动作的顺序和方式、游戏中被允许和被禁止的行为、参加游戏的幼儿在游戏中的相互关系，起到组织参与者游戏和提供评价标准的作用。规则可以提高游戏对幼儿的吸引力，约束或调整幼儿的行为，保证游戏任务的完成。

游戏规则主要有以下几种：

1. 角色行为规则

在规则游戏中，为不同角色的游戏行为制定的规则。例如，“丢手绢”的游戏中坐着的幼儿要一边拍手，一边齐唱“丢，丢手绢，轻轻地放在小朋友的后面……”并要注意丢手绢的人会不会把手绢放在自己的身后，而丢手绢的人要拿着手绢，在圈外慢跑，趁同伴不注意时悄无声息地将手绢放在其身后，并快速跑开。

2. 内容和玩法规则

为反映教育活动的内容和要求，保证游戏的顺利进行，需要根据游戏内容和玩法制定若干游戏规则。例如，“捉迷藏”游戏中，捉人的幼儿先蒙上眼睛，并按照事先约定好的时间数数，不能偷看，便于让其他幼儿藏好。

3. 竞赛性规则

游戏中为比赛所制定的规则，包括对参与游戏的幼儿提出的行为要求和对胜负的处理要求。

### （四）游戏结果

所有的规则游戏都有结果，游戏结果是游戏结束时完成任务的情况或竞赛的结果。相比创造性游戏，规则游戏更强调结果，游戏结果的设定能够调动幼儿的游戏积极性，给他们带来成功感，并激发幼儿进一步参与游戏的积极性。例如，“飞行棋”游戏中，棋子从起点出发，通过幼儿轮流掷骰子最终达到终点，首先达到终点的结果是该游戏吸引幼儿积极投入的关键。

**案例研读**

**游戏任务**

学习并练习听数字和同伴结组，提高快速应变能力，增强团结意识。

**游戏玩法**

玩游戏时，小朋友们先手拉手站成一个圆圈，按逆时针方向做走、跑、跳等动作，老师说出一个数宝宝并伸出相应个数的手指。当小朋友听到数字后，要迅速按数字找到相应个数的同伴结成一组。没有结到组的小朋友表演节目（如唱歌、跳舞、讲故事、讲笑话或模仿），之后游戏重新开始。3 次没有按要求结组的幼儿停止游戏 1 次，停止游戏 1 次后才能再次加入。

**游戏规则**

1. 老师说出数宝宝前，幼儿要按老师的要求认真做动作；
2. 老师说出数字后，幼儿才能找同伴结组；
3. 结组过程中，不能相互推搡，如果小组人数超出老师喊的数字，后来加入的幼儿要主动退出该小组；
4. 没有按要求结组的幼儿要表演节目；
5. 3 次没有按要求结组的幼儿停止游戏 1 次，1 次游戏后才能再次加入。

**游戏结果**

全程都能和同伴结成组的小朋友获胜。

## 三、规则游戏的分类和作用

### （一）规则游戏的分类

规则游戏内容丰富多样，而且随着时代的变化，新的时代给规则游戏带来新的主题、新的类型。

#### 1. 根据五大领域划分

（1）体育游戏；

（2）语言游戏；

（3）音乐游戏；

（4）美术游戏；

（5）社会性游戏；

（6）科学游戏；

（7）数学游戏。

根据健康、语言、社会、科学、艺术五大领域的划分方法将规则游戏分为7类。该分类方法有助于教师配合教学有目的地选择相应的游戏作为辅助。但由于规则游戏的范围要大于教学游戏，这样的分类容易让规则游戏失去游戏的本质，而出现游戏过于教学化的情况，从而缩小了规则游戏的内涵范围。

#### 2. 根据游戏功能划分

（1）教育游戏。教育游戏就是制定明确的教育目标，为幼儿教育服务的游戏。例如，旨在帮助幼儿丰富词汇的“词语接龙”游戏。

（2）娱乐游戏。娱乐游戏则是指那些教育目标并不突出，强调幼儿在其中的愉悦性体验的游戏。例如，蒙着眼睛找人的“摸瞎”游戏。

这种分类方法强调了游戏的教育功能和娱乐功能，但实际上教育和娱乐是没有明确的分界线的，刻意将其分离，也不完全恰当。

#### 3. 根据教育教学目标划分

（1）体育游戏。体育游戏是以发展幼儿基本动作，增强幼儿体质为主要任务的游戏。

（2）音乐游戏。音乐游戏是以发展幼儿音乐感受能力为目标，在音乐伴奏或歌曲伴唱下进行的游戏。

（3）智力游戏。智力游戏是强调智育任务，有智力因素参与的游戏。一般来说语言游戏、科学游戏，以及幼儿园经常使用的棋类游戏等都是智力游戏。

**课证融通**

幼儿赛跑、下棋一般属于（　　）。（2020年下半年真题）

A. 表演游戏　　B. 结构游戏　　C. 角色游戏　　D. 规则游戏

### （二）规则游戏的作用

作为幼儿园组织得最频繁的游戏类型之一，规则游戏对幼儿发展的价值是其他游戏所无法替代的，主要表现在以下几个方面：

#### 1. 促进幼儿认知的发展

规则游戏的核心是规则，幼儿要理解并遵守规则，是需要认知发展到一定的水平的。例如，规则游戏中，幼儿需要具有一定的对应、分类、顺序、轮流和均等观念。幼儿在具备这些认知能力的基础上进行规则游戏，相应地，也会在规则游戏中促进这些能力的发展。而且幼儿在解决游戏中出现的问题与挑战的过程中，要对各种事物进行观察、对比、分析、推理，这能有效地促进幼儿感知能力、思维能力和语言表达能力等各方面的发展。

#### 2. 促进幼儿身体动作的发展

规则游戏，尤其是体育游戏中幼儿的参与和完成，需要看、听、摸、跑、跳、爬等各种感官和身体动作配合。有的游戏促进幼儿身体机能水平的提高，如“袋鼠跳”；有的游戏能训练幼儿身体躲闪和快速反应的能力，如“老鹰捉小鸡”；有的游戏能增加幼儿动作的准确性，如“夹黄豆”。幼儿的基本动作，如走、跑、跳、爬，基本上都是在体育游戏中发展起来的。

#### 3. 提高幼儿社会性的发展水平

规则游戏有制度化的行为规则，因此，幼儿要学会控制自己，遵守游戏规则，只有这样，才能保证游戏的顺利进行。这不仅发展了幼儿的规则意识，也有助于幼儿了解现实世界的社会规则，提升意志力和责任感。在规则游戏中，幼儿共同协商制定规则，并执行规则，在这个过程中，幼儿相互了解各自的观点，将自己的观点和同伴的观点相互协调，最终达成共识，这有助于幼儿摆脱自我中心，提高社会性发展水平。

#### 4. 有助于培养幼儿的学习兴趣和求知欲

兴趣是最好的老师，是幼儿学习的内在驱动力。幼儿身体、心理都能积极参与游戏，在生动有趣的游戏中获得知识、习得技能、提高能力并与同伴互动，能最大限度地调动自身学习的积极性和主动性，促进个体全面发展。

## 四、规则游戏的发展

皮亚杰在对儿童的弹珠游戏的研究中发现，儿童要到5～8周岁才真正会玩这种游戏。他从规则实践行为和规则意识两个方面来描述儿童规则游戏的发展（见表9-1）。

**表9-1 儿童规则实践行为与规则意识的发展**

<table>
<tr><th>发展阶段</th><th>规则实践行为</th><th>规则意识</th></tr>
<tr><td>第一阶段</td><td>运动 / 个人性质</td><td>动即快乐</td></tr>
<tr><td>第二阶段</td><td>自我中心性质</td><td rowspan="2">规则神圣不可侵犯</td></tr>
<tr><td>第三阶段</td><td>协作</td></tr>
<tr><td>第四阶段</td><td>规则的汇集与系统化</td><td>可变的规则</td></tr>
</table>

### （一）规则实践行为的发展

皮亚杰发现，儿童的规则实践行为的发展需要经历 4 个发展阶段。

#### 1. 以动作为中心的玩物阶段（3周岁左右）

这一阶段，幼儿只是按照自己的兴趣用各种方式和方法来玩弹球。例如，移动弹球、把弹球假装当作其他东西来玩。弹珠对于幼儿来说只是一种玩具。幼儿的动作毫无规则，他们不会按照规则来弹弹珠。幼儿主要是独自游戏。

#### 2. 以自我为中心的游戏阶段（3～5周岁）

在这一阶段，年幼幼儿能够在形式上模仿年长幼儿的游戏动作，但是他们在一起各玩各的，规则还不是交互的、可以交流的。他们不在乎输赢，游戏中没有竞争，没有互相控制，每个人都可以是赢家。例如，年幼幼儿仿效年长幼儿玩弹珠，把弹珠堆放在一起，并画上一个方框，找来同伴，然后各自一次又一次地弹掷弹珠，却并不在意对方的表现。表面上看起来幼儿是在一起玩，但实际上他们是各玩各的。

#### 3. 初步的合作阶段（5～7、8周岁）

大约从 5 ～ 6 周岁开始，幼儿能顾及他人，并注意与他人的关系。他们开始与他人比较，并协调自己和同伴的不同意见；他们开始比较彼此的表现并考虑对手的意图。这标志着幼儿“去自我中心”能力的发展。

这一阶段发展的特点是幼儿出现了输赢的意识，开始理解规则的意义，要想获胜就必须制定规则来比较大家的表现，游戏者之间开始出现真正的协作。该阶段，幼儿虽然努力制定规则，并力求遵守一致的游戏规则，但他们依然具有“自我中心”的特点，往往坚持依照自己所知道的规则来玩。因此，经常在一起玩的游戏者对于同一游戏可能有不同的规则认知。

#### 4. 规则协调阶段（11～12周岁）

规则协调阶段是规则汇集和系统化的阶段。儿童对规则本身发生兴趣，同一群体中的儿童对于某一游戏的规则及其不同的变种以及规则的细节都非常清楚，而且能够达成一致的认识。这表明儿童能根据游戏中可能出现的情况，通过协商制定或修改规则，以使其适用于不同的情况。

### （二）规则意识的发展

幼儿规则意识的发展存在 3 个阶段（见表 9-1）。

（1）“动即快乐”阶段：在这一阶段，幼儿只是因为对仪式化的动作感兴趣而不断重复和模仿游戏的动作。“机能快乐”成为驱使儿童游戏的动机。实际上游戏的规则对于儿童来说没有太大意义，不具有来自外部的“强制性的约束”的作用。这种无规则意识的表现与规则实践行为的第一阶段的表现是相对应的。

（2）“规则神圣不可侵犯”阶段：在这一阶段，幼儿开始注意游戏的规则并模仿别人的行动。虽然在实践规则中，幼儿依然存在“自我中心”的倾向，但是他们开始接受这些规则，认为这些规则是“神圣不可侵犯”的。幼儿一般不肯对这些规则做任何修改。因为规则来自长者，来自“权威”，这表现出这一时期儿童道德“他律”的特征。这一阶段对应规则实

微课：规则游戏设计的步骤

践行为发展的第二阶段与第三阶段的前半部分。

（3）“可变的规则”阶段：在这一阶段，幼儿已经能够认识到规则来源于讨论和协商，是“社会同意”的结果。由于规则是“社会同意”的产物，因此参与决定、同意规则的人应当尊重并遵守规则。这时，规则由外在的规则变为自主的规则。这一阶段对应规则实践行为发展的第三阶段后半部分与第四阶段。

## 五、规则游戏的组织与指导

### （一）组织幼儿规则游戏的基本环节

规则游戏一般是由教师发起的，等幼儿学会游戏的玩法之后，才能独立自主地游戏。因此，规则游戏有一个教与学的过程。教师的正确组织能使幼儿更顺利地进行游戏，从而发挥出规则游戏的最大价值。

#### 1. 做好游戏前的准备工作

（1）选编适合幼儿的规则游戏。好的规则游戏应该是游戏任务明确、玩法充满趣味性、规则简单易行，游戏情节多变并能逐渐复杂化。教师要选编适合幼儿发展水平的规则游戏，游戏内容、规则为该年龄幼儿所能接受，且感兴趣的。教师还要注意选择大多数幼儿都能参加的规则游戏，避免选择那种只有个别幼儿在玩，而大部分幼儿在等待的游戏。

（2）熟悉游戏的玩法和规则。教师选编好合适的规则游戏后，要反复研究游戏，熟悉游戏的任务、玩法和规则，考虑游戏的玩法和规则是否合理，明确游戏的每个环节是什么，预测幼儿在游戏中可能会出现的问题以及解决方法。教师相互之间可以多交流探讨，甚至模拟幼儿试玩，在实践中发现问题、解决问题，为组织幼儿游戏做好充分的准备工作。

（3）准备游戏场地和所需的材料。教师要为幼儿提供游戏时机和时间，游戏时间长短视具体游戏而定。教师还要根据游戏的性质和内容，确定合适的游戏场地。体育游戏一般需要相对宽敞的场地，以保证幼儿拥有足够的活动空间，游戏才能取得预期的效果。幼儿的思维具有具体形象的特点，教师要根据幼儿的思维特点和游戏的需要选取合适的、丰富的操作材料，从而激发幼儿参与游戏的兴趣和积极性，减少幼儿消极等待的时间。

#### 2. 做好规则游戏过程中的指导工作

规则游戏的组织，实际上是教师带领幼儿一起游戏，因此，教师要做好游戏过程中的指导工作。

（1）集中幼儿的注意力，激发幼儿参与游戏的兴趣。教师可以通过设置情境，用生动的语言、夸张的动作营造游戏氛围，激发幼儿参与游戏的欲望，自然地进入游戏活动。例如，体育游戏“青蛙跳荷叶”，教师先带领幼儿模仿小鸟飞、乌龟爬、小鸭走路、螃蟹走路的各种动作，然后用语言“刚才我们模仿了这么多小动物走路，现在我们一起来模仿青蛙跳吧”，自然地进入本次游戏主题。采用模仿其他小动物的导入方式，既在体育游戏前进行了热身活动，又很好地激发了幼儿的活动兴趣，还顺势自然地进入游戏主题，一举三得。

（2）帮助幼儿了解游戏的玩法和规则。每个游戏都有一定的游戏任务、玩法和规则。在正式游戏前，幼儿需要理解并掌握游戏的玩法和规则，这就需要教师注意用有效的教学方法帮助幼儿为游戏做好充分的准备。教师讲解时，要尽可能运用生动形象的语言，讲清楚玩法和规则，讲解清楚后，教师亲自示范或请个别幼儿进行示范，这在很多游戏中都是必要的，这样可以确保幼儿明确游戏的玩法和规则。教师讲解的方法有很多，可以借助多媒体的音频、视频和课件，可以边讲解边示范，也可以在和幼儿玩游戏的过程中边玩边讲解。总之，要让幼儿理解并掌握游戏的玩法和规则。

（3）组织幼儿进行游戏活动。当幼儿明确游戏的玩法和规则之后，就可以带领幼儿游戏或让幼儿自由游戏了。在幼儿游戏的过程中，教师要细心、认真地观察幼儿的游戏情况，并适当地指导。例如，教师指导幼儿的动作，处理游戏中的意外事件，当幼儿违反游戏规则时及时纠正。遵守、执行游戏规则是规则游戏最突出的特点之一，在游戏的过程中，教师要关注幼儿执行规则的情况，若发现有违反规则的幼儿，要分析原因，并做出应对。幼儿明确规则的内容，了解具体的行为要求，理解遵守规则的原因，才能愉快地进行游戏。

#### 3. 做好规则游戏结束后的总结评价工作

规则游戏的结果是幼儿完成游戏任务的标志。每一次游戏结束，教师应和幼儿共享游戏的喜悦和成果。竞赛性游戏需要判定胜负，可以由幼儿集体做决定，做出公平的判定。规则游戏可以重复进行多次，教师要注意观察幼儿体力的消耗情况和兴趣是否依然高昂，在适当的时候，在愉快的氛围中结束游戏。游戏结束后，教师要带领幼儿一起总结评价大家在游戏中的表现和收获。教师评价时要侧重于幼儿在游戏中的表现。例如，竞赛性游戏，有竞赛就会有输赢，但不要过分强调输赢，教师要更加关注幼儿在游戏中的表现和遵守规则的情况，还要引导幼儿思考赢者为什么会获胜，使幼儿意识到别人的想法和做法。讨论总结过后，带领幼儿一起收拾场地、打扫卫生，让幼儿从小就养成良好的习惯。

### （二）各年龄班规则游戏的特点和指导要点

#### 1. 小班幼儿规则游戏的特点与指导要点

小班幼儿的规则意识处在“动即快乐”的阶段，幼儿对游戏中角色的动作、材料感兴趣，而且表现出“自我中心”，即只对自己的动作、自己所做的事情感兴趣，很少关注别人的想法和做法。因此，小班幼儿的游戏以单独游戏和平行游戏为主。受认识水平和思维特点的限制，该年龄的幼儿只能理解很简单的游戏规则，也不在乎输赢，他们不但发现不了别人的违规行为，还会因为过分关注自己的动作而破坏规则。例如，“捉迷藏”游戏，如果找人的同伴长时间找不到他，他会自己发出提醒：“我在这儿呢。”可见，小班幼儿还不完全理解游戏规则，只对躲藏这一行为感兴趣，至于结果，他们无所谓。

教师要为小班幼儿选择规则和游戏情节都很简单的游戏，游戏中使用简单的实物、玩具和动作，并且可以反复完成。小班的规则游戏中，有时游戏的情节本身就是规则，而且游戏角色简单，大家有共同的游戏任务。小班游戏独自进行规则游戏的可能性比较小，很多时候都要教师带领幼儿一起游戏，主要的游戏角色往往由老师扮演。教师在组织小班的规则游戏时要让幼儿多体验游戏动作的快乐，满足幼儿对游戏过程的兴趣。

#### 2. 中班幼儿规则游戏的特点与指导要点

中班幼儿已经有了一定的规则意识，且有了一定输赢观念，他们能理解并遵守游戏规则，并在输赢观念的指导下，开始关注游戏的结果。这一阶段的幼儿比较喜欢角色鲜明的互补性规则游戏。例如，中班幼儿喜欢“你追我跑”的游戏，而不是两人在游戏中进行赛跑。教师可以引导幼儿玩类似的游戏，并在游戏过程中进一步帮助幼儿认识到同伴在游戏过程中的重要性，体验游戏规则对于游戏顺利进行的意义和作用。

对于中班幼儿，教师需要讲解、示范游戏的玩法和规则，并在游戏中注重游戏玩法的掌握情况及游戏规则的执行情况，但是教师不要过分强调游戏规则，而是要认真观察幼儿违反规则的原因。如果幼儿不是故意违反规则，则游戏可以继续进行；如果幼儿是为了自己多玩一会，不顾同伴，就要中止游戏，让幼儿进一步确认游戏的规则，然后继续游戏。教师可以适当地鼓励幼儿争取更好的游戏结果。中班可开展一些规则简单的竞赛性游戏。

#### 3. 大班幼儿规则游戏的特点与指导要点

大班幼儿已能理解游戏规则对于比赛结果的重要性，规则意识越来越强，并普遍对游戏结果产生兴趣，比较喜欢竞赛性的游戏。已经有较强的规则意识的大班幼儿能很好地遵守游戏规则，并逐渐关注其他幼儿遵守规则的情况，发现违规者就会提出“抗议”，要求对违规者加以“惩罚”。因此，游戏过程中的纠纷慢慢出现，并呈越来越多的趋势。大班幼儿已能提出新的游戏情节、游戏规则以增加游戏的趣味性和新颖性。

对于大班幼儿，教师要选择需要运用一定策略、在认知上有一定挑战性的游戏。对于游戏规则，教师可以采用语言讲解，可以适当放手，要求幼儿独立地开展游戏、严格遵守游戏规则、争取好的游戏结果。可以开展规则复杂的竞赛游戏，并对游戏的结果进行评价。但是教师也要注意引导幼儿不要过分关注游戏的结果，应把关注点放在游戏的策略上，引导幼儿学会正确对待输赢，认识到游戏有赢也有输。教师要在游戏中尊重幼儿游戏的主体地位，引导幼儿进行协商、改变游戏规则，帮助幼儿深入地理解游戏规则并尝试自己制定规则。

## 第二节　幼儿园智力游戏

**案例研读**

大一班的棋艺区特别吸引人，许多小朋友特别是男孩都围在那里。成成和培培一起来到棋艺区，选了平时最爱玩的一副棋认真地玩了起来。过了一会儿，他们又邀请刚刚一起加入他们的游戏。这时，教师走了过来，问他们：“你们在下什么棋呀？”培培头也没抬地说：“我们在下飞行棋。”教师又问：“好玩吗？”3个小朋友异口同声地说：“好玩！”教师又问：“谁赢了？”培培抬头望着老师说：“哎呀，老师，你别吵我们了，好吗？我们都玩乱了。”

**分析：**案例中的游戏属于智力游戏，原本几个幼儿在认真地玩游戏，教师在没有认真观察的情况下，随口问了几个问题，打扰了幼儿的游戏。游戏中培培为什么那么说？智力游戏应该如何组织与指导？

## 一、智力游戏概述

### （一）智力游戏的概念

智力是指人认识、理解客观事物并运用知识、经验等解决问题的能力，包括观察力、记忆力、想象力、思维能力、动手操作能力，其中思维能力是核心。这些能力都是人完成一切活动所必需的。可以说，智力主要指完成活动所必需的一般能力。

智力游戏是以发展幼儿的智力及智力品质为目的的一种规则游戏。一般而言，它依据一定的智育任务设计而成，以生动有趣的形式，增进知识，锻炼能力，促进幼儿智力发展。例如，"走迷宫"（见图 9-1）能培养幼儿的注意力、观察力、比较能力和分析能力，在生动有趣的游戏中，锻炼幼儿的观察力、思维能力的灵活性。

图9-1　走迷宫

### （二）智力游戏的特点

#### 1. 益智性

益智性是智力游戏最为显著的特征之一。智力游戏的主要特点就是将学习因素与游戏形式紧密结合起来，融培养幼儿能力、发掘幼儿潜能的任务于生动、活泼的游戏形式中，使幼儿在游戏的过程中认识和理解客观事物，能运用已有的知识、经验解决一些简单的问题。益智性应该是设计智力游戏时的主要影响因素，在一定程度上决定了智力游戏的类型和特征。

#### 2. 趣味性

智力游戏只有活泼、新颖、有趣，才能吸引幼儿的注意力。幼儿的专注力和自我控制能力水平较低，因此对枯燥无味的活动较为排斥。而且幼儿的年龄越小，注意力集中的时间越短且容易转移，想要吸引幼儿的注意力，智力游戏就要以幼儿熟悉并喜欢的生活情境为主线，将任务巧妙地隐藏起来，合理、自然地贯穿在游戏过程中，让幼儿在新颖、生动、活泼的游戏形式中获得积极愉悦的情绪体验。

#### 3. 挑战性

智力游戏一般都有适宜的特定对象，即需要明确指出游戏对象为哪个年龄段的幼儿。因为幼儿都愿意尝试一些新奇的事物，这些新奇的事物往往都具有巨大的挑战性。对于不同年龄的幼儿而言，由于知识经验、能力水平不同，新奇的事物也是不同的。因此，智力游戏具有一定的挑战性，符合幼儿好奇、好动、好胜的心理发展特点。智力游戏具有挑战性，才能吸引幼儿产生完成本次任务后还要继续游戏的愿望。

### （三）智力游戏的分类

智力游戏有多种多样的表现形式，从不同的角度出发，可以分为很多类别。

#### 1. 按照游戏材料功能分类

可分为迷宫类、拼图类、棋牌类和猜猜类的智力游戏（见图 9-2 至图 9-4）。

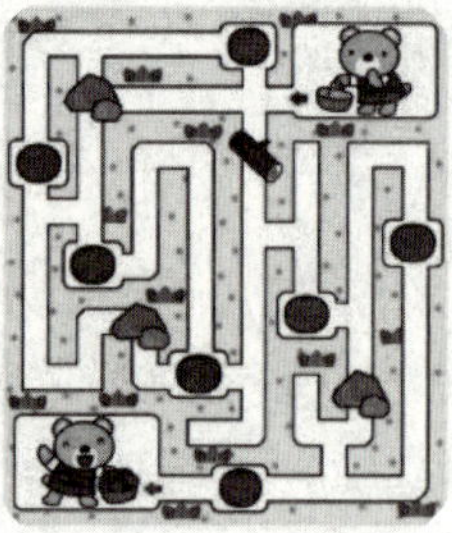

图9-2 迷宫类

图9-3 拼图类

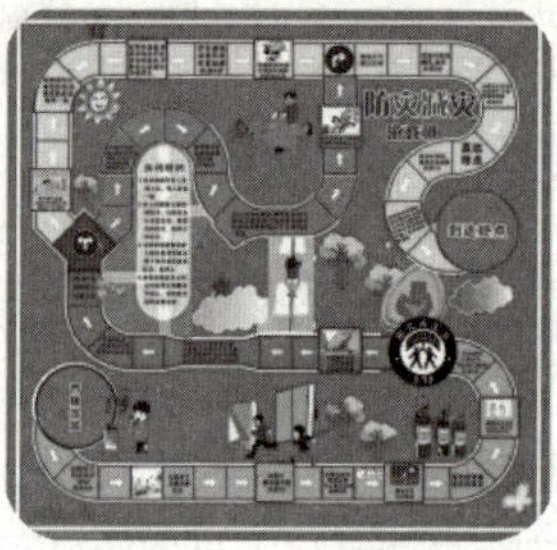

图9-4 棋牌类

### 2. 按游戏的作用分类

根据智力游戏的作用可以把智力游戏分为训练感官的智力游戏、发展注意力和记忆力的智力游戏、发展想象力和创造力的智力游戏、发展思维能力的智力游戏。

（1）训练感官的智力游戏。训练感官的智力游戏主要是训练幼儿的感知觉，具体包括听觉、视觉、嗅觉、味觉和触觉多个感官的训练。感觉器官的发展越灵敏，获得的信息就越多，感性经验就越丰富，观察也就越敏锐、越精细。例如，“猜猜我是谁”是以发展触觉为主要任务的智力游戏，该游戏让幼儿手拉手围成一个圈，然后根据音乐或者老师的口令转动，一名幼儿蒙上眼睛被围在中间，然后随意抓住一个同伴，通过触摸的方式判断被抓的同伴是谁；游戏形式生动活泼，能够促进幼儿触觉发展（见图9-5、图9-6）。

游戏“找一找”是为了训练幼儿的观察力、注意力（见图9-7、图9-8）。

图9-5 围圈

图9-6 猜猜我是谁

图9-7 找小丑

图9-8 找脚印

（2）发展注意力和记忆力的智力游戏。记忆类的游戏是指着重发展幼儿的有意、无意记忆，机械和意义记忆能力的游戏，目的是提高幼儿注意的稳定性，扩大注意的范围，促进无意注意向有意注意发展，提升注意的分配和转移的能力。记忆力游戏主要包括对实物、图片、数字、词汇等内容识记后进行再认或再现的活动。例如，先出示一张图片，让幼儿观察、记忆，然后拿走图片，请幼儿回答刚才的图片上都有什么；有的是拿掉几个实物或图形，请幼儿回答缺少了什么（见图 9-9）；有的是改变了实物或图形的位置或顺序，要求幼儿回答有什么变化；有的是请幼儿从另一组实物或图形中找出与本组相同或不同之处。

图9-9　什么东西不见了

（3）发展想象力和创造力的智力游戏。想象是对头脑中已有的表象进行加工改造，形成新形象的心理活动过程。爱因斯坦曾经说过："想象力比知识更重要。"因为知识是有限的，而想象力囊括世界上的一切，是知识进化的源泉。

创造力是人类思维的花朵和智慧的结晶，想象力与创造力密切联系。想象是创造的基础，没有想象力，一切思维活动是不可能升华为创造性活动的。我们可以利用智力游戏促进幼儿想象力和创造力的发展。这类游戏包括猜谜语、拼图类和棋类游戏（见图 9-10、图 9-11）。

图9-10　拼图

图9-11　七巧板

拓展阅读：
智力游戏

（4）发展思维能力的智力游戏。思维能力是智力的核心。发展思维能力的智力游戏，主要是培养幼儿的概念理解能力，比较、分类、排序以及一定的逻辑思维和判断推理能力，从而提高幼儿思维的独立性、敏捷性、广泛性、灵活性、逻辑性，最终帮助幼儿在创造性上有所提升。这类游戏包括推理游戏、比较游戏、分类和归类游戏、排列游戏（见图 9-12）等。

图9-12　排列游戏

## 二、智力游戏的组织与指导

### （一）智力游戏的指导要点

智力游戏作为一种规则游戏，要满足本章第一节中提出的规则游戏的基本要素，这里的指导要点是幼儿老师组织智力游戏时特别要注意的指导要点。第三节的体育游戏、第四节的音乐游戏亦是如此，后面不再重复说明。

1. 为幼儿进行智力游戏做好充分的准备工作

（1）准备好各种玩教具及其他的操作材料。教师应根据教育目标和幼儿的兴趣、知识经验水平和实际需要，为幼儿选择、制作、投放各种玩教具和操作材料。使得幼儿看到这些玩教具和操作材料就产生探索、操作的欲望，从而自愿进行智力游戏。玩教具在室内摆放的位置，要便于幼儿自由取放，同时要注意更换和增加新的玩教具。对于新的玩教具，教师要教会幼儿玩法，然后让幼儿自己玩。

（2）选择和设计合适的智力游戏。选择和设计智力游戏要根据不同年龄班的教育任务和目标顺应幼儿的身心发展水平，循序渐进地进行。游戏的难易程度，一方面由游戏的任务和内容决定；另一方面由游戏的性质决定。例如，与玩具、动作相联系的游戏适合小班幼儿，而根据已有知识经验来推理判断或者以纯语言来进行游戏，则适合中班大班幼儿。同一游戏，对不同的年龄班也有不同的要求。有了合适的智力游戏，幼儿就会全身心地投入游戏中，从而促进自身的发展。

2. 教会幼儿游戏的玩法

每个智力游戏都有一定的教育目标，要通过制定游戏的玩法与规则来达成。而讲解游戏的玩法和规则是关键环节。

首先，教师自己对游戏充满热情，以饱满的情绪来感染幼儿，使幼儿对游戏过程产生直接兴趣。教师必须成为一个富有游戏精神的人，成为幼儿的玩伴，在共同游戏的过程中指导幼儿。

其次，教师要采用语言讲解和适当的示范相结合的方式，将游戏的目标、要求、玩法及规则介绍给幼儿。介绍时，注意语言要简洁、生动、幼儿化，放慢讲解的速度，便于幼儿接受和理解。游戏规则的教法，可以尝试使用以下策略：事先教会个别幼儿，然后让幼儿相互学习；直观演示教具配合语言讲解；先让幼儿尝试玩，根据尝试中出现的错误有针对性地讲解，然后通过参与游戏的方式指导幼儿。

另外，如果是有操作练习的游戏，还应事先教会幼儿必要的技能。在游戏进行中，教师要根据幼儿游戏的进展，随时给予指导，督促幼儿遵守规则，要求他们按既定的玩法、步骤认真地完成游戏任务，逐步独立地进行各种智力游戏。

3. 培养幼儿的游戏策略意识，而不是直接教幼儿游戏的策略

游戏策略是游戏者心智活动的外在表现，可以通过具体的动作和行为表现出来，具有一定程度的可观察性和模仿性，成人的某些策略很容易被幼儿模仿。例如，在“猜猜我是谁”的听力游戏中，教师采用“变音”的策略，即使是小班幼儿，在教师示范后也能很快掌握这种策略。但是小班幼儿没有真正地理解策略的意义，他们所做的只是一种机械的、外部的模仿，而不是真正的心智发展。

幼儿获得游戏策略不应当是模仿的结果，不应当是成人教会幼儿的，而应当让幼儿自己在多次的游戏实践中，在游戏经验的积累中，自己悟出来的。幼儿自己“发明”游戏策略，才标志着幼儿认知及社会性方面的真正发展，标志着幼儿在人际互动、去自我中心等方面的

真正进步。因此，教师要为幼儿提供游戏的机会，让他们积累游戏的经验，引导他们自己总结、概括游戏策略。在中大班幼儿的游戏过程中，教师引导幼儿观察同伴的表现，发挥同伴的榜样作用，提高幼儿的游戏水平，通过“社会学习”来促进幼儿策略意识的发展。

教师应当认识到，策略的主动建构和运用是幼儿心智发展与进步的表现，这种进步需要幼儿在多次的游戏实践中自己体验、总结才能获得。游戏的过程是幼儿学习的过程，这也正是游戏的魅力所在。教师应当学会等待幼儿的成长，而不是“拔苗助长”。

#### 4. 尊重个体差异，鼓励每个幼儿都积极参与游戏

智力游戏简便灵活，较少受到环境和时间的限制，无论是在教学活动时间还是在自由活动时间均可进行。教师在采取集体、小组与个别游戏相结合的方式组织幼儿进行智力游戏，此外，还应尽量设法使每一个幼儿都有可操作的游戏材料，都有参加游戏进行锻炼的机会。教师要鼓励幼儿主动地根据自己的发展水平和兴趣，选择游戏材料、同伴和规则，特别是能力较弱的幼儿，教师更要鼓励他们充满信心，先从简易的游戏玩起，逐渐再玩复杂的游戏；对能力强的幼儿可适当增加游戏难度，以满足他们智力发展的需要。教师应当按照幼儿的不同需要，提出不同的要求，进行不同的练习。使每个幼儿都能在游戏中得到发展。对在游戏之初便显露出需要较多帮助的幼儿，要有意识地进行有针对性的训练，吸引他们多参加弥补弱势的游戏，并肯定他们每一次的成功和进步，从而提高他们的自信心和智力水平。

### （二）各年龄班智力游戏的特点和指导要点

对于不同年龄班的幼儿，教师的指导方法与重点应该有所不同。

#### 1. 小班幼儿智力游戏的特点及指导要点

（1）小班智力游戏的特点：

智力游戏比较简单，多是利用玩具材料进行。游戏任务容易理解，易于完成；游戏方法具体明确；游戏规则要求简单，通常是一个规则；游戏趣味性大于实际操作性，启发性大于知识性。

（2）小班智力游戏的指导要点：

第一，游戏所涉及的知识要适应 3 ～ 4 周岁幼儿的水平。

第二，要选择那些规则简单、玩起来比较新奇、趣味性较强的游戏，对少数智商较高的孩子可以给他们选择一些难度较大的游戏。

第三，根据游戏选择的玩具和材料应该是颜色鲜明、品种简单、形象和生动的。

第四，教师讲解规则要求生动、简明和形象，可适当结合示范。

第五，游戏过程中，教师需要不断提醒幼儿遵守规则。

#### 2. 中班幼儿智力游戏的特点及指导要点

（1）中班智力游戏的特点：

中班幼儿仍需教师对游戏的玩法和规则进行讲解和示范。游戏任务的知识性大于娱乐性，注重趣味性及实际操作，游戏方法复杂多样，游戏规则带有更多的控制性。

（2）中班智力游戏的指导要点：

第一，游戏难度要高于小班，符合 4 ～ 5 周岁幼儿身心发展的水平。

第二，游戏中，教师应注意检查幼儿对游戏方法的掌握与执行规则的情况，对遵守规

则的幼儿应给予鼓励。

第三，鼓励幼儿关心并努力争取好的游戏结果。

第四，中班幼儿应能独立地玩熟悉的游戏，教师只需在必要时给予指导。

第五，相对提高要求，注重幼儿在完成游戏任务的同时，遵守规则并在游戏中教幼儿一定的知识概念。

3. 大班幼儿智力游戏的特点及指导要点

（1）大班智力游戏的特点：

大班幼儿对活动强度高的智力游戏（如棋类）更感兴趣，也喜欢参加竞赛性的智力游戏。游戏任务较为复杂，有时一个游戏包含多项任务；游戏方法多且难度较大，游戏规则和要求动态变化。幼儿可以在活动中通过协商制定新的规则。

（2）大班智力游戏的指导要点：

第一，游戏综合性提高，符合 5 ～ 6 周岁幼儿的发展水平。

第二，教师一般只需语言讲解，要求幼儿能独立进行游戏。

第三，要求幼儿严格遵守规则。

第四，鼓励幼儿争取好的游戏结果，并能对结果进行适当的评价。

第五，允许幼儿通过自己协商制定新规则。

## 第三节　幼儿园体育游戏

案例研读

中班的晨间体育活动开始了，活动前，教师要求孩子们在指定的区域游戏，例如，玩塑料圈和布制玩具的小朋友在塑胶跑道上玩，跳绳的在中间玩。活动开始了，孩子们根据自己的喜好选择了布条、飞盘、塑料圈和跳绳并开始玩游戏。不一会儿，教师发现孩子们不仅没有在规定的区域玩，甚至有了打闹行为，一会儿争抢玩具，一会儿告状“萱萱把我打了”“浩浩把我撞了”……一眼望去都是孩子们无休止地疯跑、打闹，孩子们乱成一团，怎么叫停都停不下来。

资料来源：曹中平，韦丹，蔡铭烨. 幼儿园游戏指导［M］. 北京：北京理工大学出版社，2018：217.

分析：户外体育游戏时间，教师为玩不同游戏器材的幼儿限定了活动区域。一些活泼好动、不受拘束的幼儿，在遵守了一会儿“区域限定规则”后，就把规则忘得干干净净。案例中，幼儿乱成一团的原因是什么？在幼儿园中，体育游戏应该如何指导？

体育游戏是规则游戏的一种，也是幼儿园体育活动中一项重要的内容，更是完成体育任务的基本途径。有人说：“体育游戏是幼儿日常生活的最最重要的、形影不离的伙伴。”

## 一、体育游戏概述

### （一）体育游戏的概念

体育游戏，又称活动性游戏或运动性游戏，是根据一定的体育任务设计的，以各种基本动作为主要内容，以增强体质、发展身体基本运动能力为目标的一种规则游戏。它既是幼儿园体育活动的一项重要内容，又是幼儿园体育活动的一种主要形式。体育游戏是体育活动的一种，它以有趣的情节和玩法吸引着幼儿，因此深受幼儿的喜爱。开展体育游戏的条件简单，很多时候不需要运动器械，也不需要复杂的技能，有场地就能开展游戏。体育游戏是以发展动作为主的游戏，并能培养幼儿勇敢、坚强、遵守规则等优良品质。体育游戏符合幼儿身体活动的需求，其内容往往比较固定，有许多是民间流传下来的，如“捉迷藏”“丢手绢”“老鹰捉小鸡”“跳房子”“滚铁环”；还有许多是教师们在长期的教育实践中为促进幼儿各种动作的发展而设计的，如“小青蛙跳荷叶”“吹泡泡”“小蚂蚁搬家”。

### （二）体育游戏的特点

#### 1. 健身性

体育游戏有着明确的目的，即增强体质，幼儿在体育游戏中通过走、跑、跳、投掷、攀爬、钻爬等基本动作的练习，提高机体的基本活动能力，实现锻炼身体、增强体质的目的。体育游戏将基本动作技能的练习和游戏结合起来，让幼儿在游戏中完成各种基本动作的练习。在体育游戏中，幼儿的运动、竞赛、模仿、娱乐、表现、社会交往等多种需要都可以得到满足。体育游戏对于幼儿各方面发展都具有独特的促进作用。体育游戏可以加快幼儿身体的新陈代谢，调整大脑神经系统，提高运动器官及内脏器官的功能，达到锻炼身体、增强体质的目的。因此，体育游戏是一种有机结合运动、游戏、教育等因素的活动。

#### 2. 趣味性

体育游戏是一项轻松有趣的活动，它的趣味性吸引着幼儿。体育游戏的趣味性主要表现在游戏活动的情节性和竞赛性。一般幼儿园的体育游戏都是在户外进行的，幼儿离开相对狭窄、固定的室内，来到广阔的室外，这本身就是一种解放身体的体验。大多体育游戏都有一定的情节和各种不同的角色，这正好符合幼儿爱模仿、好扮演的年龄特点。且体育游戏的竞争性能充分满足幼儿争强好胜的心理，但是不过分强调竞争结果，幼儿在富有情节的竞争中获得快乐和满足。以“跳”为例，单纯是让幼儿重复地练习跳的动作，幼儿可能跳一小会儿就厌倦了，如果加入“小白兔采蘑菇”的游戏情境，幼儿就会兴趣盎然地跳个不停；如果再加入竞赛因素，“比比哪只小白兔采的蘑菇多”，幼儿的兴趣则会更加浓厚且持久。

#### 3. 教育性

体育游戏是幼儿园健康教育的重要形式，《幼儿园教育指导纲要（试行）》中指出，幼儿园要开展丰富多彩的户外游戏和体育活动，培养幼儿参加体育活动的兴趣和习惯，增强体质，提高对环境的适应能力。因此，幼儿园的体育游戏还兼具促进幼儿健康的责任，是幼儿园日常活动之一。体育游戏在幼儿的全面发展中发挥着重要的作用。在游戏中，幼儿必须遵守体育游戏的规则，以角色的行为规范控制、约束自己的行为，这有利于幼儿内化社会行为规范。另外，体育游戏中有相当一部分是群体游戏，有助于幼儿形成团体意识，有利于他们提高社交技能和社会适应能力。体育游戏本身具有的竞赛性和结果的不确定性，可以激发幼儿的进取心和自尊心，促使他们健康个性品质的形成与发展。总之，体育游戏可以为幼儿营造一种合作、竞争，又充满相互鼓励、彼此理解的游戏心理氛围，使幼儿的个性和社会性得到高度发展。

### （三）体育游戏的分类

体育游戏有多种分类方式。

#### 1. 按游戏组织形式分类

自由活动游戏——以幼儿为主，幼儿自定活动形式、自选运动器械、自由组合同伴的自主性游戏活动（见图 9-13）。

体育教学游戏——以教师为主，为完成一定的教学目标而组织的教学性游戏活动（见图 9-14）。

图9-13　自由活动游戏

图9-14　体育教学游戏

#### 2. 按游戏有无情节分类

主题游戏——是以假定的形式反映生活中的一个片段和童话故事中的情节的活动，如“麻雀和汽车”。

无主题游戏——没有一定的情节和角色，或是包含令幼儿感兴趣的动作内容，或是包含竞赛性因素的游戏，如接力、捕捉。

#### 3. 按游戏活动形式分类

按游戏活动形式可分为接力游戏（见图 9-15）、追拍游戏、争夺游戏（见图 9-16）、角力游戏和猜摸游戏。

图9-15　接力游戏

图9-16　争夺游戏

#### 4. 按游戏活动内容分类

按游戏活动内容可分为走、跑、跳跃、投掷游戏、攀、爬、钻、等游戏（见图 9-17、图 9-18）。

图9-17 走平衡木

图9-18 投掷游戏

#### 5. 按场地不同分类

分为室内游戏和室外游戏（见图 9-19、图 9-20）。

图9-19 室内游戏

图9-20 室外游戏

## 二、体育游戏的组织与指导

### （一）体育游戏的指导要点

#### 1. 做好充分的准备

充分的准备是游戏顺利开展的前提保证，体育游戏的准备工作要比其他游戏的准备工作更复杂一些。例如，教师需要检查游戏场地是否平整、游戏器械是否安全，还要了解幼儿的身体状况。下面以自主性体育游戏和教学性体育游戏为例作简单说明。

自主性体育游戏的准备工作主要包括提供丰富多样的游戏玩具和帮助幼儿建立规则意识。支撑幼儿自主性体育游戏的就是丰富多样的玩具。例如，滑梯、转椅、秋千、跷跷板等一些大型玩具，以及纸棒、跳绳等一些小型玩具。首先要保证幼儿能利用的玩具数量充足、种类的多样；其次要保证玩具的环保、安全。保证了玩具的多样安全，就要引导幼儿建立良好的规则意识，因为自主游戏也需要规则，并且要在游戏中自觉遵守规则。

教学性体育游戏的准备工作主要包括准备合适的游戏方案和根据方案做的准备工作，主要包括以下几个方面：

第一，幼儿的经验准备。幼儿体育游戏中通常会配有儿歌、故事，游戏前先让幼儿熟悉这些儿歌、故事。

第二，做好游戏玩具及场地器械等物质准备，还要检查幼儿的服装是否适合运动。

第三，游戏前的热身运动。热身运动是一切体育活动开始之前的必要环节，它帮助幼儿活动肢体、促进血液循环，以便身体更好地适应即将开始的运动。

### 2. 游戏过程中掌握适当的活动量

活动量是指体育活动中人体所承受的生理负荷量，即运动负荷。活动量太小，对健康的积极作用很小，达不到锻炼身体的目的；活动量太大，超过幼儿身体所能承受的范围，对健康不利甚至有害。教师在游戏过程中，要根据幼儿在游戏中的身体状态变化、情绪和完成动作的体力消耗情况来判断运动量的大小（见表 9-2）。如果幼儿游戏兴趣下降、注意力分散，游戏效果变差，这说明幼儿已经开始疲劳了，如果幼儿面部发白、发红、汗流浃背、气喘吁吁、反应迟钝，说明幼儿已经十分疲惫了，这时，教师应立即进行调节，让幼儿休息，或停止游戏。

**表 9-2　活动中幼儿生理反应一览表**

| 时间 | 外显指标 | 生理反应 | | |
|---|---|---|---|---|
| | | 轻度疲劳 | 中度疲劳 | 重度疲劳 |
| 活动进行中 | 面部色泽 | 略红 | 很红 | 十分红或苍白 |
| | 排汗情况 | 正常 | 很多 | 虚汗 |
| | 呼吸情况 | 中速，略快，有规律 | 加快，加深 | 急促，节奏紊乱 |
| | 运动情绪 | 正常 | 有倦意 | 疲乏 |
| 活动后 | 饮食情况 | 正常 | 一般 | 略有减少 |
| | 睡眠质量 | 正常 | 一般 | 略有下降 |
| | 精神状态 | 正常 | 一般 | 略有恍惚 |

注：幼儿的生理反应不应达到重度疲劳。

### 3. 注意幼儿动作和身体姿势的正确性

身体姿势正确与否直接影响幼儿骨骼的生长发育，进而影响健康体态的形成。同时，正确的姿势能够提高动作的质量，提高锻炼的效果。然而，在游戏过程中，幼儿的注意力往往容易被游戏情境和玩具材料所吸引，忽略了身体动作的正确性，尤其在气氛热烈的竞赛性游戏中更是如此。例如，跑步时，有的幼儿胳膊僵直，有的幼儿头往后仰，这时，教师应语言提示或者中止练习，并及时予以纠正，以确保幼儿姿势、动作的正确性。竞赛性游戏评定胜负时，可以对游戏中幼儿身体姿势、动作的正确与否进行评价，甚至将其作为胜负的评价标准之一。

### 4. 给予幼儿充分的锻炼时间和空间

幼儿基本运动能力的提高、身体素质的提升，是需要重复练习的。因此，体育游戏如果肩负学习新动作、新技能的任务，在幼儿基本掌握动作要领之后，教师要给予幼儿充分的练习时间和空间，让幼儿在练习中真正掌握新动作、新技能。

体育游戏要关注幼儿的主体性发展。因此，游戏中教师应为幼儿提供自由练习的时间、独立思考的空间和解决问题的机会，引导幼儿自我学习或同伴之间相互学习。幼儿在体育游戏中接触一个新材料、学习一个新动作后，要有一定的自由时间，可以自由探索玩法，根据自己对动作的掌握情况自由练习。当幼儿熟悉游戏规则与玩法后，教师可以逐步地锻炼幼儿组织体育游戏的能力，甚至可以让幼儿相互协商，改变原有的规则，生发出新的游戏规则和玩法。教师在游戏过程中的这些做法，有助于发挥幼儿的主体作用，利于幼儿的全面发展。

#### 5. 注意游戏中幼儿的身心安全

游戏过程中，既要让幼儿玩得尽兴，又要确保幼儿的安全。为此，教师要随时检查场地器械是否安全；幼儿活动过程中，注意观察幼儿使用器械的方法是否正确；更要注意游戏中幼儿是否遵守游戏规则，对于任何违反游戏规则的现象都要及时纠正或制止。同时，教师要在游戏中给予幼儿必要的保护与帮助，尤其是体弱、胆小和动作迟缓的幼儿，更需要家长保护和帮助。值得一提的是，教师也要注意幼儿在体育游戏中的心理安全。运动负荷不仅包括生理负荷量，还包括心理负荷量。胆小的幼儿不敢走平衡木时，不能强逼，要耐心引导、小心呵护，采取温和的方式引导、帮助幼儿克服害怕、胆怯的情绪，保证幼儿心理的安全。

拓展阅读：
人体生理机能变化的规律

### （二）动作技能形成的规律

动作技能，又称运动技能，它是人体掌握和有效地完成专门动作的能力，或理解为按一定的技术要求完成动作的能力。

动作技能的形成具有一定的规律性，通常要经历 3 个阶段：

#### 1. 粗略掌握动作阶段

在此阶段中，大脑皮层中的兴奋和抑制过程都呈扩散的状态，条件反射的暂时神经联系不稳定、不精确，会出现“泛化”现象，故此阶段也称为“泛化阶段”。动作通常表现为比较僵硬、紧张、不协调、不准确，缺乏灵活的控制能力，多余的动作较多，动作费力，不够自然，这一阶段在认知上处于感知和表象阶段，主要依靠视觉表象来控制和调节动作。

因此，在学习动作技能的初期，教师要抓住动作的要领进行必要的示范与讲解，使幼儿对动作的整体性有一个初步、全面的感知和印象。同时，提供较多的练习机会，让幼儿初步学会动作。

#### 2. 改进和提高动作阶段

在粗略掌握动作的基础上，经过反复不断地练习，大脑皮层运动中枢的兴奋性和抑制逐渐集中，尤其是抑制得到了发展而逐渐强化，使动作由“泛化阶段”进入“分化阶段”。在这一阶段，幼儿由于紧张产生的多余的动作明显减少，大部分的错误动作得到纠正，身体的控制能力有所增强，能较顺利、较正确地完成整个动作，逐步形成动作概念。但是幼儿的动作仍不够熟练和完善，在一些复杂、变化的情况下（如遇到新异刺激或活动条件发生了较大的变化）仍较容易出现动作变形的现象，原有的多余动作或错误动作有可能重新出现。因此，在此阶段，教师应让幼儿多进行练习，注意对幼儿错误动作的纠正，帮助幼儿逐步掌握动作的细节，完善动作。

#### 3. 动作的巩固和运用自如阶段

在反复练习的基础上，大脑皮层的兴奋和抑制在时间和空间上变得更加集中和精准。幼儿在这一阶段的表现是：动作较准确、熟练、协调、省力，甚至出现动作的“自动化”现象。这一阶段教学活动的主要任务是巩固和发展已学会的动作，可以经常加以复习，也可以改变环境和条件，使幼儿在新的条件下自如地运用动作技能，提高动作的适应性。

形成动作技能的 3 个阶段是有机地联系在一起的，各个阶段的划分是相对的，且没有明显的区分与界限，是逐步过渡、逐步发展的。每个阶段的出现和持续时间的长短，与幼儿的发展水平、特点、动作本身以及教师的教学方法有很大的关系，因此不能一概而论。

### （三）各年龄班体育游戏的特点和指导要点

#### 1. 小班幼儿体育游戏的特点及指导要点

（1）小班体育游戏的特点：

3 周岁的幼儿正处在身体生长发育的初期阶段，体力还较弱，走、跑、跳、投掷等基本动作还在初学阶段。在游戏过程中，幼儿的活动还不够自如，动作缺乏协调性和准确性。喜欢模仿，但注意力不易集中；对游戏中的动作、角色、情节感兴趣，但很难理解、遵守规则，对游戏的结果不大在意。

（2）小班体育游戏的指导要点：

第一，教师事先引导幼儿学习一些基本动作，以便游戏的顺利进行。

第二，教师积极鼓励幼儿通过模仿做一些简单的动作，如模仿小白兔跳。

第三，体育游戏的动作内容和情节都要简单、角色少，便于幼儿模仿，规则要容易遵守。

第四，每个体育游戏中，最好只包含一个基本动作，主要角色一般由教师担任。

#### 2. 中班幼儿体育游戏的特点及指导要点

（1）中班体育游戏的特点：

中班的体育游戏规则比较复杂，并带有限制性，结伴游戏、小组游戏、竞赛性游戏开始增加。幼儿喜欢有情节、有角色、有追逐性的游戏。幼儿开始注意游戏的结果，喜欢自己或自己一方获胜，喜欢追逐、竞赛；竞赛性游戏占较大的比例。

（2）中班体育游戏的指导要点：

第一，教师选择的游戏中，游戏角色比小班有所增多，主要角色可以由幼儿自己来担任，同时增加了一些情节性游戏。

第二，游戏的规则比较严格，具有一定的限制性。

第三，可以开始组织两人或小组协作性游戏。

#### 3. 大班幼儿体育游戏的特点及指导要点

（1）大班体育游戏的特点：

大班幼儿比中班幼儿的身体更壮实，体力更充沛，能较熟练地掌握各种动作的基本要领，而且动作显得很有力量，灵活自如；具有一定独立思考的能力，观察分析和理解能力有了明显提高，能主动引导规则，协同活动的需求增加；对游戏的玩法有更强烈的创造愿望，喜欢竞赛性游戏，并更在意游戏的结果。

（2）大班体育游戏的指导要点：

第一，教师可以引导幼儿学习更加复杂和难度较大的基本动作，如匍匐爬。

第二，可以增加活动量较大的追逐游戏和合作游戏，要求幼儿动作灵活、协调。

第三，设计的游戏角色和情节之间的关系更复杂、游戏规则更多变，并关系到游戏结果。

第四，引导幼儿正确看待竞赛性游戏的结果。

第五，游戏过程中给幼儿一定的自主权。

拓展阅读：
体育游戏

## 第四节　幼儿园音乐游戏

**案例研读**

这次的音乐内容是“自制响瓶”。幼儿每人选择一个瓶子，装一勺木珠放入瓶子里，然后拧好盖子，就做好一个响瓶乐器了。孩子们认真地往瓶子里装木珠。田田和乐乐在一边嘀嘀咕咕，不知道在商量什么。一会儿，乐乐来到教师身边，问：“老师，我想往里面放别的东西，可以吗？”教师肯定地说：“可以啊。”他们来到自然角，先往瓶子里装了黄豆，晃了晃，又倒了出来，又往里面装黄豆、绿豆……他们一边听着不同的声音，一边开心地笑着。“放进小米摇晃一下，像海浪的声音。”“把豆子放进去摇晃一下，像正在演奏一首曲子。”“把木珠放进去，好像很多人在敲门。”孩子们高兴地说着。“多像打击乐器啊！”不知谁大声说，孩子们开心地玩起了打击乐器。

资料来源：白燕梅，刘丽丹，焦娇. 幼儿游戏设计与指导［M］. 北京：北京理工大学出版社，2019：155.

**分析：**教师带领幼儿一起自制响瓶，一番操作后，想象力丰富的幼儿提出往瓶子里装别的东西，得到教师的肯定后，幼儿自制了新的响瓶，并利用这些响瓶玩了音乐游戏。党的二十大报告指出，创新才能把握时代、引领时代。幼儿丰富的想象力是他们将来进行创新创造的基础。到底什么是音乐游戏呢？应该如何组织与指导幼儿园音乐游戏？

活泼好动、喜爱音乐是幼儿的天性。德国作曲家卡尔·奥尔夫曾说：“儿童是音乐活动的源头，一切音乐活动均产生于儿童的内在需要。”在日常生活中，我们经常看到幼儿随着音乐旋律，身体跟着音乐的节奏手舞足蹈。音乐游戏是音乐教育的重要途径，是幼儿音乐表达的重要方式。积极利用幼儿喜爱音乐的这一特点开展丰富多彩的音乐游戏，让幼儿在游戏中潜移默化地感受音乐作品、学习音乐知识，学会欣赏、表现、创造美，这对幼儿的全面发展有重要的促进作用。

## 一、音乐游戏概述

### （一）音乐游戏的概念

音乐游戏是指幼儿在音乐伴奏或歌曲伴唱下，按一定的规则和要求感知音乐、表现音乐，发展音乐能力的一种规则游戏。在游戏中，幼儿用表演、演奏或者欣赏等方式来表现和体验音乐的节奏、韵律以及其中的音乐形象。在音乐游戏中，音乐和游戏是相辅相成、相互促进的，其主要目的是发展幼儿的音乐感受能力、音乐表现能力和音乐创造能力。例如，《许多小鱼游来了》《老猫睡觉醒不了》，这种游戏生动有趣，深受幼儿喜爱。在实践中，音乐游戏与教学活动往往是相互渗透、相互结合、相互转换的，它将教育要求以生动有趣的游戏形式表现出来，帮助幼儿更具体、更形象地感知和理解音乐，获得一定的情绪情感体验，使幼儿乐此不疲地掌握音乐知识，提高音乐技能。幼儿在充满随意性、趣味性的快乐气氛中获得全面发展。

### （二）音乐游戏的特点

#### 1. 音乐性

这是音乐游戏最突出的特点，音乐游戏只有伴随音乐才能实现音乐教育的目的。音乐是声音的艺术，是通过声音的高低、长短、强弱、音色等要素，构成节奏、节拍、速度、力度、旋律等音乐的基本表现手段和组织形式，来表现人的内心情感，反映社会生活的艺术。幼儿在音乐游戏中学习音乐，感受音乐的流动、旋律的起伏、节奏的跳跃、音色的变化、速度的统一与变化、情绪的发展变化，用手中的乐器和自己的身体来外化音乐、表现音乐，或在教师的引导下感受和欣赏音乐。例如，“转一圈，摸摸地”的律动游戏，最后以“转一圈，摸摸地，跌个大跟头”结尾，幽默诙谐，游戏达到高潮。因此，音乐游戏是对幼儿进行音乐教育的重要途径，也是幼儿通过音乐表达自我的一种方式。

#### 2. 形象性和情感性

生动、鲜明的音乐能拨动幼儿心中的琴弦，容易唤起幼儿的情感共鸣，使其获得积极的情绪体验。因此，音乐游戏具有形象性和情感性。形象性就是通过生动、鲜明的音乐形象给人带来直接感受，并引发相应的情绪体验。情感性就是音乐形象能激起的情感共鸣。音乐游戏形象性和情感性的特征，会激发幼儿将美好的情感付诸行动，积极主动地、自觉自愿地选择一定的活动方式，将自己的情感表现出来，借此展示自己的内心世界。这就是我们日常生活中经常看到的，幼儿伴随音乐手舞足蹈的景象。

#### 3. 综合性

音乐是综合的艺术，音乐不是以单一的形式存在的，它是结合动作、舞蹈和语言的有机整体，这是人与生俱来的本能，是心灵最自然的表现之一。现代幼儿音乐教育理论认为，综合性的音乐教育活动，是帮助幼儿自由进入音乐天地的另一个重要条件。音乐游戏的综合性主要体现在形式、过程和目标3个方面。形式上的综合，即将唱歌、舞蹈、律动和玩耍等多方面的表现形式综合到一起。在音乐游戏中，一般将乐、舞、曲融合在一起，幼儿听到喜欢的音乐旋律，身体就会不自觉地舞动起来。过程的综合是幼儿集创造、表演、欣赏于一体，幼儿既是音乐游戏的创造者、表演者，还是音乐游戏的欣赏者。幼儿创造性地自我表达、沉浸式地自我欣赏，全身心地投入感受音乐和创编动作的过程中，并不在意别人的看法。目标上的综合是指幼儿在音乐游戏中不仅感受到美感和愉悦，还用自己的创造性表现给他人带来了美的享受。音乐游戏既"悦己"，又"悦人"。

### （三）音乐游戏的分类

#### 1. 按照游戏的发起者和组织者分类

（1）自娱性音乐游戏。这是指幼儿自发产生的，没有目的、没有功利性，纯粹的自然游戏。例如，幼儿自发地表演或者自然地随音乐翩翩起舞，在活动室的音乐角，幼儿利用各种乐器、服装，在乐曲的伴奏下进行自由表演。

（2）教学性音乐游戏。教学性音乐游戏是指教师有目的、有计划地设计并组织的专门性音乐游戏，也包括教师临时发起的、组织的各种类型的音乐活动。游戏的任务、内容、玩法与规则，基本上都是由教师掌握。

#### 2. 按照游戏对幼儿的发展作用分类

（1）音乐听觉游戏。虽然听觉是与生俱来的，但是音乐听觉却绝非天生就有。音乐听觉能力是指辨别、感知、领会、想象、思考音乐艺术形象及其内涵的能力，这是形成各种音乐能力的前提和基础。发展音乐听觉的游戏，就是让幼儿用耳朵充分欣赏自然的和人为创造的各种音乐，从音响的旋律、音乐、节奏等方面"触摸"音乐语言，感受音乐之美。

（2）节奏游戏。节奏游戏是指通过各种手段和方法来锻炼幼儿节奏感的游戏。节奏是构成音乐的三大要素之一，没有节奏就没有音乐。节奏是通过肌肉反应来感知音乐，依靠身体协调的动作来感受音乐。节奏感的培养可以结合多种音乐形式进行，包括说、唱、律动、器乐。节奏游戏把音乐、节奏和游戏三者结合，让幼儿在唱民谣、说儿歌的同时，配合不同节奏型的表现形式（如拍手、拍腿、跺脚）来进行伴奏，使民谣、儿歌的节奏练习具有音乐性和游戏性，幼儿在有趣的游戏中感受多种节奏，提升节奏感。

（3）韵律游戏。音乐韵律游戏是指幼儿在乐曲或歌曲的伴奏下，随着节奏做相应的简单的肢体动作或舞蹈动作的游戏。韵律游戏中的动作一般可分为基本动作、模仿动作和舞蹈动作。基本动作是指幼儿的一些身体机能动作，如走、跑、跳、点头、摇头、拍手、弯腰、屈膝；模仿动作是指幼儿模仿生活中的一些动物或者物体的动作，如小鸟飞、小马跑、小兔跳、刮风、下雨；舞蹈动作是幼儿通过有感情、有节奏的身体动作来表现音乐的内容。韵律游戏可以调动幼儿的情绪感受，提高幼儿动作的协调水平，培养幼儿的想象力和创造力。

（4）歌唱游戏。歌唱游戏是指以歌唱形式开展游戏，让幼儿在游戏过程中享受歌唱的乐趣，培养音乐感受力，发展幼儿运用声音进行艺术表现的能力。这种形式的音乐游戏较为普遍，一般以唱歌为主，伴随着角色游戏、律动等形式出现。在玩耍的时候唱自己喜欢的歌曲是幼儿所喜欢的一种游戏形式。在愉快的歌唱游戏中，幼儿不仅能提高自己的歌唱能力以及对音乐的感受、理解和表达能力，更能陶冶情操。

## 二、音乐游戏的组织与指导

### （一）音乐游戏的指导要点

#### 1. 创造良好的音乐环境

要让幼儿对音乐游戏产生兴趣，创设良好的音乐游戏环境至关重要。让幼儿从一开始就置身于音乐游戏所表现的意境之中，往往能激起幼儿的学习动机和欲望，引领幼儿满怀兴趣地参与音乐游戏。首先，教师应提供适宜的音乐，营造音乐意境。其次，要配置与音乐形象、情节相关的道具和背景。教师也要为幼儿做示范，让幼儿感受音乐里的意境。

教师要尽量为幼儿创设一个民主、宽松、自由、愉悦的音乐游戏心理环境。游戏中虽然有规则，但给幼儿自由发展的空间更有助于音乐游戏价值的实现。为幼儿选择一首旋律优美、情境有趣的音乐，并促使幼儿利用教师准备的头饰、丝巾、衣服、废旧的话筒、乐器等投入音乐游戏之中。例如，在玩小班音乐游戏《捉小鱼》前，教师将活动场地布置成带有一片水草的小鱼的家，并和幼儿一起戴上小鱼的头饰。在《捉小鱼》的音乐下，幼儿很快就被周围的气氛感染，自然而然地进入角色。

#### 2. 注重音乐体验

音乐游戏是伴随音乐开展的，幼儿充分感受、理解、领悟音乐对开展游戏的促进作用。教师要引导幼儿从听、说、唱、演、动、想等多种渠道感受音乐、体验音乐，陶冶情操，促进幼儿积极情感的发展。首先，要增加幼儿接触音乐的机会。为此可以为幼儿创设音乐氛围，让幼儿随时都能欣赏、感受音乐。例如，注意日常生活中的音乐，早上来园时间、教育活动中幼儿休息的时间、盥洗或点心时间，以及下午活动时间。其次，在教师组织的教学性音乐游戏中，要引导幼儿体验与感知音乐，提高游戏的质量。另外，教师还可以组织幼儿进行音乐故事表演活动。例如，教师带领幼儿学会一首带有故事情节，可以进行角色扮演的歌曲后，组织幼儿分配游戏角色，将歌曲中的故事情节自由表演出来，以此加深幼儿对歌曲、音乐的感受。

#### 3. 鼓励幼儿自我表现

幼儿在音乐游戏中感受到了音乐情绪、音乐形象，就会跃跃欲试，希望通过肢体动作、表情等将音乐表现出来。可以说，幼儿在游戏过程中的表现是幼儿的音乐感受的外显表达，因此，要鼓励幼儿在音乐游戏中自我表现。教师应努力为幼儿创设轻松、和谐的游戏氛围，支持、鼓励幼儿充分发挥自己的想象力和创造力，在游戏中大胆创新和积极展现自我。例如，教师要在音乐游戏中主动为幼儿提供自由表现的机会，鼓励幼儿通过不同的表现形式大胆地表达自己的情感、理解和想象。值得一提的是，教师在音乐游戏中鼓励幼儿动脑筋、大胆跳、自己想、自己做时，有的幼儿却找不到适当的语言、动作去表达，这说明幼儿对音乐基本元素的掌握是欠缺的。教师应该组织各种形式的音乐游戏，渗透比较简单的音乐知识和技能，发展幼儿感官、丰富幼儿音乐经验，为幼儿进行表现和创造提供更多的支持。

#### 4. 充分发挥教师的主导作用

幼儿虽然是音乐游戏的主体，但是其主体地位的实现正是教师引导的结果，因此要充分发挥教师在游戏中的主导作用。首先，教师要从情绪和表现力上带动幼儿。教师是“活教具”，教师游戏化的语言、夸张的表情、丰富的动作都是吸引幼儿参与游戏的重要动力因素。其次，教师要细心观察幼儿的游戏，针对幼儿不同的游戏水平、个性特征，适时地介入指导。在大多数情况下，教师以隐性指导为主，给幼儿充分的游戏自由权。但是如果是特殊情况，就需要教师直接介入了。例如，当幼儿在音乐游戏中违背游戏规则而使音乐游戏无法进行时，当幼儿在音乐游戏中遇到困难仅依靠自己或同伴而无法解决时，当幼儿对音乐游戏已毫无兴趣时，教师要及时出现，采用直接指导的方式介入游戏。

### （二）各年龄班音乐游戏的特点与指导要点

教师一定要掌握各个年龄阶段幼儿的音乐发展水平，并且按照幼儿音乐能力的发展变化、调整教学计划和安排活动内容，这样才能更好地促进幼儿的发展。

#### 1. 小班幼儿音乐游戏的特点与指导要点

婴儿的音乐能力发展缓慢，处于萌芽期；一岁半是重要的转折期；2～3 周岁的幼儿发展速度较快，能模仿一首简单歌曲中较长的片段；3 周岁以后迅速发展。小班幼儿有强烈的情感依附需求，其学习特点是“吸收和感觉”，在倾听中积累他们的音乐感和经验。所以小班的幼儿应该经常听音乐，每次时间不要过长，但听的内容要多变。在音乐游戏中，教师需要运用身体语言与幼儿交流，还应伴随亲切的表情和眼神，让幼儿感到亲密、愉悦。

小班幼儿的注意力容易被新的刺激吸引，集体游戏时，应允许个别幼儿玩自己的游戏，即使他们没有参与音乐游戏，音乐游戏对他们也会有积极的影响和作用。三岁半的幼儿，多次倾听一首歌曲，直至开口唱时，这首歌曲已经在其记忆中储存多时了。幼儿对音乐游戏的兴趣会在潜移默化的影响中逐步增强，经常会要求“再玩一次”，幼儿愿意在他们感兴趣的活动中重复体验快乐，这是情感的需要。在节奏方面，小班幼儿要用约一年的时间感知稳定节拍并进行实际练习。

#### 2. 中班幼儿音乐游戏的特点与指导要点

中班幼儿有了对音乐要求的初步认识和积累，更加喜爱音乐游戏活动，活动的自主性、积极性明显增强。教师要鼓励幼儿表达意见，采纳合理可行的意见并将其运用到活动中，让幼儿为自己的创意感到自豪。中班幼儿小肌肉动作能力比小班有了很大的提高，动手能力也增强了，他们能够更好地控制和操作物体，也有兴趣探索各种能够敲击的打击乐器，并尝试自己的创意。因此，在音乐游戏中要为幼儿的动手操作和探索活动提供便利条件。中班幼儿在游戏活动中更需要与同伴的合作和配合，需要学习怎样与同伴相处。中班幼儿约用一年时间探索歌谣和歌曲的节奏。

#### 3. 大班幼儿音乐游戏的特点与指导要点

大班幼儿的自主控制能力、探究能力、合作能力以及接受挑战的能力都有了很大的发展，他们能够独立完成任务，喜欢变化的和需要智慧、创造力的游戏形式。教师要认真倾听幼儿的想法、肯定幼儿的创意，采纳幼儿合理的建议，为幼儿自主游戏创造条件。例如，在套圈游戏中，幼儿熟悉游戏以后，自然地进行分组，由三人一起游戏发展到多人一起游戏，并和同伴商量出新的游戏规则，教师对幼儿的表现应给予及时的鼓励，并适当地进行指导。

拓展阅读：音乐游戏

## 思考与练习

### 一、名词解释

1. 规则游戏
2. 智力游戏
3. 体育游戏
4. 音乐游戏

### 二、简答题

1. 简述规则游戏的特征。
2. 简述规则游戏的要素。
3. 简述规则游戏的作用。
4. 简述规则游戏的发展。
5. 简述智力游戏的类型。
6. 简述智力游戏的指导要点。
7. 简述体育游戏的类型。
8. 简述体育游戏的指导要点。
9. 简述音乐游戏的类型。
10. 简述音乐游戏的指导要点。

### 三、案例分析

冬天到了，幼儿园开展冬季锻炼。一位大班教师认为在扔沙包活动中可以教幼儿学会测量，于是他把幼儿带到户外。户外的地面是由一块块方形的水泥砖铺成的。他先让幼儿扔沙包，然后问：“怎样才能知道扔得有多远？”幼儿说：“可以数地上的方块。”“还可以用什么方法知道呢？”在教师不断地提问和要求下，幼儿举出了可以用棍子、跨步、绳、布条等不同方法测量。教师很满意这样的结果，认为教学目标达到了。然而，整个过程对幼儿来说索然无味。

分析：这个活动的问题何在？请提出改进建议。

# 第十章　幼儿游戏观察与评价

【学习目标】

√ 理解幼儿游戏观察的概念、价值，游戏评价的概念、价值

√ 初步掌握幼儿游戏观察的内容、方法，评价的内容和原则

√ 了解几种常见的游戏观察量表

【素质目标】

√ 强化尊重幼儿游戏主体地位的游戏观，并将其作为观察和评价幼儿游戏的指导思想

## 案例导入

小军和小毛为了抢一个玩具争得面红耳赤，两个孩子都手拽着玩具，嘴里说着："这是我先拿到的。""是我的，是我的。"这个时候老师走过来，把他们叫到一边，既不直接开导教育，也不批评训斥，而是对他们说："玩具是幼儿园的，不是你的，也不是他的，抢来抢去谁也玩不着，怎么办？我相信你俩一定有好办法解决。"过了一会儿，一个孩子对另一个孩子说："你玩吧。"另一个孩子不好意思地说："还是你玩吧。"

**分析：**上述案例是在幼儿园自由游戏时间发生的事情。教师介入游戏之前，先观察了一会儿，看到两个孩子争执了好久，才走上前说了这番话。这件事情说明，教师在指导幼儿游戏之前，要先观察幼儿、幼儿游戏，观察幼儿在游戏中的表现，再决定是否介入、应该如何介入。

# 第一节　幼儿游戏观察

游戏是幼儿在幼儿园最基本的活动之一，观察幼儿游戏是了解和认识幼儿的重要方法。那幼儿游戏观察的含义是什么？幼儿游戏观察有什么价值？幼儿游戏观察的主要内容和方法是什么？

## 一、幼儿游戏观察的概念

观察是认知活动的源泉，是人类直接认识事物和掌握知识的主要途径。古今中外的科学家和教育家都非常认同观察的重要作用。心理学研究表明，人脑所获得的绝大部分信息是通过视觉获取的。英国生物学家查尔斯·达尔文说："我没有突出的理解力和过人的机智，只是在觉察稍纵即逝的事物并对其进行精细观察的能力上，我可能在众人之上。"

意大利教育家玛丽亚·蒙台梭利也曾指出，唯有通过观察和分析，才能真正了解孩子的内在需要和个别差异，以此来协调环境，采取合适的态度来配合儿童成长的需要。《幼儿园教育指导纲要（试行）》指出，关注幼儿在活动中的表现和反应，敏感地察觉他们的需要，及时以适当的方式应答，形成合作探究式的师生互动。

观察本身的含义是"用眼仔细察看"，但是这里的观察是指有目的、有计划的知觉过程，是主体通过一个或多个感官获取信息。而科学的观察不等同于简单地"看"或"听"，而是看到了什么，听到了什么，这些看到或听到的信息说明了什么。幼儿的游戏行为能直接反映幼儿的游戏水平和发展水平，游戏中幼儿的某些行为能做出发展意义的解释。因此，幼儿游戏观察就是成人对游戏中幼儿自然流露的动作、语言、神情、交往和使用的工具材料等进行记录分析的活动。

幼儿语言表达能力相对较弱，其对自身状态的把握能力有待提高，这就决定了教师要想真正地理解幼儿，理解幼儿在游戏中的所作所为及其所代表的幼儿发展情况，就需要认真地、随时随地地观察幼儿。理解幼儿是教育的基础，观察幼儿是理解的基础。游戏中教师的观察有两种，一种是随机观察，另一种是有计划的观察，其应用范围和使用价值各有不同。

## 二、幼儿游戏观察的价值

实施教育，观察先行。在游戏中观察幼儿的行为，是全面地了解幼儿发展现状和发展潜力的重要途径。观察是教师指导幼儿游戏的基础、前提和保证。

### （一）了解幼儿的最佳途径

游戏是幼儿最喜爱的活动之一，在游戏中幼儿可以自由自在地活动，可以不受成人的约束，尽情地表现自己，流露出自己内心真实的一面。对教师而言，这是了解真实的幼儿的最佳途径。每个幼儿的遗传素质、成长环境和主观能动性都是不同的，在认知、气质、兴趣和个性上存在一定的差异。游戏提供了密切观察幼儿和幼儿活动的机会，通过观察游戏中的幼儿，我们可以了解很多与幼儿相关的信息。

首先，可以了解幼儿的兴趣、需要和能力差异。幼儿在自主的游戏中是按照自己的意愿和兴趣选择游戏内容、材料和伙伴的，因此，教师可以通过观察各类游戏人数的多少、幼儿在某种游戏中坚持时间的长短、幼儿使用某种游戏材料的频率和持久性、幼儿在某种游戏中的专注程度，较好地把握幼儿所喜欢的游戏种类、游戏材料，还能从中看出幼儿的能力水平、经验状况和兴趣爱好。

其次，了解幼儿认知和社会性水平。幼儿是通过游戏来认识周围世界的，游戏给幼儿提供了各种与周围环境互动的机会，幼儿在这个过程中，巩固已有经验、获得新知识、学习发现问题、解决问题的方法，这是发展幼儿认知能力的过程。同时，游戏也是幼儿社会化的过程，在游戏中，幼儿与同伴交流、协商、合作，其社会性水平得到大大的提升。

最后，了解幼儿的个性特点。游戏为幼儿提供了一种安全、自由的活动氛围，降低了幼儿的紧张感和压力，使幼儿置身于自由自在、无拘无束的环境中。因此幼儿的个性特点就会在游戏中充分地表露出来。只要教师认真、细心地观察，就能深入地了解每个幼儿的闪光点和不足之处，从而能对幼儿做出全面的、适宜性的评价，能有针对性地引导幼儿，促进幼儿在自己的最近发展区内获得最大的发展。

### （二）对游戏进行有效指导的前提

幼儿是游戏的主体，一般而言，游戏的主题、规则和玩法等由幼儿自己决定，但是由于幼儿在知识、经验、规则意识和解决问题能力等方面发展水平的限制，幼儿游戏常常又需要教师的指导。可以说，教师的有效指导是保证幼儿游戏正常进行的必要条件。教师在幼儿游戏的过程中，要认真细致地观察、适时地提供帮助，使游戏得以延伸。只有建立在观察基础上的指导，才是对幼儿游戏有促进作用的，才能有的放矢地引导幼儿获得发展。

首先，为游戏的开展做好准备工作。观察是为幼儿游戏提供准备工作的基础，观察是教师了解幼儿游戏的必要条件。例如，游戏的时间、空间，游戏需要的玩具材料，幼儿针对即将要进行的游戏所具备的知识经验，这些对于游戏是否能够开展、开展后是否能促进幼儿的发展都有着至关重要的作用。

其次，教师可以把握介入游戏的时机。教师何时介入游戏，对幼儿的发展起重要作用。而介入游戏的时机，是需要教师通过观察获得的。例如，当教师发现幼儿违反游戏规则时，是及时提醒幼儿，还是等待其他幼儿发现，自己提出来并尝试解决。教师要观察其他幼儿对于该幼儿违反规则的反应。在游戏过程中，教师有无介入的必要，以及介入的时机，不是凭借教师的主观臆断，而是依赖于教师的观察。

最后，教师可以选择适当有效的指导方式。当教师通过观察发现，需要介入来指导幼儿的游戏时，教师必须选择适当的指导方式参与幼儿的游戏，无论是选择平行游戏、共同游戏，还是以旁观者的身份直接指导，都是需要在观察的基础上，结合幼儿的年龄特点，视具体的游戏情境而定的。教师要先观察把握幼儿游戏问题存在的关键性因素，进而选择有效的指导方式，因人而异，对幼儿的游戏施加影响，使游戏发挥最大价值。

### （三）对游戏进行全面正确评价的保证

游戏评价主要是看幼儿在游戏中的真实表现，幼儿游戏中发生的客观事实。而真实表现和客观事实的获得需要依靠观察。观察是教师正确评价幼儿游戏的保证，只有通过观察了解幼儿游戏，掌握幼儿在游戏过程中的具体行为表现，发现游戏过程中存在的问题，对展开游戏的情况做到心中有数，教师才能对游戏形成正确的认识和积极评价。观察游戏可以避免教师主观臆断游戏的好坏，可以避免评价成为不切实际的空洞说教。

首先，观察为评价游戏提供具体详细的资料。幼儿游戏评价的内容包含游戏的空间场地创设，游戏材料是否充足、适宜，幼儿在游戏中的认知水平、社会性发展水平，游戏情节的展开状况，游戏规则的遵守情形等。对这些内容的判断都需要教师认真、细致、有目的地观察。教师观察得越仔细，所获得的资料就越翔实，对游戏的评价也就越全面、准确。

其次，对游戏中幼儿的行为及时给予反馈。教师通过观察游戏和游戏中的幼儿，能及时发现幼儿在游戏中的表现，并及时给幼儿的行为以正确合适的评价。对于幼儿合宜的行为及时予以积极、正面的评价和肯定，这对增强幼儿自信，调动幼儿游戏的积极性，有着极大的促进作用，也会使游戏朝着教师所希望的方向继续发展。

最后，及时发现、解决游戏中的问题。幼儿游戏的过程中，不可避免地会出现一些问题，或发生一些冲突。只要教师认真观察，就会及时发现存在的问题及问题的严重程度、幼儿冲突的严重程度，并找出问题或冲突产生的原因。如果问题或冲突严重，教师可以及时组织幼儿讨论，给予幼儿正确的引导与帮助，使游戏顺利、有序地开展下去，并在游戏中促进幼儿发展。

### （四）制定下次游戏计划的依据

游戏计划的制定、预设不是靠教师的凭空想象进行的，要依靠幼儿的发展水平、兴趣、需要和上次游戏的具体进展情况来确定的。追求游戏的不断改进与创新，充分发挥幼儿游戏的娱乐和教育功能是教师指导游戏的主要目标之一。全面、翔实的游戏观察可以满足和拓展幼儿的经验，不断调整步骤，发现游戏过程中的问题，分析原因，并找到解决问题的有效策略。这样就能实现对游戏内容、规则的不断改进和完善，使游戏时常得到更新和发展。

首先，观察可以满足和拓展幼儿的生活经验。幼儿的生活经验是游戏的源泉，幼儿游戏的内容来自幼儿的生活经验，幼儿积累的游戏经验越丰富、越广泛，幼儿游戏的内容和情节就会越丰富越多样，且不断充实、拓展。教师在观察本次游戏的基础上，发现幼儿经验的不足之处，及时补充并拓展，为下一次游戏的开展奠定坚实的经验基础。

其次，观察能为幼儿提供充分、适宜的游戏条件。时间、空间和材料是满足幼儿游戏的直接条件。我们经常看到这样的现象，教师已经多次提醒幼儿“游戏结束了”，但还是有一些孩子在慢吞吞地整理东西，有些并非是孩子在捣乱，他们只是想多玩一会儿，这说明游戏时长并没有满足幼儿的需要。游戏前，教师按照自己的游戏计划来创设游戏空间，提供游戏材料，而静态的游戏空间和材料只有在幼儿与之互动的过程中，方能了解教师创设的空间是否合理，提供的材料是否适宜。游戏观察为教师更好地创设空间、准备材料提供充分的依据。

一次游戏结束，意味着新的开始，而新的开始要建立在以往游戏的基础上。对游戏的观察，既能帮助教师总结经验，改善不足，还能在满足幼儿游戏需要和游戏兴趣的基础上，拓展幼儿新的生活经验，这些都是教师制定下次游戏计划的条件和基础。

教师的观察在幼儿发展中所起的作用（见图 10-1）。

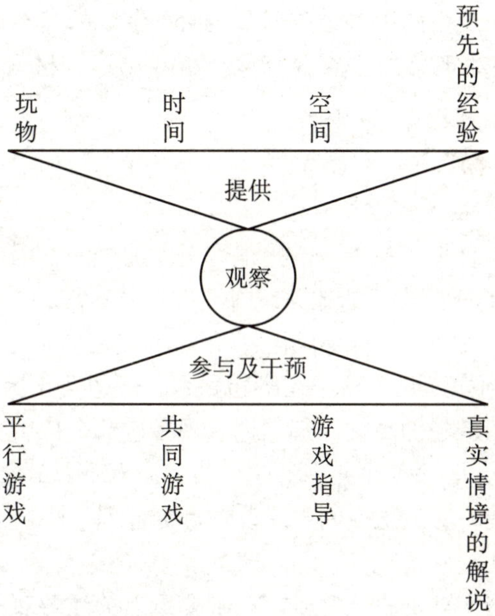


图10-1　观察在游戏中的作用

资料来源：邱学青. 学前儿童游戏［M］. 4版. 南京：江苏凤凰教育出版社，2017：244.

### （五）教师专业发展的有效途径

《幼儿园教师专业标准（试行）》中明确提出，教师应具备“在教育活动中观察幼儿，根据幼儿的表现和需要，调整活动，给予适宜的指导”的能力。美国幼儿教育家丽莲・凯兹认为，观察能力是帮助教师从新手成长为专家的必要条件和重要途径。游戏的主体是幼儿，教师是幼儿游戏环境的创设者、游戏过程的观察者和指导者，会观察游戏、分析观察结果是幼儿教师必须掌握的基本技能。观察可以让教师掌握大量、真实、生动的第一手资料。在此基础上，教师结合专业知识进行反思、总结，带领幼儿一起讨论游戏过程中的问题，提出解决问题的方法，并将方法应用于新的游戏。教师在观察幼儿游戏时进行直接或间接的指

微课：观察计划的制定

导，在此基础上进一步观察和反思指导给幼儿、游戏带来的变化，在这样循环往复的过程中，教师锻炼了观察、反思能力，并探索了游戏的指导方法和策略。这使教师直接或间接地获得了有关幼儿发展与教育的实践知识。教师在进行观察记录等资料分析、讨论的过程中，可能会意识到自己教育理论和素养的不足，进而主动地优化、补充自己的知识结构，提升自身专业素养。这一过程对于教师提升专业意识，提高反思能力和游戏指导能力有着非常重要的作用；在此过程中，教师自然地实现从经验型教师向研究型教师的转换。相反，如果教师没有认真地观察幼儿的游戏，没有反思自己指导游戏的实践，不着手提升自己的专业素养，那么其教育教学水平就一直在原地打转，其专业发展也会停滞不前。

## 三、幼儿游戏观察的内容

观察内容是幼儿游戏观察的重要组成部分。由于游戏的基本要素可以概括为“物”和“人”两个方面，因此游戏观察的主要内容包括游戏场地、材料、时间，游戏中的幼儿、教师。

### （一）游戏中的“物”

#### 1. 游戏场地

游戏场地的安排是否合理，在游戏前是很难考虑周全的，因此，在游戏过程中，可以重点观察场地是否合理，有无浪费的地方或过于拥挤的区域；相邻区域的安排是否合理，游戏需要的条件是否相近如安静区和喧闹区；区域间是否有通道，区域间的路线、标注、边界是否清晰、合理。例如，几个孩子在搭建积木，旁边美工区的幼儿来来回回地取水、涮画笔，几次碰到孩子们搭建的高楼，甚至把水洒在这几个孩子身上，建构区的孩子十分生气，几次与美工区的幼儿发生冲突。由此分析，游戏场地设置得不合理，导致幼儿冲突，影响幼儿游戏的开展，应该把空间布局设置得更合理一些。

#### 2. 游戏材料

游戏材料是幼儿开展游戏的物质基础。教师要重点关注游戏材料的数量是否满足了幼儿的需要，有无争抢游戏材料的现象发生，发生的频率如何；游戏材料是否符合幼儿的年龄层次、需要和兴趣，有无幼儿从不问津的材料；游戏材料有无更新和补充；游戏材料是否安全卫生，辅助性材料的运用及其效果。

例如，教师在好几天无人光顾的科学角内放上了放大镜，孩子又活跃起来；“小小舞台”里，教师及时投放了魔术箱、帽子等材料，孩子在原来单纯的歌舞表演的基础上增添了新的玩法，花样也更丰富了。

#### 3. 游戏时间

游戏时间是幼儿游戏能充分展开，并保证游戏质量的必要条件。关于游戏时间，主要观察游戏开始、过程和结束的时间分配，以及幼儿在各个时间段的表现；游戏中幼儿专注的时间长短；一日安排中游戏时间的长短。

例如，收玩具的音乐已经结束了，文文还在积木角玩着。教师提醒他好几次，他嘴里嘟哝着什么，好像没听见似的坐着不动。教师就走过去俯在他耳边轻轻地说：“我们吃完饭再玩好吗？”饭后又开放了积木角，文文又投入刚才的“工作”中，拿着自己做成的“大炮”骄傲地向幼儿教师展示着。文文特别喜欢摆弄积木，每次的游戏时间对于文文来说都是不够的，教师就特别注意，并采取适合幼儿的方式提醒幼儿，以保证幼儿游戏的愉悦性。

### （二）游戏中的“人”

游戏中关于“人”的因素主要是指幼儿和教师。

#### 1. 游戏中的幼儿

（1）幼儿的行为。观察游戏中幼儿的发展情况，包括认知发展、社会性发展、身体发展和情绪情感发展等。游戏中幼儿的发展情况外化为幼儿的具体行为，主要表现在以下几个方面：幼儿对游戏的专注程度，长时间坚持玩一个游戏，还是频繁地变换游戏；幼儿对游戏的偏好和兴趣；游戏的目的性、计划性；幼儿游戏对游戏的积极程度，主动参与游戏并想办法解决游戏中出现的问题，还是在别人的带领下被动地参与游戏，甚至不参与游戏。

（2）幼儿的游戏水平。幼儿的游戏水平主要是指幼儿在游戏中的社会交往水平如何：是主动与同伴交往还是被动或者根本没有交往，如果有交往，其交往水平如何；幼儿在游戏中的组织、协调能力如何；幼儿是否能够遵守游戏规则；在游戏过程中幼儿能否爱护玩具，游戏结束后是主动还是被动收拾并整理玩具。

（3）同伴关系。幼儿之间的同伴关系是否是积极友爱的；幼儿之间是否有交往，交往是否和谐，能否互帮互助；幼儿的交往行为是否文明礼貌。

#### 2. 游戏中的教师

（1）游戏中教师的指导。游戏中的教师主要是指其对幼儿游戏和游戏中幼儿的关注和指导。教师要在幼儿游戏前做好充分的准备工作，游戏过程中要时刻关注幼儿的行为，分析行为背后的原因，并迅速做出判断，是否介入、何时介入以及如何介入幼儿的游戏。教师何时介入幼儿游戏会增强幼儿游戏的兴趣，促进游戏的顺利开展；采用何种方式和策略介入能拓展幼儿游戏的经验，提升幼儿的游戏水平，这完全取决于教师对幼儿游戏的观察和思考，并在此基础上，根据自己的专业经验和素养做出判断和把握。

（2）关于游戏心理氛围的创建。幼儿能愉快地进行游戏的一个条件是有宽松、自由、安全的游戏心理氛围。而教师在游戏心理氛围的创建中起着至关重要的作用。教师关于游戏心理环境的创设工作，主要包括两种关系：一是师幼关系，是指游戏中的师幼关系是否是平等、民主、和谐的，教师在游戏中对幼儿是管制过多、放任不管还是适度交流，教师更多的关注游戏还是游戏中的纪律。二是教师之间的同事关系，教师之间是否相互配合、友好合作。

### （三）游戏的主题

游戏中幼儿有统一的主题还是多个主题，如果有多个，有什么样的主题，这些主题的情节和内容是什么样的，进展情况如何；游戏活动中是否有新的主题出现，如果有，新主题是如何产生和发展的。

各年龄班幼儿在游戏方面的表现是不同的，在观察时各有重点。

小班：主要处于平行游戏阶段，满足于操纵、摆弄物品。对物品的需求是，别人有的我也要有，矛盾的焦点主要在幼儿与物品的冲突上。因此，小班游戏观察的重点在幼儿使用物品上。

中班：随着认知能力的发展、生活经验的丰富，游戏情节较小班丰富，幼儿初步具有角色的归属感。但也存在一些问题：幼儿选择了一个角色，却想做多个角色的事情；幼儿想与人交往但尚缺乏交往技能；幼儿对于出现交往冲突的多发期。因此，观察的重点应该在幼儿与幼儿的冲突上，包括规则、交往技能和使用物品等方面的冲突。

大班：随着生活范围的进一步扩大及能力的增强，幼儿不断生发新的游戏主题，导致新主题与原有经验之间因不和谐而产生冲突。幼儿运用已有经验在现有的基础上创新，成为教师游戏观察的重点。同时，幼儿相互交往、合作、分享、解决矛盾也成为游戏观察的另一个重点。

## 四、幼儿游戏观察的方法

能否选择适宜的观察方法是有效观察的关键因素。不同的观察方法其适用范围不同，获得的信息和效果也不同。教师可以根据观察目的、观察内容、游戏主题的不同，选择不同的观察方法。一般而言，幼儿园常用的观察方法有 3 种。

### （一）扫描法

扫描法又称时段定人法，是指观察者（主要是教师）对班里的全体幼儿平均分配时间，在相等的时间里对每个幼儿轮流进行扫描式观察。这种观察方法适合于了解幼儿游戏的总体情况。例如，全体幼儿开展了哪些游戏主题，幼儿选择游戏主题的情况，幼儿之间是否存在冲突和争执。

从时间上来看，这种观察方式一般适用于游戏开始后的 5 ～ 10 分钟和游戏结束前的 5 分钟左右。这是因为游戏刚开始时，很多幼儿的情绪比较激动，在不断选择、尝试中，选择自己喜欢的游戏、同伴、材料和游戏角色，这时有很多不确定因素，需要教师及时关注幼儿，幼儿间的交流比较多，也容易产生矛盾和冲突；游戏快结束时，有的幼儿因为游戏任务完成而无所事事，有的幼儿游戏热情下降，产生消极行为，这就需要教师及时关注，发现幼儿的需要并及时反馈或者处理。

扫描法的观察流程如下：

（1）教师应按需要预先设计好观察表格，表格可以根据所要观察的内容设计。

（2）确定观察幼儿和顺序。

（3）实施观察活动，以 5 分钟或 10 分钟为一个时间单位，对幼儿进行有序观察，用统一的方式进行记录。

（4）分析观察记录。

使用扫描法时，一般用表格的形式记录观察结果，即将观察内容、项目预先制成表格，游戏开始后，将观察到的内容在表格里做记号即可。这种记录方式简便易行，可重复使用，便于前后对比，实用性很强。例如，教师要了解幼儿对不同主题的兴趣、坚持性，可以设计观察记录表格（见表 10-1）。

**表 10-1　幼儿参与游戏情况观察表**

| 幼儿 | 区域 | | | | |
|---|---|---|---|---|---|
| | 娃娃家 | 建构区 | 美工区 | 小医院 | ××× |
| 幼儿 1 | | | | | |
| 幼儿 2 | | | | | |
| 幼儿 3 | | | | | |

表 10-2 是观察幼儿游戏的社会性发展水平所用表格。

**表 10-2　幼儿游戏的社会性发展水平观察表**

| 幼儿 | 水平 | | | | | |
|---|---|---|---|---|---|---|
| | 无所事事 | 旁观 | 独自游戏 | 平行游戏 | 联合游戏 | 合作游戏 |
| 幼儿 1 | | | | | | |
| 幼儿 2 | | | | | | |
| 幼儿 3 | | | | | | |

运用表 10-2 观察幼儿的游戏时，对每个幼儿的观察时间为 1 ～ 2 分钟，根据幼儿在游戏中的表现在相应的表格内进行标记。教师将不同时间段内的观察记录情况进行对比，便能发现幼儿游戏时的社会性发展水平和发展趋势，为指导和评价幼儿游戏提供重要的信息和依据。

### （二）定点法

定点法即定点不定人法，是教师固定在一个游戏区域，对来此区域的幼儿及其游戏行为进行观察。该观察法适合了解一个主题或者一个区域的幼儿游戏情况，可以获得一些动态信息。例如，了解幼儿在游戏中对材料的使用情况、幼儿的交往情况、游戏情节的发展、幼儿在该游戏中的经验和水平。这些信息有助于教师全面、系统地了解游戏的发展变化、某一件事情的前因后果，幼儿的已有经验和在游戏中的种种表现，便于教师有针对性地指导幼儿游戏。

定点法通常在游戏过程中使用，并采用实况描述法记录，具体观察流程如下：

（1）选择观察地点。游戏开始，教师选择需要观察的游戏区域。

（2）确定观察内容。主要包括幼儿的游戏行为、语言、表情，例如，幼儿说了什么、做了什么，有什么动作表情，对活动的兴趣怎么样，专注程度如何，如何交往。

（3）撰写观察记录。采用实况描述或事件抽样的方法记录。如果当时无暇记录，或是来不及详尽描述，可以在事后凭记忆将观察的情况追记下来，并加以整理完善。观察时可以利用照相机、摄像机等辅助手段记录。

**案例研读**

餐厅游戏开始，却只有一男一女两个孩子，一个是“老板娘”，一个是“厨师”。餐厅生意冷冷清清的，只有“老板娘”在不停地擦桌子，还时不时地朝“娃娃家”观望，一副无所事事的样子。教师走到餐厅，男孩对教师说：“老师，我们的餐厅已经好几天没有顾客来了。”教师听完后到理发店“理发”，并邀请那里的顾客和她一起去“吃饭”，大家乐意前往。对教师带来的顾客,“老板娘”很是高兴，要“厨师”快做饭。于是教师退出了游戏，但是不久，顾客们都跑了出来，“老板娘”一脸无可奈何的样子。教师见状询问道：“为什么他们走了？”她回答：“我也不知道，好像他们都很忙的，这是他们给我的理发优惠券。”餐厅另一个男孩说：“要不我们也搞点优惠活动吧。”于是，教师建议他们可以开展促销活动以招揽顾客。

资料来源：邹玲，王玉红. 幼儿园游戏与指导［M］. 天津：南开大学出版社，2015：255-256.

**分析：**（1）该游戏区域的游戏开展状况不尽如人意，生意清淡，并且这样的状况已有数日，该主题需要教师的指导和帮助。教师在此游戏中的指导是有必要的，但是方式仍缺乏启发性，使得该区域的幼儿被动接受帮助，而非自己想办法解决。

（2）该区域的游戏材料还不够丰富，并且幼儿对它们已经失去了兴趣，缺乏刺激性。幼儿游戏时缺乏积极性，不知道怎么使游戏进行下去，教师可提供一些半成品或新材料、道具等，放在柜子中供幼儿自由选择；同时也可启发幼儿发挥想象，使角色游戏更生动、有趣，符合幼儿的兴趣。

（3）该游戏主题有待教师进一步观察，找出问题所在，通过环境创设、建构讨论等方式来使该主题游戏良好地发展。

（4）面对餐厅没有生意的情况，开始男孩无法独立解决问题，但他有想要解决问题的意识。通过教师适当引导与提示，他能够想出办法来解决问题，利用优惠券来促销。游戏中的女孩投入程度不够，缺乏兴趣，处于被动状态，缺乏自己解决问题的主动性和积极性。

### （三）追踪法

追踪法即定人不定点法，是教师根据观察目的事先确定 1 ～ 2 个幼儿作为他们在游戏中的观察对象。被观察的幼儿走到哪里，教师就追随到哪里，幼儿固定、观察地点不固定。追踪法适合全面了解个别幼儿在游戏全过程中的情况，了解其已有的游戏经验、游戏水平，便于更加全面、深入地了解特定幼儿。

追踪法可采用实况描述法进行记录，其观察流程如下：

（1）确定观察幼儿，确保幼儿是在自由游戏状态下被观察。

（2）观察幼儿在自由游戏时的游戏行为，幼儿走到哪里，教师就跟到哪里。

（3）可采用图示法将幼儿游戏的轨迹记录下来，同时采用实况描述的方式将幼儿的游戏过程记录下来，可以运用现场记录和事后回忆的方法。记录时可以适当地添加观察者的评述、分析和对策。

**案例研读**

观察对象：刘某某

性别：男

年龄：5 周岁

当教师宣布小朋友选择自己想玩的游戏后，他跑到玩具柜那儿，伸手从台面上取下一顶军帽戴在自己的头上，并用双手握住帽檐在头上转动了几下。接着又走到放着一筐胶粒的玩具柜边，用几个两孔的胶粒拼搭了一只手枪形状的物体，并插进裤腰带，用右手掌拍了拍。当他转身要离开的时候，教师问他："你今天玩什么游戏？刚才插的那个东西是什么？"他很得意地回答教师："枪，我玩警察抓小偷，我是警察。"回答了教师的提问，他就开始在场地上走来走去，眼睛还不停扫视着。过了一会儿，他走到了"肯德基"的柜台前，不说一句话，自己动手拿起了土豆泥盒子，打开了盒子上面的盖子，张开嘴假装吃了一下，又放了回去，接着又拿另一盒，做了同样的动作。这样的动作重复了 5 次，然后离开，又开始在场地上走来走去，直至游戏结束。

资料来源：关虹，李素霞，宋静. 学前儿童游戏理论与实务［M］. 天津：天津大学出版社，2018：259-260.

**分析：**（1）他能较合理地选择与自己游戏主题相关的游戏材料，并会主动找替代物代表游戏中的用品。

（2）游戏开始前就已形成了玩某游戏的意图和动机。因而当游戏一开始，他就选择了帽子、手枪等警察的标志物。

（3）游戏中缺乏与他人合作、交往的行为。例如，当该幼儿走到"肯德基"时，那里服务员明明站在柜台边，他好像没看见似的，就自己吃了起来，没有与服务员说一句话，这时他的行为表现已完全不符合游戏中警察这一角色了。

从上面的分析中就可以看出，采用追踪法观察时，不仅要观察幼儿参与某一类游戏的情况，还要观察其游戏行为；变换地点后，也要追随；既要在统一情境下多次观察幼儿游戏，还要在不同情境下多次观察幼儿游戏，这样才能更全面、深入地了解幼儿的游戏水平。

总体来说，每种观察方法都有其适用的范围和优缺点，游戏观察时可以根据观察任务和游戏需要采用不同的方法，或者综合运用其中的两种或三种方法，多角度、全方位获取翔实的信息。例如，在游戏开始时，采用扫描法，对全班幼儿的游戏选择和大致游戏情况，有一个全面而粗略的了解；在游戏过程中，采用定点法或追踪法对某一个区域的游戏或者特定幼儿的游戏行为进行重点观察；在游戏快结束时，再次使用扫描法，了解大部分幼儿的游戏情况，从而选择合适的时机结束游戏。

拓展阅读：
追踪观察之
图示法

## 五、观察结果的记录与分析

无论采用何种观察方法，观察过程中或者观察后，记录观察的内容都是非常重要的，否则，观察就无法实现全部的价值。因此，记录是幼儿游戏观察过程中重要的环节。观察者就应该确定好记录的内容、手段与方法，进行一阶段观察后，需要结合教育理论对记录的客观事实进行分析，得出观察的结论。

### （一）观察结果的记录

记录时要注意 3 点要求：一是具体、清晰，语言简单明了，观察后能从所记录内容中获得直接的信息；二是朴实、详尽，尽量详尽地描述幼儿的游戏行为及特点；三是客观、忠实，记录的内容一定不带有观察者的主观臆断。

记录的方式有多种，观察者需要根据观察目标和记录的内容选择恰当的记录方法。下面介绍几种常见的记录方法，教师可以根据观察的需要灵活选用。

#### 1. 表格型

如前所述，用扫描法观察所得的结果一般采用表格的形式记录。表格制作出来后，可以重复使用，便于前后直观比较。表格记录一般有两种形式，一种是行为核对表，另一种是等级量表。

行为核对表主要是用来核对幼儿在游戏中目标行为的呈现与否，即观察者预先将观察的项目列出，制作成表格，当幼儿在游戏中出现目标行为时，就在表格中用符号标出。行为核对表使用起来快捷、简单，呈现的观察结果清晰、明了。

等级量表与行为核对表有相似之处，两者都关注的是特定的游戏行为，便于记录信息，但是，等级量表不仅仅简单地显示幼儿是否出现目标行为，观察者还可以根据幼儿的行为水平确定等级，而且可以判断行为质量的高低，便于评价这些游戏行为的质量（见表 10-3）。因此，等级量表可用于评价那些难以量化的游戏行为及其品质。

**表 10-3　巴尼特游戏等级量表**

| 项目 | 项目与幼儿相符合的程度 | | | | |
|---|---|---|---|---|---|
| | 完全不符合 | 有点符合 | 不清楚 | 比较符合 | 完全符合 |
| | 1 | 2 | 3 | 4 | 5 |
| 身体的自发性 | | | | | |
| 幼儿的运动协调能力很好 | 1 | 2 | 3 | 4 | 5 |
| 幼儿在游戏中行为很活跃 | 1 | 2 | 3 | 4 | 5 |
| 幼儿好动不好静 | 1 | 2 | 3 | 4 | 5 |
| 幼儿有许多的跑、跳、滑 | 1 | 2 | 3 | 4 | 5 |

续前表

| 项目 | 项目与幼儿相符合的程度 | | | | |
|---|---|---|---|---|---|
| | 完全不符合 | 有点符合 | 不清楚 | 比较符合 | 完全符合 |
| | 1 | 2 | 3 | 4 | 5 |
| 社会自发性 | | | | | |
| 幼儿对别人的接近表现出友好 | 1 | 2 | 3 | 4 | 5 |
| 幼儿能与别人一起发起游戏 | 1 | 2 | 3 | 4 | 5 |
| 幼儿在游戏中能与其他人合作 | 1 | 2 | 3 | 4 | 5 |
| 幼儿愿意与别人分享玩具 | 1 | 2 | 3 | 4 | 5 |
| 幼儿在游戏中担任领导者的角色 | 1 | 2 | 3 | 4 | 5 |
| 认知自发性 | | | | | |
| 幼儿自己创造自己的游戏 | 1 | 2 | 3 | 4 | 5 |
| 幼儿在游戏中使用非传统性的物品 | 1 | 2 | 3 | 4 | 5 |
| 幼儿担任不同特征的角色 | 1 | 2 | 3 | 4 | 5 |
| 幼儿在游戏中变换活动 | 1 | 2 | 3 | 4 | 5 |
| 明显的愉悦性 | | | | | |
| 幼儿在游戏中表现得很兴奋 | 1 | 2 | 3 | 4 | 5 |
| 幼儿在游戏中表现得精力充沛 | 1 | 2 | 3 | 4 | 5 |
| 幼儿在游戏中表现积极 | 1 | 2 | 3 | 4 | 5 |
| 幼儿在游戏中表达情绪 | 1 | 2 | 3 | 4 | 5 |
| 幼儿在游戏时又说又唱 | 1 | 2 | 3 | 4 | 5 |
| 幽默感 | | | | | |
| 幼儿喜欢与他人开玩笑 | 1 | 2 | 3 | 4 | 5 |
| 幼儿善意地逗惹他人 | 1 | 2 | 3 | 4 | 5 |
| 幼儿讲滑稽故事 | 1 | 2 | 3 | 4 | 5 |
| 幼儿听滑稽故事时发笑 | 1 | 2 | 3 | 4 | 5 |
| 幼儿喜欢和周围人讲滑稽笑话 | 1 | 2 | 3 | 4 | 5 |

资料来源：范明丽，朱学英. 幼儿游戏与指导［M］. 北京：北京师范大学出版社，2017：152-153.

等级量表的不足之处在于做出判断、制定等级时容易出错，降低了资料的可靠性。因为观察者容易基于最近的行为，而不是那些最具代表性的行为做出判断。而且判断也容易受到一些其他因素的干扰，例如，给自己熟悉的幼儿的评价高于其实际水平。同时，不同的使用者在使用同一张表格时，会因为评价标准的主观性，而使所获得的结果有明显的差距。

使用建议：

（1）观察者应事先设计并制作好观察表格。使用过程中出现表格缺失的内容时，及时采用文字的方式记录，进行补充。

（2）观察者要熟悉表格中各项操作定义，统一标准，尽可能控制影响客观记录的各种因素。

### 2. 文字描述型

文字描述型是指教师以语言文字的方式将幼儿在游戏过程中出现的有价值的行为记录下来。通过定点法和追逐法观察幼儿游戏所取得的结果，一般是以文字的方式记录，其特点就是用详细的文字描述幼儿游戏情境，但有时现场记录的时间有限，还需要后续进一步完善。文字描述型可以分为日记记录和轶事记录。

（1）日记记录是采用日记的形式详细地记录幼儿每天各个方面的变化，要求教师在幼儿园日常生活的自然状态下观察。

（2）轶事记录是教师根据观察目的选择游戏过程中的比较重要或者有意义的事件进行记录的方式。记录的内容包括事件发生的时间、当时的情况和幼儿的言行，尽量做到客观、详细地还原游戏活动过程中的细节。值得注意的是，教师的记录是有选择、有针对性地记录，不需要对游戏全过程完全还原。

综上所述，文字描述型的记录应注意以下几点：

（1）记录事件发生的时间、地点、人物、游戏背景和基本活动过程。

（2）记录目标幼儿的对话和动作，尽可能保留原始对话的情形。

（3）观察者应注重按照幼儿行为或生活发生的自然进程记录。

（4）记录尽量客观、准确。

### 3. 图示型

图示型是根据观察目标，用符号或者图形来记录所观察到的结果。在观察记录中，由于文字记录速度较慢，有时会流失一部分数据，采用图示的方法就比较快速、直观，能弥补文字的不足。例如，幼儿园活动室的布局，用语言描述比较麻烦且表述不清楚，但是采用图示的方法就简单、清晰许多（见图 10-2）。

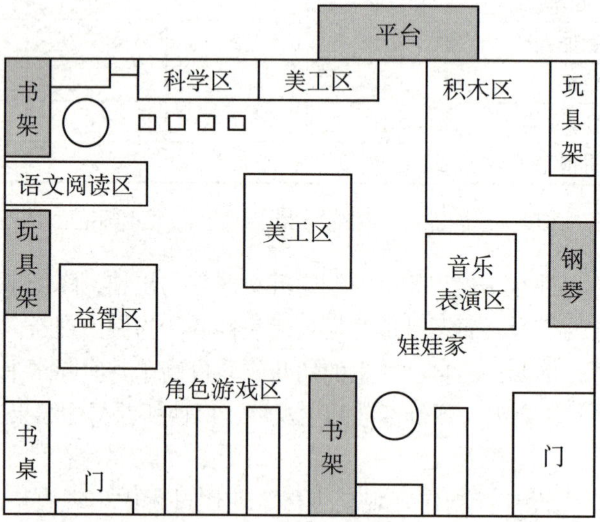


图10-2　幼儿园活动室内游戏区分布图

资料来源：翟理红，侯娟珍. 幼儿游戏［M］. 北京：北京师范大学出版社，2012：73.

采用图示型记录应该注意：

（1）在游戏正式开始之前，观察者先绘制出游戏的大致环境，游戏开始后可根据游戏过程中的变化进行补充和完善。

（2）绘制图示时，要如实绘制平面图，并将各个区域所使用的家具、隔断、边界等尽量描绘清楚，便于对游戏环境做出客观、有效的分析评价。

#### 4. 多媒体记录型

随着社会的发展、时代的进步，照相机、摄像机等多媒体设备基本普及，手机的摄像功能也越来越强大。观察者可在观察记录幼儿行为时，采用录音、录像、拍照等手段，并在观察结束后反复观看，补充和完善记录。

多媒体记录型的记录优势是显而易见的。首先，这些设备可以弥补教师来不及记录的部分，有时还能记录教师观察时遗漏的内容；其次，教师在游戏结束后，可以反复回放，供日后反复观察、研究，突破了时间和空间的限制；最后，更加真实，因为人为记录可能受到观察者主观因素的影响，但是这些多媒体设备不会受到影响，所以记录更加客观、真实。

上面介绍了几种常见的记录方法，但是在现实的幼儿园游戏观察中，记录手段往往不是单一的。每种记录方法都有其适用的范围和优缺点，观察时可以根据观察任务和游戏情况采用不同的方法，或者综合运用其中的两种或三种方法，多角度、全方位记录观察过程。

### （二）观察结果的分析

完成幼儿游戏观察记录之后，还要对记录进行分析。分析的时候，主要依据观察目标、幼儿的身心发展水平和游戏水平，从游戏空间、时间、材料、游戏中幼儿的游戏态度和游戏主题几方面入手。

#### 1. 游戏空间

游戏空间安排是否合理，有无浪费的地方或者过于拥挤的区域；各场地是否有明显的通道；功能相同的区域是否相邻或相近。

#### 2. 游戏时间

教师应考虑游戏开始、过程中和结束的时长分别是多少；幼儿在游戏过程中是否能完全展开游戏，幼儿的坚持性如何；游戏结束时，幼儿的游戏兴趣如何。

#### 3. 游戏材料

游戏材料的数量是否充足，种类是否符合幼儿的需要；有无替代物，有无争抢玩具的现象发生；幼儿在游戏中是操作材料还是与其他幼儿交往；出现新材料后，幼儿的反应是什么。

#### 4. 游戏态度

幼儿在游戏中是积极参与的、被动参与的还是无所事事的；游戏过程中，幼儿的情绪体验如何。

#### 5. 游戏主题

游戏中包含哪些主题，这些主题是否符合幼儿的兴趣需要；是否有新主题产生，是如何产生的。

由上面的论述可以看出，科学的游戏观察应有较为严谨的步骤。主要包括以下几个步骤（见图 10-3）：

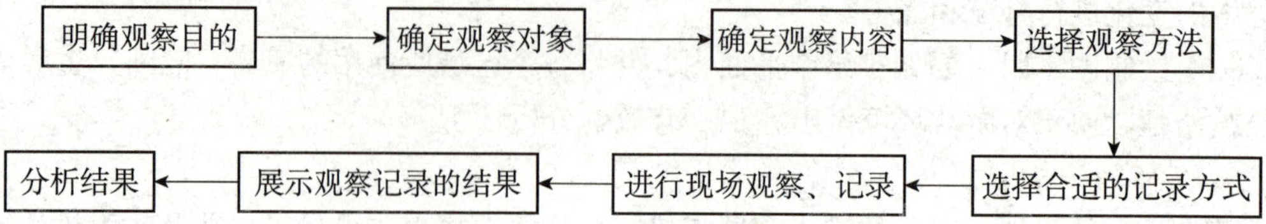


图10-3　幼儿游戏观察步骤

资料来源：雷湘竹. 学前儿童游戏［M］. 上海：华东师范大学出版社，2012：166.

## 六、游戏观察量表简介

游戏观察量表是观察幼儿游戏的工具。游戏观察量表可以帮助研究者、广大幼教工作者了解幼儿游戏的兴趣、需要、经验和水平，理解幼儿的游戏行为，及时发现幼儿游戏中存在的问题，并给予适当的干预与指导。其他国家幼教科研人员在大量实验的基础上，制定出了一些科学、权威的观察量表，由我国专家引进并做出了相应的解释说明。

### （一）游戏兴趣量表

利伯曼是第一个设计游戏评价量表的调查研究者。他的游戏兴趣量表主要包括 7 个项（见表 10-4）：

表 10-4　游戏兴趣量表

| 序号 | 项目内容 |
|---|---|
| 1 | A. 儿童在游戏中自发进行身体运动和活动的次数有多少？<br>B. 在身体活动中，他或她的运动协调能力怎么样？ |
| 2 | A. 在他或她的游戏活动中，显示出来的高兴的次数有多少？<br>B. 他或她以什么样的表达方式来表现高兴？ |
| 3 | A. 在游戏中，儿童表现出幽默感的次数有多少？<br>B. 所表现出来的幽默持续程度怎么样？ |
| 4 | A. 儿童游戏时，在与周围的群体结构相互作用中表现出来的灵活性的次数有多少？<br>B. 儿童活动时的自如程度如何？ |
| 5 | A. 在做表演和戏剧性的游戏时，儿童表现自发动作的次数有多少？<br>B. 在做上述游戏时，儿童表现出来的想象程度如何？ |
| 6 | 儿童的聪明程度如何？ |
| 7 | 儿童具有多大的吸引力？ |

注：每一个项目都按5分制记分。

在这张最早的游戏评价量表中，一些游戏特征已经操作化了，如运动、游戏乐趣、灵活性、表达能力和想象程度。

## （二）游戏发展进度量表

游戏发展进度量表是高尔顿和库尔勒尔 1980 年的研究成果。它提供了幼儿在玩物游戏、表征游戏、社会游戏及体能游戏四大游戏领域的发展顺序，帮助教师掌握游戏行为的结构，以及游戏随着年龄的增长而变化的规律（见表 10-5）

**表 10-5 游戏发展进度量表**

| | |
|---|---|
| 操弄 / 建筑<br>（玩物游戏） | 1. 玩自己的身体部位（如手指、脚趾）<br>2. 用手臂挥打玩物并获得愉快<br>3. 玩别人的身体部位，如摸别人的脸或头发<br>4. 玩水<br>5. 在游戏中去拿玩物（或自己拿或从别人处获得）<br>6. 在玩中放开玩物<br>7. 用双手敲打玩物或拍手<br>8. 做影响环境的重复性动作（如敲打玩具产生砰砰响）<br>9. 堆放玩物<br>10. 自发性地涂鸦<br>11. 拿玩具<br>12. 将容器（篮子）中的玩具倒出来<br>13. 可以横向排列玩具并且有组织性<br>14. 玩沙（过滤、拍、抹平、倒或挂）<br>15. 玩拼图：A. 三件式形状拼图（三角形、四边形、圆形）；B. 四件式个别成形的拼图；C. 四件组成一形体的拼图；D. 七件组成一形体的拼图；E. 十二件组成一形体的拼图<br>16. 将玩具放入容器或篮子内<br>17. 会将盖子盖于有盖的容器上<br>18. 玩黏土：A. 会用手去压、挤、滚及造型；B. 利用工具（如棒子加上黏土做造型）；C. 利用黏土 / 沙做表征的玩物（做所熟识的物品，如电话、车子或茶杯，并能说出其名称）<br>19. 玩积木：A. 没有表征意识的建构游戏；B. 具有表征意识的建构游戏<br>20. 用剪刀：A. 用剪刀剪东西；B. 将纸或布剪成碎片；C. 沿线剪不同的形状；D. 剪成不同的形状；E. 剪图案（除了太细小部分之外）<br>21. 用画图来表征事物（大部分）画他所知道的故事并能说出故事中图画的名字<br>22. 游戏建构的结果成为重要部分<br>23. 组织工艺技巧<br>24. 使用彩笔将图案着色<br>25. 拓印 / 盖印或用笔描绘 |
| 表征游戏 | 1. 在游戏中模仿：A. 模仿声音；B. 模仿别人的手势；C. 模仿别人的脸部表情；D. 延迟模仿（将以前所听过或看过的声音或动作模仿出来）<br>2. 在游戏中可制造声音<br>3. 在游戏中可用语言交谈或叫喊<br>4. 使用玩物来假装、虚构（如假装积木为车，可使玩物具有意义）<br>5. 功能性使用表征玩具（如电话、车子、娃娃或茶具组合） |

续前表

| | |
|---|---|
| 表征游戏 | 6. 使用成人衣物或装扮游戏<br>7. 表现单一的假装情境游戏（如喝茶、喝酒或开车）<br>8. 表现虚构情境（事件之间有连续或单一角色持续在5分钟以下，如用茶具组合在一起喝茶、吃饼干，好像开茶话会、派对，或开车逛街或加油）<br>9. 表现虚构情境（单角色的游戏可以持续5分钟以上）<br>10. 表现虚构情节（有情节、主题，但不具组织性）<br>11. 表现有组织、情节的假装游戏<br>12. 可以与其他幼儿做假装游戏（扮演游戏） |
| 社会游戏 | 1. 模仿镜中的形象<br>2. 对镜中的形象微笑<br>3. 在游戏中嬉笑<br>4. 玩社会游戏（如躲猫猫、拍手游戏）<br>5. 单独玩（如幼儿自己玩玩具，即使与别的幼儿彼此处在很近的距离，也不想与其他幼儿在一起玩）<br>6. 可以独立玩游戏，持续15～30分钟<br>7. 平行游戏（幼儿通常在一起玩，但各自单独做他们的活动或游戏；通常在玩相似的玩具或活动，除非他抢夺别人的玩具，不然彼此很少有社会性互动或影响他人的活动）<br>8. 联合游戏（幼儿可在一起玩，但各自拥有自己主题的深度活动。彼此间有沟通交流，通常玩的主题是与玩物有关的活动。彼此之间各自有自己的活动目标与目的，可以彼此有所关联，但不是完整有组织的活动）<br>9. 两人的合作游戏（两个幼儿参与共同目的的活动，彼此有组织，能相互协调以达目的。通常幼儿玩扮演游戏、竞争/非竞争竞赛性游戏，或创作作品，彼此相互支持以达目的）<br>10. 团体的合作游戏（两个意向的幼儿能达到的目标）<br>11. 游戏中有分享行为<br>12. 玩时可以等待<br>13. 能为他人做事以达到目标的活动<br>14. 要求同伴与他一起玩<br>15. 能叫出同伴的名字并炫耀（自夸其所做的事情）<br>16. 可与特定的同伴一起玩并可将他当作最好的朋友<br>17. 能在有规则的游戏或比赛遵守规则，并能轮流共享玩具 |
| 身体/动作游戏（体能游戏） | 1. 可以不用支撑而坐着玩<br>2. 玩时可以独立站得很好<br>3. 爬或侧匐前进<br>4. 可以边走边玩<br>5. 可以双手将球从头上丢出<br>6. 可以在椅子上爬上爬下<br>7. 踢球<br>8. 听音乐、做律动<br>9. 踩（骑）三轮车<br>10. 用双脚做跳远状的动作（脚离地） |

续前表

| | |
|---|---|
| 身体 / 动作游戏（体能游戏） | 11. 可以从 25 厘米高处跳下来<br>12. 接大球<br>13. 跑得很好（不曾跌倒）<br>14. 可以在矮的玩具和梯子上爬上爬下<br>15. 跳绳（至少连续两次以上）<br>16. 会翻跟斗、跳跃、荡秋千、用轮子溜冰、走平衡木等 |

资料来源：邱学青. 学前儿童游戏［M］. 4版. 南京：江苏凤凰教育出版社，2017：246-247.

### （三）帕顿/皮亚杰量表

早期的游戏研究者们习惯于从某一角度了解幼儿游戏水平。1932 年美国教育家帕顿的社会参与量表和 1968 年斯米兰斯基改编皮亚杰 1962 年的游戏认知量表，都是单一尺度的游戏评估量表。20 世纪 70 年代，美国马里兰大学教授肯尼恩 • 鲁滨等人将帕顿量表与皮亚杰量表整合，形成了一个认知二维列联量表——帕顿 / 皮亚杰量表（见表 10-6）。该表量的特点是把认知水平和社会性水平相结合，形成了 12 种游戏行为类型，并加入了两种非游戏行为：无所事事和旁观。

**表 10-6　帕顿 / 皮亚杰量表**

| 社会性发展水平 | 认知水平 | | | |
|---|---|---|---|---|
| | 功能性游戏（练习性游戏） | 结构性游戏 | 象征性游戏 | 规则游戏 |
| 独自游戏 | 独自 - 功能性 | 独自 - 结构性 | 独自 - 象征性 | 独自 - 规则 |
| 平行游戏 | 平行 - 练习性 | 平行 - 结构性 | 平行 - 象征性 | 平行 - 规则 |
| 群体游戏 | 群体 - 练习性 | 群体 - 结构性 | 群体 - 象征性 | 群体 - 规则 |
| 两种非游戏行为：无所事事、旁观 | | | | |

资料来源：刘焱. 儿童游戏通论［M］. 北京：北京师范大学出版社，2004：299.

#### 1. 帕顿/皮亚杰量表操作性定义

（1）功能性游戏：重复的肌肉运动，用玩具或不用玩具，如跑和跳、重复地操作玩具或材料。

（2）结构性游戏：使用玩具（积木、积塑小玩具等）或材料（沙子、橡皮泥和轻黏土等）来建构，反映现实生活的游戏。

（3）象征性游戏：幼儿通过“以物换物”“以人换人”，以模仿、想象的方式创造性地反映现实生活的一种游戏。

（4）规则游戏：承认、接受并遵奉确立的规则，如棋牌类游戏。

（5）独自游戏：单独地玩，与周围的孩子使用不同的材料。虽然同伴处于可说话的距离，但无谈话。

（6）平行游戏：参加周围其他孩子类似的活动，或玩与他人差不多的玩具，但没有与其他孩子一起玩的倾向。

（7）群体游戏：跟其他孩子一起玩；角色被分配或未被分配。

（8）非游戏行为：无所事事行为、旁观行为、不断变换游戏活动的行为。

（9）非游戏活动：事先由教师或幼儿自己选定任务、学习活动，如涂色、教育性玩具的使用。

#### 2. 帕顿/皮亚杰量表的观察记录例表

如表 10-7、表 10-8 所示。

表 10-7　帕顿 / 皮亚杰量表的观察记录例表（1）

姓名：　　　　　　　　　　　　观察日期：

| 社会性发展水平 | 认知性水平 | | | |
|---|---|---|---|---|
| | 功能性游戏（练习性游戏） | 结构性游戏 | 象征性游戏 | 规则游戏 |
| 独自游戏 | | | | |
| 平行游戏 | | | | |
| 群体游戏 | | | | |

表 10-8　帕顿 / 皮亚杰量表的观察记录例表（2）

| 非游戏 | 行为 | | | 活动 |
|---|---|---|---|---|
| | 无所事事 | 旁观 | 频繁换场 | |
| | | | | |

#### 3. 量表的使用方法和注意事项

帕顿 / 皮亚杰量表从幼儿认知和社会性发展两个水平上评价幼儿游戏。量表中关于幼儿游戏的 4 种认知水平和 3 个社会性发展水平符合国外研究证明的幼儿游戏发展各阶段的上升趋向，因而给观察者提供了客观和具体的观察评价内容与途径。

使用帕顿 / 皮亚杰量表时，需要注意以下事项：

（1）研究者和教师在使用量表之前要熟悉各项操作定义，以便准确无误地进行观察。

（2）坚持一个幼儿使用一张观察表。

（3）采用多次扫描——时间取样的方法。

要求教师按顺序将观察对象排列在表格内。每次观察一个幼儿 15 秒，按排列顺序换人。全部观察一遍后，重新开始一轮观察。15 秒是比较适宜的时长，一方面，观察者能在该时间长度内判断幼儿行为的性质；另一方面，它也符合在一个观察间隔时间内幼儿不太可能改变他的游戏性质。

### （四）豪伊斯同伴游戏量表

美国学者卡罗利 · 豪伊斯于 1980 年发表了考察幼儿社会性游戏行为的同伴游戏量表。豪伊斯根据幼儿之间接触的亲密程度把幼儿社会性游戏分为 5 个层次：（1）简单的平行游戏；（2）具有成熟意识的平行游戏；（3）简单的社会性游戏；（4）具有成熟意识的互补 /

互惠游戏;(5)互补互惠的社会性游戏。该量表吸收了帕顿的“独自游戏”和“非游戏行为”,并增加教师参与和游戏地点与使用材料两项内容。表10-9为豪伊斯同伴游戏观察量表。

**表10-9 豪伊斯同伴游戏观察量表**

| 水平<br>序号 | 独自游戏 | 水平(1) | 水平(2) | 水平(3) | 水平(4) | 水平(5) | 非游戏活动 | 非游戏行为 | 教师参与 | 地点或使用材料 |
|---|---|---|---|---|---|---|---|---|---|---|
| 1 | | | | | | | | | | |
| 2 | | | | | | | | | | |
| …… | | | | | | | | | | |

### 1. 操作定义

水平(1)——简单的平行游戏。幼儿在相互交往中参加相近的游戏活动,但没有出现目光接触或任何社会性行为。

水平(2)——具有成熟意识的平行游戏。幼儿参与相近的游戏活动,活动中有目光接触。例如,一个搭积木的幼儿偶尔注视同伴搭的积木,但并未出现社会性交往,说明他意识到有别人在场,并且该阶段幼儿间经常相互模仿。

水平(3)——简单的社会性游戏。幼儿出现直接的社会性行为。典型的社会性行为包括:发出声音、给人玩具、微笑、触碰、拿玩具、攻击行动。但这一阶段幼儿的游戏活动还不能进行合作。

水平(4)——具有成熟意识的互补/互惠游戏。幼儿在游戏活动中有与同伴合作倾向的行为,他们能意识到各自的角色。例如,一个玩积木的幼儿将一块积木给一个同伴,那个幼儿接受并还他一块。但处于该水平阶段的幼儿在游戏时,无对话或其他社会性交流。

水平(5)——互补互惠的社会性游戏。幼儿之间有分工合作以及实质的社会性交流。例如,一起搭积木的两个或以上的幼儿共同讨论搭建一个游乐场,并分配任务,“你搭碰碰车,我搭摩天轮”,共同计划和商议完成搭建任务。

根据以上操作定义,豪伊斯对幼儿在游戏中出现的行为进行译编(见表10-10)。

**表10-10 豪伊斯同伴游戏观察量表的行为译码**

| 观察所见 | 水平阶段 |
|---|---|
| A. 两个相互靠近的幼儿,正围着教室中心各自开车,路线各异。观察对象(其中一个幼儿)看看教室周围,直至发现另一个幼儿,然后又开自己的车。 | 水平(2)。因为这个幼儿表现出知道另一个幼儿存在的意识。如果他没看另一幼儿,就属于水平(1)。 |
| B. 积木角内两个幼儿在搭房子,他们直接就在何处使用哪块积木以及如何放置那块积木进行交流。 | 水平(5)。因为他们在一块玩并始终进行交谈。如果没有口头交流,便处于水平(4)。 |
| C. 在“娃娃家”角落,一个男孩坐在椅子上,另一个正假装给他理发,无谈话。 | 水平(4)。因为他们一起玩并表现出对各自角色的意识,但无交谈或直接的社会性交往尝试。如果他们相互交谈或一个传递镜子给另一个,即处于水平(5)。 |

续前表

| 观察所见 | 水平阶段 |
| --- | --- |
| D. 两个幼儿挨着坐在一起玩各自的拼图。一个说“我玩不起来。”另一个答道：“再试试看。” | 水平（3）。两个幼儿有直接的社会性交往尝试，但他们玩的是不同的拼图（不同于两人合玩）。如果第二个幼儿放下自己的拼图，去跟第一个幼儿一起玩，则达到水平（5）。 |

#### 2. 豪伊斯同伴游戏观察量表的实践价值与建议

豪伊斯同伴游戏观察量表主要以两个尺度考察幼儿游戏水平，一是观察幼儿在游戏中社会交往的复杂性，二是观察他们活动组织和活动综合化的程度。在水平（1）（2）阶段，幼儿社会性行为和活动是未分化并无互补倾向的。中期水平阶段的幼儿出现无互补倾向的社会性交流，即达到水平（3）；或无社会性交流的互补活动，即达到水平（4）。只有处于水平（5）的幼儿，其游戏中具有社会性交往和互补活动。使用这份量表，我们可以从幼儿同伴交流的角度考察幼儿游戏水平。

使用豪伊斯同伴观察量表时，可以采用“多次扫描－时间取样”的方法，每次观察一个幼儿的时长为 15 秒，间隔 5 秒，类似于帕顿 / 皮亚杰量表的使用方法。

该表表明被试游戏行为的社会性发展水平。一旦用表 10-9 完成对幼儿游戏的观察以后，对记录表中所记录到的情况作简单的分析统计后即可看出幼儿游戏的社会性特点。

如果在一次观察中发现一个幼儿主要进行平行游戏，那么下次可进一步观察他是否有简单的社会性游戏出现，是否有互补互惠游戏出现，或是否有互补互惠的社会性游戏出现。

使用该量表观察幼儿游戏，可以帮助我们了解每个幼儿在与同伴游戏时需要哪些帮助。例如，是否需要帮助幼儿提高社会性交往的意识、社会性沟通、协调和合作的能力。

该表的每行（横向）有助于我们了解幼儿游戏时，教师是否参与；幼儿在哪个区域玩；幼儿喜欢玩哪些玩具和游戏材料。例如，如果教师从记录中发现幼儿只是偶尔有一些社会性游戏的表现，而且还常常是在“娃娃家”才出现，那么，教师就可以多鼓励幼儿玩“娃娃家”，加强幼儿的社会性发展水平。

### （五）斯米兰斯基社会性主题角色游戏量表

社会性主题角色游戏是指两个或两个以上的幼儿，分配角色并将自己所扮演的角色与别人所扮演的角色联合起来，形成有主题、有情节的角色游戏。这类游戏表面上看似简单，实际上对幼儿的认知、语言和社会性要求很高，幼儿在具备符号再现、语言、合作、分析等各种能力的基础上来完成游戏。因此，社会性主题角色游戏被认为是最重要的游戏类型之一。

斯米兰斯基创立的游戏量表更多地考察幼儿在角色游戏中技能的运用。形成高质量角色游戏的 5 个特点：（1）角色扮演；（2）想象的转换；（3）社会互动；（4）语言交流；（5）持续性。斯米兰斯基在游戏干预研究的基础上，制定了该量表（见表 10-11），用于观察幼儿社会性主题角色游戏能力的发展情况。

表 10-11　斯米兰斯基量表的观察量表

<table>
<tr><td rowspan="2">姓名</td><td rowspan="2">角色扮演</td><td colspan="3">想象的转换</td><td>社会互动</td><td colspan="2">语言交流</td><td>持续性</td></tr>
<tr><td>物体</td><td>行动</td><td>情境</td><td></td><td>无交际</td><td>假装</td><td></td></tr>
<tr><td></td><td></td><td></td><td></td><td></td><td></td><td></td><td></td><td></td></tr>
<tr><td></td><td></td><td></td><td></td><td></td><td></td><td></td><td></td><td></td></tr>
</table>

### 1. 斯米兰斯基社会性主题角色游戏量表的操作定义

（1）角色扮演：幼儿扮演角色（家庭成员或者交警），并以语言来确定、表现这些角色，同时伴有与角色相适应的角色行为。

（2）想象的转换：用一些东西、言语或动作等来假装代表某种物品，创设动作或情境。例如，用一块积木当电话，并假装打电话；用手假装“撞击”的动作；“我们假装开火车吧”。

（3）社会互动：两个或两个以上的幼儿在游戏的情节、角色、动作等方面有直接的互动或交流。

（4）语言交流：幼儿进行与游戏相关的口语交流。这种交流通过两种方式：一是日常交流用语，用于建构和组织游戏。例如，A 确认代替物（让我们假装这绳子是蛇）；B 分配角色（我当“爸爸”，你当“妈妈”）；C 计划故事线索（我们先到菜场“买菜”，然后回来“做饭”给孩子“过生日”）；D 斥责不称职的角色扮演者的行为（“妈妈”可不是像你这样讲话的）。二是角色交流，用语契合孩子扮演的角色身份。

（5）持续性：幼儿沉浸于持续的游戏之中。不同年龄的幼儿，坚持时长有所不同。斯米兰斯基的研究表明，4 周岁前幼儿最少坚持 5 分钟，4 ～ 6 周岁幼儿至少要坚持 10 分钟。

### 2. 使用斯米兰斯基量表的建议

（1）一次只选择两三个幼儿作为观察对象。观察对象是用帕顿 / 皮亚杰观察量表筛选出的较少进入群体游戏的幼儿。

（2）在使用本量表时，为判断观察对象在角色游戏中各种能力的情况，需要较长的观察时长，至少每人每次观察 5 分钟或 10 分钟（时间取样法），然后记录观察对象在此期间关于上述 5 个方面出现的游戏行为。

（3）为保证观察结果的准确性，应注意在不同的情境下反复观察多次，从而得出符合幼儿实际游戏水平的认识。

帕顿 / 皮亚杰量表、豪伊斯同伴游戏量表、斯米兰斯基社会性主题角色游戏量表，是经过幼教科研人员与幼儿教师长期大量的实证研究而制定的具有教育价值和普及意义的游戏评价参照指标。这些量表从不同方面，有重点地观察分析幼儿游戏的行为，使用方法具体、方便，具有较强的操作性和指导性，适合各种层次的幼教工作者使用。

# 第二节　幼儿游戏评价

幼儿游戏指导的前提是教师认真观察、细致记录、深入反思。游戏活动结束之后的工作是评价。只有客观、公正的评价才可以保证教师对幼儿进行有效指导，促进幼儿身心和谐发展。游戏作为幼儿在幼儿园的基本活动，判断游戏活动成功与否的依据是看幼儿在其中是否体验到愉悦的情绪，预期的游戏目标是否实现，幼儿的身心健康是否得到保障，而这些都是游戏评价的内容。

## 一、幼儿游戏评价的概念

游戏评价是教育评价的一个组成部分。要认识游戏评价的内涵，必须先明确教育评价的含义。目前，我们对教育评价的认识还处于“仁者见仁，智者见智”的状态。我们认为，教育评价就是依据一定的教育目标，运用科学的方法和手段，对教育现象及其相关因素做系统描述，并作出价值判断，从而为教育决策提供依据的过程。

幼儿游戏评价是以游戏活动为对象，对其效用给予价值判断。广义上来说，它包含两个方面：一是对幼儿游戏的教育实施的评价，例如，对教师创设的场地、游戏时间的安排、游戏计划的制定与实施，准备游戏材料和提供的指导等进行评价；二是对游戏行为本身的评价，例如，评价幼儿在游戏中的主动性、积极性、兴趣偏好、经验水平、对游戏材料的操作、与同伴的互动。狭义的评价，只是对幼儿游戏行为本身进行评价，包括对游戏教育作用的评价和对幼儿现有游戏发展水平的评价。

本书中的幼儿游戏评价主要是指广义的幼儿游戏评价，即幼儿游戏评价是幼教工作者依据一定的教育目的，运用科学的程序和方法，对幼儿游戏的目标、过程和效果进行客观、系统的描述，并做出价值判断的过程。幼儿游戏评价是幼儿游戏管理的重要手段和环节，它可以使幼儿园、教师和家长获得有关的反馈信息、改善幼儿游戏环境、提高幼儿游戏指导水平，又可以为幼儿提供总结经验、交流心得、展示作品的机会，让幼儿体验游戏的快乐，同时进一步产生游戏的兴趣和愿望。

## 二、幼儿游戏评价的价值

幼儿游戏评价是游戏活动开展的一个重要环节，它能增强教师指导游戏的针对性、有效性，促进幼儿游戏水平的提高。

### （一）促进幼儿的发展

幼儿是游戏的主体，幼儿在其中的行为表现，是幼儿游戏的灵魂和价值所在。游戏是幼儿最喜欢的活动之一，但不是每个游戏都能让每名幼儿积极参与，并获得愉悦的情绪体验。因为幼儿有着自己的游戏兴趣和游戏偏好，这关系着幼儿能否主动、积极地参与游戏；游戏过程中也会出现矛盾和冲突，如何解决，关系着游戏的发展方向，也关系着幼儿的游戏体验。因此，游戏评价首先要关注幼儿在游戏活动中的表现，看幼儿是否主动、积极地投入；看幼儿是否持续地投入某个游戏中；看幼儿如何操作、摆弄材料；看幼儿是单独游戏，还是与同伴有交流、互动；看游戏过程中幼儿出现问题，是和同伴协商解决，还是愤然离开等。幼儿在游戏中的行为，表明了幼儿的游戏兴趣、游戏经验和游戏水平，也彰显出幼儿在游戏中获得的发展和进步。

### （二）有利于游戏活动的改进和提高

由于多方面因素的影响，幼儿的游戏体现出强烈的动态性特征，游戏内容、规则、参加者，甚至游戏情节都处于变化不定的状态。无论是传统游戏，还是新开发的游戏，都可以通过创新使其趣味性和教育价值得到进一步的提升。而创新的一个重要因素就是评价。通过幼儿游戏评价，教师和幼儿能更好地认识幼儿与游戏之间的关系。例如，幼儿为什么喜欢这个游戏，而不喜欢那个游戏；什么原因导致幼儿对这个游戏不满；以此发现游戏本身的趣味性和教育性，发挥游戏的长处，弥补游戏的漏洞和不足，及时更换、补充新鲜的操作材料，增加必要的情节和规则，使游戏逐步得到改进、完善和创新，焕发出更顽强的生命力。另外，幼儿游戏评价有利于教师加强游戏管理，为幼儿园后续游戏工作的安排和设置提供决策和依据。

### （三）提升教师组织和指导游戏的水平

幼儿游戏评价，要关注教师在游戏活动中介入的时机和方式。环境的创设是否符合幼儿游戏的需要，游戏的时间是否充足，游戏是否达到预期的教育目标。因此，幼儿游戏的评价结果有着明显引导、规范作用。通过游戏评价，教师能准确地把握创设游戏环境的要求，把握游戏中适宜幼儿的指导方式和可预期的幼儿游戏后的身心发展变化，从而有效改进教师组织、指导幼儿游戏的方法。通过游戏评价，教师基于自己的专业理论素养，反思开展游戏的过程、分析其中问题、掌握游戏实施中的重点环节、能比较清晰准确地把握自己工作的重点和难点、明确游戏活动多方面的标准，这些对提升教师组织和指导游戏的水平有着巨大的促进作用。

## 三、幼儿游戏评价的内容

### （一）对游戏环境的评价

好的游戏，离不开适宜的教育环境的支持。适合幼儿的学习方式就是在操作活动中学习，没有相应的环境支撑，幼儿的游戏将会受到极大的影响。教师能否为幼儿创设良好的教育环境，是评价幼儿游戏活动的重要内容之一。幼儿游戏环境包括物理环境和心理环境两部分。游戏的物理环境主要是指游戏场地、空间和材料；心理环境主要是游戏中的心理氛围、人际关系。这里主要探讨物理环境。教师对幼儿游戏物理环境的创设，主要是看教师是否有明确的目的，是否具有一定的创意。

评价幼儿游戏物理环境主要是对场地、活动区、材料投入等方面进行评价。评价时既要对室内游戏环境进行评价，也要对户外游戏环境进行评价，可以先评价单个或者单类活动区域，再对游戏整体环境效果进行评价。可以参考表 10-12 中的各个项目进行评价。

**表 10-12　游戏环境创设的整体效果评价量表**

| 肯定评价 | 1 | 2 | 3 | 4 | 5 | 否定评价 |
|---|---|---|---|---|---|---|
| 1. 活动区的设置有利于促进幼儿身心全面发展，类型与数量适宜 | | | | | | 1. 活动区的设置类型单一、不足或过多 |
| 2. 各活动区的位置适宜 | | | | | | 2. 位置不当，例如，图书角设在楼道 |
| 3. 各活动区提供的材料、种类、数量适当 | | | | | | 3. 材料不足或过多，未体现教育意图 |
| 4. 活动区的设置与幼儿年龄特点和实际水平相适应 | | | | | | 4. 活动区的设置与幼儿年龄特点不符 |
| 5. 能根据计划投放和更换材料，变换玩法，激发幼儿新的需要 | | | | | | 5. 材料投放一次性，没有更换 |
| 6. 各活动区关系协调 | | | | | | 6. 各活动区关系不当，相互干扰 |
| 7. 因地制宜，充分利用场地 | | | | | | 7. 场地利用率低，未依需要加以调整 |
| 8. 幼儿有机会参与游戏环境 | | | | | | 8. 环境创设由教师代办，幼儿无参与机会 |
| 9. 结合游戏规则的建立，增强环境中的自治因素 | | | | | | 9. 环境中无自治因素 |
| 10. 自选游戏与集体教学适当联系，相互配合促进 | | | | | | 10. 自选游戏孤立，未注意与正规教育教学的配合 |
| 11. 保证集中游戏的时间，并充分利用零散时间 | | | | | | 11. 时间安排不足或游戏时间无保证 |

资料来源：丁海东. 幼儿园游戏组织与指导［M］. 3版. 长沙：湖南大学出版社，2019：134-135.

### （二）对幼儿游戏行为的评价

对幼儿游戏行为的评价应着眼于幼儿的全面发展，包括评价幼儿参与游戏活动的兴趣和投入程度、在活动中对材料的操作、在活动中与同伴及教师的互动、对游戏规则的遵守情况。具体来说，可以从以下 9 个方面来评价幼儿在游戏中的行为表现：

拓展阅读：幼儿游戏环境评价表

（1）游戏的兴趣和偏好评价。

（2）操作评价，主要考察幼儿动作的准确性、协调性及空间知觉。

（3）认知评价，主要了解幼儿的好奇心、学习兴趣、已有的知识经验、思维推理能力和分析、解决问题的能力。

（4）想象－创造性评价，主要了解幼儿想象的独特性、新颖性等方面的特征。

（5）审美－表现力评价，主要考察幼儿在游戏中的动作、作品等方面的审美水平。

（6）社会性评价，主要考察幼儿在游戏中与同伴的关系。

（7）情绪情感评价，主要考察幼儿在游戏中的需要满足程度、自我控制、与成人的关系等特征。

（8）注意力、坚持性评价。

（9）独立性、自主性评价。

另外，丁海东认为，评价游戏对幼儿发展的教育作用是否得以实现是评价游戏是否成功的关键，具体表现为5个方面，其中有4个都是幼儿在游戏活动中的表现。

（1）幼儿按照自己的意愿游戏，在游戏中感到轻松、愉悦。

（2）幼儿在游戏时能克服困难，遵守游戏规则，有较强的组织性和独立性。

（3）幼儿会正确或创造性地使用玩具并爱护玩具。

（4）幼儿在游戏中与同伴友好相处，不妨碍别人游戏的进行。

（5）游戏内容丰富、积极向上，有益于幼儿的身心发展。

从以上5个方面的表述中可以看出，幼儿是游戏的主人，对幼儿游戏的评价要更多地关注幼儿在游戏中的行为表现。

### （三）对教师行为的评价

对教师行为的评价主要关注教师在幼儿游戏中的干预和指导行为，因为它反映了教师对幼儿游戏和自己在游戏中的地位、角色的基本认识，以及对游戏的指导原则和方法的把握，同时也反映了教师的儿童观、教育机智。评价教师的行为时，要关注两个问题：一是要注意教师在游戏活动中的主导作用的发挥程度；二是幼儿作为游戏活动主体地位的体现程度。对教师行为的评价目的是对教师工作的激励和保护，要调动教师对游戏指导工作的积极性和创造性。对教师行为的评价主要内容包括以下几个方面：

#### 1. 引导游戏的进程

首先，教师要引导幼儿自主选择游戏。例如，教师可以先介绍玩具材料，激发幼儿的兴趣，也可提出行为要求，吸引幼儿主动选择游戏活动。其次，教师要关注幼儿的游戏过程。例如，教师可以引导幼儿与环境、材料和同伴相互作用，根据幼儿的不同需要给予不同的帮助。最后，在适当的时机，采用适当的方式结束游戏，并引导幼儿整理材料、评价游戏。

#### 2. 与幼儿的互动

教师在幼儿游戏的过程中，应注意多采用积极肯定的态度与幼儿互动，以愉悦、饱满的情绪状态来影响和感染幼儿的情绪。例如，教师可以运用肯定、积极的态度来表现对游戏活动的兴趣，并用语言或肢体动作来表达对幼儿良好行为的肯定和赞许，尽量避免使用强行禁止、否定等消极手段。教师的积极态度和情绪会在一定程度上促进幼儿努力和进步。

#### 3. 指导的对象和范围

教师在指导幼儿游戏时应注意重点指导与广泛关注相结合，在照顾全体幼儿的基础上，对个别幼儿进行指导，针对不同幼儿提供有针对性的帮助。同时，教师要注意逐渐加强对幼儿小组游戏活动的指导，促进小组内幼儿相互影响和作用，尽量避免单一性的集体指导和一刀切的要求。

### 4. 指导游戏的方式

教师指导幼儿游戏的方式应该多样化。例如，教师采取建议、提问、组织幼儿讨论的方式丰富幼儿的游戏经验；通过提供范例、共同参与、平行示范、讲解具体操作技能等方式提高幼儿操作材料的技能；采用及时提供适宜材料、利用同伴之间相互影响、互教互学等方式促进游戏的不断深入。教师要根据具体情况采用合适的指导方法，并综合运用多种方法指导游戏，充分发挥教师的主导作用。

### 5. 游戏常规的建立

教师要根据幼儿不同的年龄特点，引导幼儿在游戏活动中建立必要的游戏常规，并结合环境的隐性教育作用，引导幼儿执行常规，并逐渐养成良好的行为习惯。教师引导幼儿在游戏常规的建立和执行中，逐渐形成行为自律性，提高自我管理能力。

### 6. 创设游戏心理环境

幼儿游戏环境包括物理环境和心理环境。心理环境主要是指心理氛围和人际关系。教师应注意运用积极、启发、鼓励的指导方式，创设民主、和谐、平等、宽松的游戏心理氛围，鼓励幼儿积极探索、创造，并与同伴、教师积极地交流、讨论与合作，在积极、宽松的心理环境中自由游戏、积极发展。

拓展阅读：教师在游戏过程中指导情况的评价表

## （四）对幼儿游戏水平的评价

幼儿游戏水平受到多种因素的影响，例如，幼儿的身心发展水平、成人对游戏的态度、家庭和幼儿园游戏的设施。因此，各年龄阶段的幼儿和每个幼儿的游戏发展水平是不一样的。正确地了解幼儿现有的游戏水平，可以更有针对性地指导幼儿游戏，促进幼儿游戏水平的提高，促进幼儿身心健康、和谐地发展。

幼儿在不同类型的游戏中的发展水平往往是不同的，因此评价标准也应该是不同的。综合幼儿的各种游戏活动情况，可以对幼儿游戏的一般性发展做出评价（见表 10-13），从而对本班幼儿游戏能力水平有一个整体的把握，并能掌握每个幼儿的具体特点。例如，教师在学期初、学期末对本班幼儿各进行一次游戏一般性发展评价，将前后两次的资料汇总、对比，就可以基本判断本学期幼儿游戏发展的一般情况，明悉教育的效果和质量，并为下学期游戏计划的制定提供依据。

**表 10-13 幼儿游戏一般性发展评价表**

| 项目 | 评价标准 | 评分 |
|---|---|---|
| 自选情况 | 不能自选<br>自选游戏玩具<br>自选活动和玩具 | |
| 主题目的性 | 无意识行为<br>主题不确定，容易受别人影响而变换<br>自定主题，能很快进入游戏情境<br>共同商定主题，主题稳定 | |

续前表

| 项目 | 评价标准 | 评分 |
| --- | --- | --- |
| 材料使用 | 不会用或简单重复<br>正确熟练，常规玩法<br>材料运用充分，玩法多样复杂 | |
| 规则 | 行为有序，基本遵守规则<br>行为混乱，不守规则<br>轻拿轻放，爱护玩具<br>基本爱护<br>不爱护 | |
| 规则 | 及时收放，认真整理<br>部分做到<br>不能整理 | |
| 社会性 | 独自玩<br>平行游戏<br>联合游戏<br>协作游戏 | |
| 伙伴交往 | 积极交往：互助谦让、轮流合作、协商解决问题<br>一般交往：交谈逗趣、请求询问、追随模仿<br>消极交往：独占排斥、干扰破坏、攻击对抗 | |
| 持续情况 | 变换频繁（次数）<br>有一定坚持性，完成一项活动后再换，始终持续进行一项活动 | |
| 其他 | 是否参与环境创设、与教师交往情况及能否正确评价游戏 | |
| 总体印象 | | |

资料来源：丁海东. 幼儿园游戏组织与指导［M］. 3版. 长沙：湖南大学出版社，2019：129-130.

## 四、幼儿游戏评价的原则

游戏评价是促进游戏活动顺利开展的必要支持手段。为了更好地发挥游戏评价的作用，在游戏评价的实践中应该遵循一定的原则。

### （一）目的性原则

任何教育评价都要有明确而具体的目的，游戏评价也不例外。因此，游戏评价时要有明确的目的，它决定着采用何种方式来进行评价，也引导着整个评价过程。例如，要评价幼儿在游戏中的社会性发展水平，可以围绕幼儿在游戏活动中的协商与合作情况进行有目的的评价。游戏过程中关注幼儿与同伴的互动、交流、合作情况；游戏结束后，询问幼儿在游戏里玩了什么，是自己玩的还是和同伴玩的，是如何通过协商、相互配合和同伴开展游戏的。最后，教师要鼓励幼儿和同伴一起玩。

### （二）全面性原则

一方面，评价不能局限在一种游戏活动中，而应该在各种类型的游戏中实施；另一方面，评价的内容要涉及幼儿的全部经验和幼儿发展的各个领域。这就决定着评价的项目、搜集的信息要全面，不能片面强调评价指标中的某些方面。另外，幼儿在游戏中的表现是不完全稳定的，因此需要多次观察、全面了解，不能仅凭一次观察或者教师的主观印象对幼儿做出评价。例如，某幼儿仅在“娃娃家”中与同伴互动，教师不能仅依据幼儿在“娃娃家”中的同伴交往情况就断定他的社会性发展水平。

### （三）形成性原则

游戏评价要关注幼儿游戏结果，更应该关注幼儿在游戏中的变化发展过程。幼儿在游戏过程中的许多表现是具有偶然性的，教师不要急于断定幼儿的游戏层次水平，也不要用既定目标的测量结果去评价幼儿，而是要更多地关注幼儿在游戏过程中表现出来的能力和倾向。但是，形成性原则不是只关注游戏过程，忽略游戏结果，最好是形成性评价和总结性评价相结合，但更重视形成性评价。二者结合，既有利于教师反思自己的指导行为，又能帮助教师发现和把握幼儿的个别差异和发展变化，从而能更好地提高幼儿的游戏水平。例如，在建构游戏中，教师可结合幼儿在游戏过程中的表现和搭建的成果来评价，但更注重幼儿在游戏过程中的表现。

### （四）评价主体多元化原则

长期以来，评价存在严重的管理主义倾向，评价被当作教师控制幼儿、幼儿园管理教师和幼儿的一种手段，这就造成评价主体单一化的问题。实际上，教师、家长和幼儿都可以作为游戏评价的主体。首先，教师作为实施教育的一方，鉴于自身教育素养的优势，在游戏评价中掌握着更多的主动权。其次，家长也是实施教育的一方，再加上与幼儿天然的紧密关系，他们能看到幼儿真实的游戏行为和游戏水平，所以也应该成为评价主体。最后，幼儿是游戏的主体，他们应该是最有发言权的评价者。遵循评价主体多元化原则，既能够发挥教师的主导作用，调动家长参与孩子发展的积极性、主动性，又可以突出幼儿的主体地位，从而进一步提高幼儿的游戏水平。

## 思考与练习

### 一、名词解释

1. 幼儿游戏观察
2. 幼儿游戏评价

### 二、简答题

1. 简述幼儿游戏观察的价值。
2. 简述幼儿游戏观察的内容。
3. 简述幼儿游戏观察的方法。
4. 简述观察结果的记录方法。

5. 简述幼儿游戏评价的价值。
6. 简述幼儿游戏评价的内容。
7. 简述幼儿游戏评价的原则。

## 三、实践练习

在幼儿园见习、实习中，选择一个游戏情境进行观察、记录，并尝试从幼儿游戏行为、幼儿游戏水平、教师指导和环境创设这几个方面进行评价。

## 四、案例分析

**课证融通**

教师设计了一个“三只蝴蝶”的游戏活动，她选了3位幼儿扮演“蝴蝶”，又选了若干幼儿扮演“花朵”，结果幼儿兴趣不高，表现被动，还没等游戏结束，一个幼儿就问教师：“老师，游戏完了吗？我们可以自己玩了吧？”（2013年上半年真题）

**分析：**对于这种现象，请从幼儿游戏特征和游戏指导的角度进行分析。

# 参考文献


1. 丁海东 . 幼儿园游戏组织与指导［M］. 3 版 . 长沙：湖南大学出版社，2019.

2. 李珊泽，孙亚娟，赵淑芳 . 学前儿童游戏［M］. 重庆：西南大学出版社，2019.

3. 廖俐 . 幼儿游戏活动指导［M］. 成都：西南交通大学出版社，2019.

4. 白燕梅，刘丽丹，焦娇 . 幼儿游戏设计与指导［M］. 北京：北京理工大学出版社，2019.

5. 关虹，李素霞，宋静 . 学前儿童游戏理论与实务［M］. 天津：天津大学出版社，2018.

6. 安丽娟，肖鸣 . 幼儿游戏组织与指导［M］. 西安：西北工业大学出版社，2018.

7. 曹中平，韦丹，蔡铭烨 . 幼儿园游戏指导［M］. 北京：北京理工大学出版社，2018

8. 周桂勋，陈丹 . 幼儿园游戏组织与指导［M］. 上海：上海交通大学出版社，2018.

9. 范明丽，朱学英 . 幼儿游戏与指导［M］. 北京：北京师范大学出版社，2017.

10. 梅纳新 . 新编幼儿园教育活动设计与指导［M］. 上海：复旦大学出版社，2016.

11. 邹玲，王玉红 . 幼儿园游戏与指导［M］. 天津：南开大学出版社，2015.

12. 么娜，胡彩云 . 幼儿游戏活动指导［M］. 上海：华东师范大学出版社，2014.

13. 周艳霞，刘畅 . 幼儿游戏与指导［M］. 北京：高等教育出版社，2014.

14. 彭俊英，魏婷，等 . 幼儿园游戏活动组织与指导［M］. 北京：教育科学出版社，2014.

15. 彭丽云，羊虹 . 游戏与学前儿童发展［M］. 南京：东南大学出版社，2013.

16. 王琦，翟理红 . 幼儿游戏与指导［M］. 北京：北京师范大学出版社，2013.

17. 李章琼 . 学前儿童游戏指导［M］. 镇江：江苏大学出版社，2013.

18. 翟理红 . 学前儿童游戏教程［M］. 上海：复旦大学出版社，2013.

19. 雷湘竹 . 学前儿童游戏［M］. 上海：华东师范大学出版社，2012.

20. 翟理红，侯娟珍 . 幼儿游戏［M］. 北京：北京师范大学出版社，2012.

21. 张馨予 . 幼儿游戏活动的支持与引导［M］. 北京：中国轻工业出版社，2012.

22. 王娟 . 学前儿童健康教育［M］. 上海：复旦大学出版社，2012.
23. 梁周全，尚玉芳 . 幼儿游戏与指导［M］. 北京：北京师范大学出版社，2011.
24. 邱学青 . 学前儿童游戏［M］. 4 版 . 南京：江苏凤凰教育出版社，2008.
25. 刘焱 . 儿童游戏通论［M］. 北京：北京师范大学出版社，2004.
26. 王振宇 . 学前儿童发展心理学［M］. 北京：人民教育出版社，2004.
27. 阎水金，张燕 . 学前教育行政与管理［M］. 长春：东北师范大学出版社，2003.
28. 李季湄 . 幼儿教育学基础［M］. 2 版 . 北京：北京师范大学出版社，2020.
29. 华爱华 . 幼儿游戏理论［M］. 上海：上海教育出版社，1998.
30. 朱智贤 . 儿童心理学［M］. 6 版 . 北京：人民教育出版社，2018.
31. 教育大辞典编纂委员会 . 教育大辞典（第 2 卷）［M］. 上海：上海教育出版社，1990.
32. 黄人颂 . 学前教育学［M］. 3 版 . 北京：人民教育出版社，2015.
33. 高庆春，梁周全 . 幼儿健康教育［M］. 北京：高等教育出版社，2011.
34. 倪敏 . 再谈幼儿园良好游戏心理环境的创设［J］. 早期教育（教育教学版），2018（6）.
35. 王惠玲 . 谈表演游戏中教师介入指导的有效性［J］. 考试周刊，2013（59）.
36. 祝叶 . 经典游戏理论综述［J］. 科技创新导报，2009（30）.
37. 黄静 . 人类发展生态学视野下的幼儿园游戏研究［D］. 重庆：西南大学，2010.